JN369593

# 하브루타 그림책 치유법

그림책에서 마음의 위안을 얻었습니다

# 하브루타 그림책 치유법

김태영 지음

harmonybook

## 내안의 나를 찾기 위해
## 천천히 조금씩 꾸준히 양파를 까고 있습니다

처음 아이를 가져보고, 처음 아이를 키워가고 있습니다. 엄마는 처음이라 뭐든 서투릅니다. 두 아이를 키우지만 두 아이 모두 한 명 한 명은 저에게 처음입니다. 물론 아이들도 엄마와 매일 처음 하루하루를 살아가고 있지요. 내가 몇 살인지는 중요하지 않습니다. 엄마로서 이제 겨우 15년을 살아가고 있으니 아직도 가야할 길이 많지요. 내 아이도 15살 나도 15살을 키우는 엄마로 살아가고 있습니다. 둘째 아이와는 11살의 엄마로 살아가고 있지요. 15살의 아들도 처음. 11살의 딸도 처음으로요.

13년 전 이제야 막 말을 배운 아이를 위한 일이라며 부담스러운 비용임에도 불구하고 유아전집을 들였습니다. 아이를 사랑하기 때문에 아이를 위한 길이고 그 책을 읽히면 마치 똑똑한 아이가 될 수 있다는 믿음에서 시작된 일이었습니다. 아이를 사랑한다면 이 정도는 해 주는 게 엄마의 마음이라고 생각했었기에 무리를 해서라도 사들였고 책을 많이 사주는 것이 좋은 엄마라고 생각했었습니다. 좋은 엄마란 어떤 엄마일까요? 주변을 돌아볼 여유도 거울을 볼 여유도 없이 오로지 아이만 보았고 비싸고 좋은 책, 좋은 교구, 좋은 옷을 사주는 것이 좋은 엄마의 역할이라고 생각했습니다. 그렇게 좋은 엄마가 되기 위해 고군분투 하다 보니 나는 없고, 아이만 보고 있는 저를 발견했습니다. 생활비가 부족할수록 남편에게 불만이 쌓여갔고, 더 많이 못해주는 것에 대한 죄책감이 들었지요. 처음에는 결혼 전에 모아두었던 돈으로, 그 돈이 떨어지면 가지고 있던 귀금속을 팔아서……. 그럼에도 여전히 새로 사주어야 할 것들은 늘어났고, 통장은 마이너스로 바뀌어 갔는데도 욕심을 멈출 수가 없었습니다.

생활은 점점 궁핍해지고 저 역시 황폐해 지고 있는데도 멈추지 못하겠더라고요. 여기서 멈추면 그 동안의 노력이 물거품 같았기에 계속 욕심을 부렸습니다. 그러다가 아이가 혹여 라도 책 읽기를 싫어하고 휴대폰이나 컴퓨터 게임을 하면 화가 났습니다.

"누구 때문에 내가 이 고생을 하는데……." 라며 소리를 질렀습니다. 그런 엄마를 보면서 아이는 눈치를 보기 시작했고, 저는 점점 악마가 되어가고 있었습니다.

모든 게 처음이라 서툴러서 그랬습니다. 잘하는지 못하는지 내 생각은 없이 남이 하는 것을 따라하며 분수에도 맞지 않는 것들에 욕심을 부렸습니다. 어느 날부터 아이는 말과 행동이 달라지기 시작했고, 반항도 하게 됩니다. 그래도 멈출 수가 없었습니다. 그러다 아이의 눈빛도, 행동도 바뀌어 가는 모습을 느끼게 되었고, 아이와의 갈등이 심해지면서 무언가 잘 못되고 있다는 생각이 들었습니다. 아이를 위한다고 하면서 했던 행동들은 나의 욕심을 채워가고 있었으며, 삶은 여전히 팍팍하고 불안하며 무언가에 쫓기듯 사는 삶으로 바뀌고 있었다는 걸 인식하게 되었습니다.

양파를 까는데 잘 벗겨지지도 않고 미끄덩거리는 게 싫어서 짜증이 났습니다. 내 마음대로 되는 것이 없어서 화가 났습니다. 그러다가 정신을 차렸습니다. 마음을 잡고 천천히 까보았더니 여리고 여린 양파의 처음이 나오네요. 처음이 있었는데 그걸 잊고 있었습니다. 처음 남편을 만나고 결혼하던 날, 처음 아이가 나에게 왔다는 사실을 알았던 날, 처음 아이와 세상에서 마주한 날, 처음 말을 하고, 걷던 날. 그 예쁘고 사랑스러운 순간이 있었는데. 나의 욕심에 가려 남편과 아이를 보기 보단 내 욕심을 채워가느라 사랑스런 모습을 보지 못하고 있는 나를 발견했습니다. 내가 원하는 데로 안 해준다고 남편에게 짜증내고, 불만을 갖고, 아이는 아이대로 내가 이렇게 자신을 위해서 하는데 안 해준다고 불만만 가득 앉고 살고 있는 내 모습을 마주했습니다. 나에게도 순수하고 열정적이고 아름다운 시작이 있었는데 그 시작은 시간이 지나면서 조금씩 질겨지고 단단해지고 결국 자신을 포장하느라 매 마른 잎이 되어 나를 감싸고 있었네요. 마치 나는 완벽하다고 착각하고, 그 완벽한 나를 누군가 선택해 주길 바라면서. 그러다가 선택받지 못하는 날들이 많아지면서 더 매워지고, 감정은 사라지게 되었습니다. 아이와 남편에게 상처 주는 말을 하고, 후회하기를 반복했습니다. 잘못되고 있는 걸 느끼기 시작했습니다. 내가 원하던 사랑은 이게 아닌데. 남편도 아이도 내게 무언가를 바라는 게 아니었는데 나 혼자 내 멋대로 양파를 까고 있었습니다. 무엇을 위해 쫓기듯 살아가고 있는 걸까? 나는 없어지고 남들이 가고자 하는 길, 남들이 갖고 싶은 무언가를 찾아서 쫓아가고 있는 걸까? 그러다 문득 거울을 봤는데 텅 빈 영혼이 서있는 것입니다. 나는 없고 허상만 남은 나. 윤기도 없고 초점 없이 멍한 표정을 한 낯선 얼굴이었습니다. 거울을 보기 싫어졌고, 사람들을 만나기 싫어졌습니다. 조금씩 뒷걸음 쳐지기 시작 했지요.

모든 게 처음이라, 몰라서 그랬습니다. 내가 가고자 했던 길은 무엇이고 아이를 위한 길은 무엇일까? 사랑한다면서 정말 아이가 원하는 사랑을 주고 있는 걸까? 그래서 지금 나는 행복한가? 라는 질문을 던지게 되었습니다. 그럼 어떻게 해야 할까? 그때 유대인 교육방법인 하브루타 강의가 있다는 문자가 기억났습니다. '무엇이라도 해야겠다' 라는 생각으로 강의를 신청했습니다. 그리고 변화를 기대했습니다. 하지만 기대했던 강의는 실망스러웠습니다. 궁금했던 내용, 듣고 싶은 내용은 없고 익히 알고 있는 원론적인 내용만 말해주고 있어서 제대로 알려주는 곳에 가서 교육을 듣고 싶다는 생각을 하게 되었습니다. 하브루타 교육하는 곳은 멀지 않았습니다. 더 이상 지체할 이유가 없다고 생각하여 강의 신청을 하고 하브루타 부모교육 강의를 듣기 시작했습니다. 하브루타 부모교육을 들으면서 유대인들이 어떻게 성공하게 되었는지, 그들만의 교육방식, 자녀를 하나의 인격체로 대하기 위해 부모 됨을 준비하고 부모는 아이에게 끊임없이 질문하며 스스로 선택할 수 있도록 하브루타를 하고 있음을 알게 되었습니다. 강의를 들으면서 나에게 무엇이 문제이고 무엇 때문에 힘들어하는지 생각해 보게 되었습니다. 해맑게 웃어주고 엄마라고 불러주는 아이도 있고, 매일 웃으면서 집에 들어오는 남편이 있는데 왜 그런 걸까? 왜 나는 불만만 가지고 살고 있던 걸까? 질문을 하며 무엇이 문제인지 생각해보고 저에게 어떤 모습이 있는지 찾아보기로 했습니다. 그리고 알게 된 나의 모습 "양파 같다." 라고 한 말이 기억이 났습니다.

"양파." 주연은 못되지만 누군가 함께할 때 더 좋은 재료가 되는 양파에게 마음이 가기 시작했습니다. 혼자일 때는 빛을 못 봐서 질기고 매운 양파인데 누군가 함께 하고 익어가면서 없어서는 안 되는 재료가 되고, 달고 맛있는 재료가 되기도 하는 양파. 조연이지만 음식에서 중요한 역할을 하고 있는 양파. 까도까도 새로운 모습으로 자신의 존재감을 들어내는 양파. 이 얼마나 매력적인가? 우리의 모습이 여러 모습이듯 까보면서 자신의 모습이 보이기도 한다는 걸 양파를 통해 알았습니다. 단단함 속에 여리고 순수했던 소녀 같은 모습이 나오기도 하고, 여리고 소녀 같은 모습이지만 자식의 일이라면 전사 같은 모습으로 나오기도 합니다. 이기적인 생각, 욕심이 가득한 얼굴, 용기 잃은 모습 등 모든 모습이 저의 모습임을 인정하기로 했습니다. 인정하기까지 힘들었지만 잠들어 있는 미덕을 깨우니 조금씩 편안해지고 미덕의 글들을 읽으면서 제가 저를 다독일 수 있었습니다.

여전히 물음표(?)인 채로 양파를 까고 있는 중입니다. 가족을 위한 길인지 나를 위하고 있는지 방향을 못 잡고 그냥 하염없이 양파를 까고 있습니다. 하브루타 부모교육을 통해 먼저 알게 된 것은 나는 나를 사랑하고 있을까? 지금 하고 있는 게 최선인걸까? 라는 것이었습니다. 결혼하지 않았더라면, 아이를 낳아서 기르지 않았더라면 알 수 없었던 모습이 나와서 놀라기도 했습니다. 친절했다가 특별한 이유 없이 슬퍼서 울기도 하고, 악마가 되기도 하는 내 모습에 내가 놀랍니다. 까도까도 새로운 모습의 내가 계속 나오고 있습니다. 좋은 모습이면 좋겠는데 안 좋은 내가 나옵니다. 이 끝은 무엇일까? 이 끝이 있기는 한 걸까? 마음이 급해지기 시작했습니다. 빨리 결과를 보고 싶어 완성되지 않은 채로 설익은 밥을 먹기도 하고, 그러다가 얹히기도 하고, 다시 토해내기도 하기를 여러 번 반복했지요. 그러면서도 왜 그런지 원인을 찾아볼 생각은 못하고, 그저 내 맘대로 안되는 게 짜증난다고 애꿎은 가족들에게 화를 내었습니다.

유대인들은 성인식을 한 순간부터 부모가 되는 연습을 한다고 합니다. 그렇기에 아이는 내 분신이 아닌 존중받아야 할 존재로 키우려고 하고, 아이를 낳고서도 질문을 통해 끊임없이 자신의 가야할 길을 찾아가게 한다고 합니다.

자신이 진짜 원하는 것이 무엇인지 알고 있나요? 양파를 까다보면 자신의 모습을 알아갈 것이라 생각됩니다. 그러기에 좌충우돌해도, 부족해도, 그게 자신의 모습임을 인정하고 매일 조금씩, 천천히, 꾸준히 실천하다 보면 무르익을 것입니다. 하브루타와 그림책과 미덕이 저를 도와주었듯이 여러분도 도와줄 것이라고 생각합니다. 나의 양파는 마르고 생기 없는 겉모습도 있고, 하얗고 윤기 나는 속살도 있습니다. 윤기 나는 하얀 속살은 그 겉껍질을 까고 나서야 보석 같은 나를 만날 수 있습니다. 그 과정은 쉽지 않아요. 속살을 드러낼 때 눈물이 나기도 하고, 내가 왜 이렇게까지 해야 할까?라고 생각하기도 합니다. 힘들게 얻어야 내 것이 된다는 걸 나이가 먹어가면서 알아가고 있습니다. 조금씩, 천천히, 꾸준히 자신에게 있는 미덕이라는 이름의 보석을 깨우고, 그 아픔을 이겨내고 감내하고 나면 여리고 깨끗한 진짜 자신의 모습을 찾아가리라 생각됩니다. 처음부터 잘하는 사람은 없어요. 못하니까 배우고, 노력하는 거죠. 처음인데 잘하면 반칙 아닌가요? 저를 치유해주고 바로설 수 있게 도와준 그림책과 미덕으로 저와 하브루타 하실래요?

## 2장 내게 너무나 힘든 사랑

## 3장 사랑을 만나다



## 4장 사랑학 개론

## 6장 그림책에서 마음의 위안을 얻고 새로운 도전을 하다

제1장

# 사랑 없는 세상

## 1. 사랑받지 못한 시간들

“그 집 아이는 왜 그렇게 울어?”

“밤마다 아이 울음소리 때문에 잠을 잘 수가 없어! 애 우는 소리 때문에 어제도 잠을 여러 번 깼다니깐!” 옆집 아줌마는 아침부터 얼굴이 누렇게 떠 가지고는 한마디 합니다. 매일 울어대는 나 때문에 엄마는 하루도 마음이 편할 날이 없었습니다. 여러 집이 함께 사는 비좁은 공간에선 방음도 제대로 되지 않아 나의 울음소리는 주변사람들까지도 힘들게 했던 것 같습니다. 하루 종일 울어대는 목소리는 더더욱 사람들의 심기를 건드릴 정도였으니 엄마가 얼마나 힘들었을지 아이를 낳고서야 알게 되었습니다. 저는 엄마가 어디 가버릴까 봐 치맛자락을 붙잡고 떨어지지 않았기에 엄마는 저를 두고 일을 하기란 쉽지 않았을 것입니다.

어릴 때 저는 동네 소문난 울보였습니다. 너무 울어서 부안 읍 울보하면 ‘영신당 딸’로 통할 정도였으니까요. 무엇이 그리도 서러웠던 걸까? 땅에서 내려놓기라도 하면 무슨 지뢰를 밟은 것 마냥 악을 쓰며 울었습니다. 이렇게 울다 보니 사람들이 예뻐할 리가 없었습니다. 사랑을 못 받아서 우는 건지, 관심을 받고자 우는 건지 알 수 없지만 우는 아이라 더 사랑을 못 받았던 것 같습니다. 사람마다 그릇이 다르고, 표현하는 언어도 다르지요. 수많은 그릇 중 사랑그릇, 사랑의 언어가 충족되지 않으면 갈등이 일어납니다. 부모 자식으로 맺어진 인연은 천륜이라고 말하지만 갈등이 쌓이면 그 어떤 관계보다 해결이 어려워진다는 걸 부모님과 삼촌을 보며 알 수 있었습니다. 대부분 부모는 자식이 태어나면 모든 걸 아낌없이 주려고 합니다. 생활모습도 부부 중심에서 아이중

심으로 변해가지요. 이렇게 부모는 자녀에게 아낌없이 모든 걸 주는데 아이가 성장하면서 아이와 부모와의 관계가 멀어지는 건 왜 일까요?

부모님은 저희를 최우선으로 생각했고, 가족이 우선이었습니다. 특히 저를 더 귀하게 여기셨다고 합니다. 그럼에도 저는 늘 사랑에 목말랐고 불만이 가득하기만 했었습니다. 그러다가 알게 되었습니다. 누가 보아도 사랑을 많이 받았는데 왜 불만이 가득했는지를 최근에야 알게 된것입니다. 저의 사랑그릇은 대접인데 부모님이 주신 사랑은 종지 그릇에 채워질 정도로 너무 작았기에 언제나 목말랐던 것입니다. 사랑그릇과 더불어 서로 어긋났던 것이 사랑의 언어임도 알게 되었습니다. 부모님은 제가 바라는 사랑의 언어가 아닌 다른 언어로 사랑을 주셨습니다. 게리체프먼 '5가지 사랑의 언어'에서는 인정하는 말, 함께하는 시간, 선물, 봉사, 스킨십의 5가지 사랑의 언어가 있다고 합니다. 사람마다 사랑의 언어가 다르고 자신이 생각하는 언어로 상대에게 사랑을 표현하게 되는데 저의 사랑의 언어는 스킨십과 인정하는 말이었습니다. 인정하는 말을 듣게 되면 행복해지고 사랑받는다고 느껴집니다. 그런데 부모님이 생각한 사랑의 언어는 함께 하는 시간과 봉사였나 봅니다. 어릴 때부터 결혼 전까지 거의 떨어져 산적이 별로 없었고 언제나 우리를 위한 일이라면 몸을 아끼지 않고 키우셨습니다. 그럼에도 부모님이 저를 아끼고 사랑한다는 건 알겠는데 왜 저는 사랑받지 못했다고 느꼈던 걸까요? 그 이유를 생각해 보았습니다. 제가 생각하는 사랑의 언어와 부모님이 생각하는 사랑의 언어가 달랐기 때문에 힘들었음을 결혼을 하고 아이를 키워보면서 알게 되었던 것입니다. 하나밖에 없는 딸인데도 쌀쌀맞고, 톡 쏘는 성격 때문에 서운했던 엄마는 임신했을 때 태교를 못해서 그렇다고 말하거나 할머니를 닮아서 그런 것 같다고 언제나 말하셨습니다. 저는 매번 반복되는 엄마의 넋두리를 지겨워하며 엄마가 제

성격에 대해 이러쿵저러쿵 이야기하려 하면 피하곤 했었습니다. 그런데 어느 날, 엄마가 저를 임신했을 때를 회상하시며 "하루도 편안한 날이 없었단다. 아마 그래서 네가 성격이 예민할지도 모르지. 그래서 태교가 중요하다는 걸 알겠더라. 아이를 갖기 전부터 누구 흉보지도 말고, 특히 우는 아이 흉보면 안 된다. 그리고 좋은 것만 생각하도록 해. 그래야 나중에 성격이 좋은 아이를 낳을 수 있다." 그때는 그렇게도 듣기 싫었는데 아이를 가졌을 때 엄마가 하셨던 말씀이 생각났습니다. 우는 아이에 대해 흉보지 않으려고 했고, 좋은 걸 생각하려 해서인지 저의 두 아이들은 저보다 성격도 좋고, 긍정적인 아이로 잘 자라주고 있습니다."엄마가 어릴 때 셋째 동생이 운다고 흉을 많이 봤더니 네가 그렇게 울더라. 특히 우는 아이 흉보지 말아라" 라는 말을 꼭 꼭 당부하셨습니다. 아이를 갖기 전부터 부모 됨에 대해 가져야 하는 것들을 들었던 저는 엄마의 이야기를 귀담아 들은 덕분에 성격도 좋고 자존감이 높은 아이로 잘 자라주고 있는 것 같아 태교가 얼마나 중요한지를 다시 한 번 생각해 보게 됩니다. 엄마는 저 뿐만 아니라 오빠를 가졌을 때 만삭인데도 삼촌, 고모들은 해주는 밥만 먹었고 누구하나 도와주지 않았으며, 고모가 도와주기 위해 잠깐이라도 일어서려고 하면, "얘~ 가만있어. 새사람이 들어왔는데 네가 뭐 하러 일어나! 그동안 힘들었으니 이제 그만해도 돼! 어차피 시집가면 일할 텐데 뭐 하러 일어나!" 하면서 할머니는 엄마에게는 온갖 시집살이를 시켰다고 합니다. 할머니는 엄마가 시집오기 전부터 몸이 안 좋으셔서 누워만 계셨는데 몸이 안 좋아서 예민하신 건지, 엄마가 마음에 들이 않아서 그러셨는지 언제나 엄마가 하는 걸 못마땅해 하셨다고 합니다. 그런 엄마에게 아빠는 엄마가 힘들게 시집살이 하는 게 미안해서 많은 것들을 도와주려고 애쓰셨다고 합니다. 사실 아빠는 집안이 엉망인 게 싫어서 결혼을 서둘렀고, 결혼하면 모든 게 달라질 줄 알았으나 오히려 더 힘들었다고 합니다. 집안일 야무지게 잘하고 사랑스런 손자까지 안겨주었음에도 할머니는 한 번도 엄마에게 따뜻한 말 한마디를 하지 않았고, 일찍 세상을 떠나셨습니다. 엄마가 못 마땅 하셨던 할머니는 떠나는 날까지 엄마, 아빠 앞에선 태어난 손자를 한 번도 안아보지 않다가 엄마, 아빠가 다른 일 할 때만 손자를 가까이 놓고 보셨다고 합니다. "쯧쯧 맘에 안 들어" 무엇을 해도 할머니 눈엔 엄마가 맘에 들지 않아서 아프셨음에도 살림살이도 맡기지 않았고, 매 식사 때마다 쌀을 직접 주는데 식구들 밥 먹을 양만 주어서 엄마는 남은 밥이나 먹어야 할 정도였다고 합니다. 며느리로 들이왔는 데 며느리로 대접을 하는 것이 아닌 일하는 사람 대하듯 돌아가시는 날까지 한 번도 따뜻하게 대해주지 않았던 할머니. 이렇게 할머니가 엄마를 싫어하셨고 할아버지는 엄마가 그런 대접을 받아도 어떤 말도 안하시다 보니 삼촌들까지도 엄마를 힘들게 했다고 합니다.

제가 태어나던 날은 음력으로 7월 중순, 즉 한여름이었습니다. 중복이 지나 말복 즈음이니 얼마나 더웠을까요? 임산부는 체온이 올라 그냥 앉아 있어도 덥고 힘들다는 것을 제가 아이를 가져 보니 알겠더라고요. 그렇게 힘든데도 식구들은 누구하나 엄마의 고충을 이해하지 않고 자신의 것들만 챙겨주기를 바랐습니다.

"형수님! 저 내일 군대 가니까 친구들 올 거 에요, 준비 좀 해주세요!"

출산일이 임박해서 언제 출산할지 알 수 없던 엄마는 싫다는 표현도 못하고 송별회를 준비했다고 합니다. 밤새 작은아버지 군대 간다고 챙겨주다가 갑자기 진통이 왔고, 군대 간다고 식구들이 분주하게 움직이던 아침에 제가 태어났습니다. 출산전날까지 힘들게 일하다 보니 엄마는 몸이 너무 힘들어서 제대로 힘도 못주고 겨우 저를 낳았다고 합니다. 제가 태어나는 날까지 두 다리 뻗고 누워본 적은 고사하고 마음 편하게 태교 한 번 못해봤으니 저의 마음상태가 불안할 수밖에 없었음은 제가 아이를 낳고 보니 이해가 되었습니다.

엄마의 몸과 마음이 건강하지 못하면 아이역시 불안합니다. 집에서 누구하나 따뜻하게 대하지 않았기에 엄마는 몸과 마음이 지쳤고, 당연히 저도 환영받지 못하고 태어났음을 알게 되었습니다. 그래서 그런지 매일 울었던 것 같습니다. 매일 울어대니 누구하나 안아주질 않았고 집안일을 하면서도 저를 내려놓을 수가 없었을 것입니다.

산후조리중인데 엄마를 다급히 부르는 목소리가 들려 나갔습니다.

"새어머니다. 잘 모셔라~"

할아버지 눈에는 출산한지 삼주 된 며느리보다 할머니가 더 중요하셨나 봅니다. 시어머니가 새로 오셔서 이제 좀 편안해질 거라 기대했던 엄마에게 집안일이 줄어들기보다 오히려 "애 운다. 어서 들어와 애 좀 봐라. 애는 왜 이렇게 울어대는 거니?" 라며 말씀만 하시고 애가 우는 것이 정상인데도 우는 저를 달래주기는커녕 일하는 엄마를 불러들이기 일쑤였습니다. 엄마는 일하다말고 들어와 우는 저를 보다가 집안일을 하다가를 반복하느라 몸조리도 제대로 못한 채 몸은 야위어 가고 얼굴빛은 점점 어두워지기 시작했습니다.

"이사람 친정에 보내야겠어요!"

"아니 그럼 우리는 어떻게 하냐?"

"새 어머니도 오셨으니 이 사람도 좀 쉬어야 하지 않겠어요? 애가 울어도 돌봐주는 사람도 없고, 여기 저기 할 일이 산더미처럼 쌓여도 누구하나 도와주는 사람이 없잖아요. 산후조리 못하면 평생 고생 하는데 얼마간이라도 쉬어야죠!" 보다 못한 아빠는 엄마를 외갓집으로 보냈습니다. 그리고 분가를 서둘렀다고 합니다.

"저희 분가하겠어요!"

"너희 나가면 우린 어떻게 하냐?"

"아버지 너무하시는 거 아니에요? 이사람 애 낳았다고 누구하나 거들어 주는 사람 있었어요? 시집와서 지금까지 고생만 했잖아요! 오죽하면 장모님이 이사람 챙기러 왔다가 아무도 챙겨주는 사람 없어서 밥상 차려주는데도 동생들은 앉아서 장모님이 차려주는 밥상 받아먹었다고요! 그리고 만삭일 때도 집안사람 누구하나 도와주지도 않아서 어미가 얼마나 고생했는지 아시냐고요? 산모가 몸은 말라가고 기운이 없어서 애도 겨우 낳았어요. 나 큰 동생들은 손하나 까딱 안하고 어미가 주는 밥상 받아먹은 것도 모자라서 이젠 새어머니까지 모시라고 하는 거예요!"

"저희 분가할게요!"

"분가하면 아무것도 못해준다!"

서둘러 분가하게 되자 할아버지는 노여워 하셨고, 돈 없이 분가하려다보니 변변한 집을 구할 수도 없었다고 합니다. 살림집과 가게를 함께 할 수 있는 여러 가족이 함께 사는 집을 구해서 살았으니 낯선 사람들을 만나야했던 저는 불안해서 계속 울어댔습니다. 매일 울어대는 저를 할아버지도, 삼촌도, 고모도 싫어했고 아이의 울음소리는 삶이 팍팍한 사람들에게는 소음으로 들렸을 것입니다. 사랑받고 싶어서 울었는데 오히려 주변사람들이 싫어하는 이유가 되고 관심과 사랑은 멀어져갔습니다. 우는 저 때문에 이사도 여러 번 다녀야 했습니다. 아빠가 설거지며 빨래를 도와주긴 했지만 불안한 마음에 엄마 치맛자락을 붙잡고 떨어지지 않았다고 합니다. 엄마는 화장실조차 혼자 가지 못하고 저를 데리고 가야했지요. 관심 받고 싶고 사랑받고 싶어서 엄마에게 매달렸나 봅니다.

저희 부모님은 제게 많은걸 해주셨고, 지금도 여전히 해주려고 노력하는데 저는 엄마에게 살갑지 않게 대하고 있습니다. 엄마를 생각하면 희생적인 엄마이고 모든 걸 아낌없이 주려고 하지만 제가 느끼는 건 따뜻한 사랑이 아니어서 사랑을 못 받고 자랐다고 생각하며 살아왔습니다. 사랑을 받지 못했다고 생각해서였는지 자신감이 부족했고, 열등하다고 생각하며 모든 일에 소극적이게 살아왔습니다. 주목받고 싶은 마음은 있었으나 생각으로만 그치고 해볼 생각도 하지 못했습니다. 누구나 사랑받을 자격이 있고 사랑스러운 존재라는 걸 알았다면 할머니도, 삼촌들도 엄마를 힘들게 하지 않았을 터이고, 저 역시 많은 사랑을 받고 자랐을 거라고 생각해봅니다.

할머니 할아버지께서도 몰라서 그랬을 거라고 이해하려 합니다. 우리 안에는 미덕의 광산이 있지만 그 미덕을 모르고 지나치는 경우가 많기 때문입니다. 수많은 미덕 중에서 유연성, 존중, 사랑, 화합, 너그러움, 친절의 미덕을 깨워서 엄마, 아빠께 보여주셨다면 엄마역시 한결같음, 헌신의 미덕을 보여주셨을 거라 생각됩니다. 할머니 할아버지 역시 이 미덕이 있으셨을 텐데 그 미덕을 깨우시지 못함이 안타까운 마음입니다. 그 중에서도 화합의 미덕을 보여주셨다면 가족 모두 행복함이 오래도록 지속되었을 것입니다.

"화합의 미덕은 우리 안에 있습니다" 다름을 인정하면 문제가 발생할 때 함께 해결해 갈 수 있습니다. 결혼을 통해 맺어진 가족이기에 더 많은 노력이 필요합니다. 아껴주고 사랑하면 행복해집니다. 서로 다른 사람이 만나 가족이 되기란 쉽지 않았을 것입니다. 그렇기에 우리는 더 노력해야 합니다. 미덕을 통해 알게 된 점은 다름입니다. 다름 속에서 선물을 발견할 수 있음을 알았다면 더 빨리 화합의 미덕을 깨우셨을 텐데 하는 아쉬움이 남습니다.

화합의 미덕을 깨우지 못해 힘들었던 부모님께 『너도 사랑스러워』 "윤여림 글 / 채상우 그림 / 웅진주니어", 『안아줘!』 "제즈 앨버로우 글, 그림 / 웅진닷컴" 이 책이 작은 위안이 되기를 바래봅니다. 그림책 표지를 보면 두 펭귄의 모습과는 달리 눈처럼 하얀 모습이지만 사랑스럽다는 표정으로 안아주고 있는 모습입니다. 코가 뾰족한 돼지, 부리가 뭉툭한 앵무새, 눈이 하나뿐인 올빼미, 목이 깡똥 짧은 기린, 온몸이 하얀 청개구리, 등딱지가 삐딱한 거북, 다리 하나 꼬인 문어, 더듬이가 울퉁불퉁한 달팽이, 혹이 세 개인 낙타, 등지느러미가 휘어진 상어, 한쪽 날개가 작은 나비, 눈 코 입이 삐뚤빼뚤한 여치 등 생김새는 조금 다르지만 나름의 방법으로 걷고 헤엄치고 노래하며 각지의 삶을 살아갑니다. 눈이 하나뿐이고, 목이 짧다고, 온몸이 하얗다고, 등딱지가 삐딱하고, 다리는 하나가 꼬여있는 문어, 더듬이가 울퉁불퉁한 달팽이, 점무늬가 없는 치타, 등지느러미가 휘어진 상어, 한쪽 날개가 작은 나비, 눈 코 입이 삐뚤빼뚤한 여치 등. 겉으로 보여 지는 것이 중요하다고 생각해 왔던 저에게 이런 모습은 낯설었고, 한편으론 측은한 마음도 들었습니다. 동물이 아닌 사람이 이런 모습이라면 과연 나는 그들을 어떻게 대했을까? 이상하다고 하며 뒤로 물러서진 않았을까? 여러가지 생각을 해 봅니다. 그런데 다시 생각을 바꿔보았습니다. 이런 모습으로 태어났다고 해서 사랑받을 자격이 없는 걸까? 나는 과연 완전한 걸까? 겉은 멀쩡하지만 마음도 멀쩡한가? 혹시 나는 마음이 문제인건 모르고 사는 것은 아닐까? 등등 보여 지는 것을 중요하다고 생각하며 살았던 때를 돌아보았습니다. 사실 저 역시 겉은 멀쩡한데 자존감이 낮아서 오히려 겉을 중시하고 외모가 이상하다고 느껴지면 뒷걸음쳤던 적이 있었습니다. 겉으로 보여 지지 않았다고 해서 감춰지는 건 아닌데 말입니다.

많은걸 주지 않아도 됩니다. 그저 따스한 눈길과 따뜻하게 안아 주기만 해도 마음이 얼어붙지 않을 것입니다. 우는 아이, 심통 난 아이, 매사에 불만인 아이가 가장 바라는 건 따스한 눈빛입니다. 따스한 눈빛과 따스한 포옹은 얼었던 마음을 녹여주고 그렇기에 겉모습이 어떻든 서로를 따스하게 안아주고 있는 모습이 아름다워 이 책을 보는 동안 저의 마음도 따스한 온기가 퍼짐을 느끼게 되어 소개해봅니다.

『안아줘!』라는 말은 업어 줘! 라는 말과 함께 아이들이 엄마아빠에게 자주 하는 말입니다. 길을 걷다가 힘들면 안아달라고 하고, 업어달라고 떼를 쓰는 아이지만 그 모습마저 사랑스럽습니다. 엄마에게 안긴 아이들은 그 자체만으로도 행복해 합니다. 아무리 크게 울부짖던 아이라도 엄마, 아빠의 품에 안기기만 하면 언제 그랬냐는 듯이 울음을 뚝 그치곤 하죠. 또한 어루만져 주고 쓰다듬어 주면 닭똥 같은 눈물로 범벅이 되었던 얼굴에 어느 새 까르르 웃음이 넘칩니다. 이 책에서는 단순하게 "안아 줘!" 라는 말만 나옵니다. 안아 줘!, 안아 줘!, 안아 줘! 만나는 동물들에게 안아 줘! 라고 말하는 어린 고릴라. 다들 서로 안아주고 있을 때 서로 앉는 모습을 보며 기분이 좋아지지만, 정작 자신을 안아 줄 엄마가 옆에 없다는 걸 알고 시무룩해지기도 합니다. 그때 어린 고릴라를 찾아 헤매던 엄마가 와서 안아주자 속상했던 마음은 사라지고 어느 새 환하게 웃는 얼굴로 행복해 하는 모습입니다, 안아주기만 해도 속상했던 마음이 다 풀어지는데 저를 왜 그렇게도 안아주지 않았던 걸까요? 저는 안기기도 힘든 아이였던 걸까요? 많이 안겨본 사람은 마음이 따스해서 다른 사람에게도 넉넉한 것 같습니다. 그래서 저는 우리 아이들을 많이 안아주려고 합니다. 지금은 저보다 키가 훌쩍 커서 올려다 볼 만큼 커버린 큰 아이라 조금은 어색하지만 제가 안아주는 것을 싫어하지는 않습니다. 전화통화 하고 끊을 때도 "사랑해" 라고 말하면 "네!" 라며 기분 좋은 반응을 보여줍니다. 사랑한다면 많이 안아주고, 사랑해 라고 말해주세요. 안아주기만 해도, 사랑해 라고 말하기만 해도 마음이 따스해지고 행복해진다는 걸 이제는 알게 되었으니까요.

### 그림책을 보며 궁금했던 점을 질문해 보아요

- 잘 안아주고 계신가요?
- 안기고 싶었는데 안기지 못했던 적이 있나요? 그럴 때 기분은 어땠나요?
- 안겼을 때 어떤 느낌이 들었나요?
- 아기 고릴라는 엄마에게 안기고 나서야 행복해합니다. 어릴 적 엄마와 헤어져서 헤매었던 기억이 있나요? 그때 어떤 기분이 들었나요?
- 헤어졌던 사람과 다시 만났을 때 자신의 감정을 어떻게 표현했나요?
- 나는 어떨 때 사랑받는다고 느껴지나요?
- 그림책을 보면서 함께한 등장인물들에게서 어떤 미덕을 보았나요?
- 작은 고릴라에게 주고 싶은 미덕은 무엇인가요? 그 미덕을 주고 싶다고 생각한 이유는 무엇인가요?
- 사랑받지 못했다고 생각하는 사람에게 어떤 말(미덕)을 해주면 좋을까요?
- 나에게 필요한 말(미덕)은 무엇이라고 생각하나요?
- 누군가 나에게 말(미덕카드)을 건넨다면 어떤 말(미덕)을 듣고 싶은가요?

**함께 보면 좋은 그림책**

**『너도 사랑스러워』, 『안아줘』**

## 2. 엄마와 아빠

"빨리빨리 좀 일어나라! 너 기다리다 어느 세월에 밥 먹겠냐?"

"좀 천천히 먹어도 되잖아요! 그리고 우린 아침 안 먹어도 괜찮은데 엄마는 늘 서두른다니깐."

"말 좀 예쁘게 해라! 너에게 따뜻한 밥 먹이려고 하는 건데, 그리고 지금 시간이 몇 시인데 아직도 밥 먹을 생각은 안하고 그러고 있냐? 암튼, 딸이라고 싹싹한 맛이 있어야지!"

엄마는 늘 이렇게 재촉하십니다. 아침 잠이 많은 저는 아침 일찍 서두른 다는 게 힘들어서 부딪힐 때가 많습니다.

"여기 참깨 볶아놓았다. 아빠가 농사지은 거라 고소할거다. 김자반도 가져가라! 아까 보니까 애들 잘 먹더라. 우엉볶음도 가져가라. 이건 상하는 건 아니니까 여기 챙겨 두마."

엄마는 잔소리하다가도 집에 갈 때면 바리바리 싸주십니다. 이게 엄마의 사랑방식입니다. 사람들에게 사랑받는 사람은 사랑을 배운 사람이라고 생각합니다. 엄마뱃속에서 엄마에게 사랑받는 법을 배우고, 태어나서 부모님께 배우고, 자라면서 아옹다옹 싸우지만 그 속에서도 형제들에게 배웁니다. 누가 알려주지 않아도 사랑받는 법을 아는 것입니다. 그래서 사랑받은 사람은 사랑을 받을 줄도, 줄줄도 알지만, 사랑받지 못한 사람은 사랑을 받을 줄도, 줄줄도 모르는 것 같습니다. 사랑하는 법을 배우지 않았으니까. 사랑받는 법을 모르니까. 엄마도 사랑받아보지 않아서 사랑을 가르쳐줄 수가 없었던 것 같습니다.

6남매 첫째 딸로 태어나고 4살 되던 해에 6.25한국 전쟁이 일어났다고 합니다. 전쟁 때문에 모든 걸 다 잃고 겨우 목숨 부지하기도 힘들었을 때입니다. 외할아버지는 먼 곳에 숨어계셔서 목숨을 부지 할 수 있었다고 합니다. 주변이 다 어려웠고, 먹고 살아야 하기 때문에 할머니는 집에서 아이들만 돌 볼 수가 없었습니다. 셋째아들인데도 엄마의 할머니는 외할아버지 댁에서 사셨는데 아이들을 돌보기보다 그냥 계시기만 하셨다고 합니다. 외할머니와 외할아버지는 식구들 굶을까봐 일하러 나가고 어린 엄마가 7살이 되면서 부터 동생을 업어 키워야 했습니다. 학교에 갈 때도, 친구들과 놀러 갈 때도, 늘 동생을 데리고 다녀야 했습니다. 중학교에 가고 싶었지만 외할머니내신 집안 살림을 도맡아했지요. 어린나이부터 집안 살림을 하다 보니 애어른이 될 수밖에 없었습니다. 결혼적령기가 되니 맞선 주선자들은 할머니를 모시고 살며 어릴 때부터 집안 살림을 해온 엄마에게 많은 사람들을 선보이기도 했습니다. 그러다가 소개받은 사람이 아빠였습니다. 처음만나는 장소를 커피숍으로 정하자

"뭐 하러 커피숍에서 커피를 마십니까? 집으로 찾아 갈게요"

그렇게 아빠는 외할머니 댁에서 처음 엄마를 만났다고 합니다.

"우리 어머니 비유만 맞추면 되는데 괜찮겠어요?"

"저는 할머니도 모시고 살았으니 그런 거라면 걱정 안 해도 되요."

"아! 배고프다. 밥 좀 먹을 수 있겠습니까?"

"밥이 맛있네요! 한 그릇 더 먹어도 되겠습니까? 어머니가 일찍 편찮으셔서 크는 동안 밥을 제대로 못 얻어먹었어요! 저는 밥 먹는 게 제일 중요하거든요. 저랑 결혼합시다!" 엄마는 선보는 날 밥을 달라는 아빠가 인상도 좋고 말도 시원시원하게 하여 싫지 않았다고 합니다. 그렇게 엄마는 아빠와 선본지 2개월만에 결혼하셨습니다. 결혼하고 집으로 간 첫날 할머니와 할아버지는 엄마에게 눈길도 안주었다고 합니다. 사실 결혼식 때 옷을 맞추러 가는 날 엄마를 처

음 보셨던 할아버지는 엄마를 보고 표정이 밝지 않았지만, 엄마는 대수롭지 않게 생각했고 그것이 시집살이의 시작임을 그때는 몰랐습니다.

"애비야 이리 좀 와봐라 얼굴도 별로고 집안도 별로네. 내가 아파서 조카보고 선보고 오라 했더니만. 쯧~조카도 얼굴 볼 줄 모르는구먼! 영~ 맘에 안 들어!" 라며 못마땅해 하셨다고 합니다.

"얼굴이 뭐가 문제에요. 어머니 편찮으셔서 집안 살림 잘하고, 식구들 밥 잘 챙겨주는걸 우선으로 생각했어요. 거기다 할머니 모시고 살아서 어른 공경할 줄 알고. 그럼 된 거 아닌가요?"

"그래도 네가 아깝구나!"

"얼굴이 밥 먹여 준답니까? 그리고 우리 식구들은 뭐, 인물이 좋은가요?"

얼굴이 안 예쁘다는 이유로 할머니는 이유 없이 트집을 잡았다고 합니다. 며느리가 들어왔는데도 곳간 열쇠도 안주시고 쌀도 할머니가 내주는 데로 밥을 했습니다. 할머니가 주신 쌀은 항상 모자라서 식구들 밥을 뜨고 나면 엄마가 먹을 밥은 없었습니다. 결혼하기전보다 먹을 것을 더 못 먹는 날이 많았다고 합니다. 식구들이 먹고 남은 음식으로 끼니를 때워야 했는데 할머니가 싫어하니까 삼촌들도 엄마에게 트집을 잡았다고 합니다. 결혼해서 이유 없는 미움으로 시집살이가 계속되자 아빠는 분가하고자 돈을 벌기 위해 서울로 떠났습니다. 아빠가 없으니 시집살이가 너무 힘들어서 떠나고 싶었지만 떠날 수가 없었습니다. 뱃속에는 이미 아이가 있었기에 어떻게든 잘 이겨내야겠다는 생각으로 힘들지만 참아냈습니다.

대학 졸업 후 전공과는 다른 직업을 갖기 위해 그래픽 학원을 다녔던 저는 그 모든 것을 부모님이 지원해줌에도 용돈이 부족하고, 우리 집이 넉넉하지 못한 것에 대해 불만을 가지며 내가 가진 것보다 남들이 가진 것들을 부러워하며 살아가고 있었습니다.

"너는 안 부러운데 너희 부모님은 부럽다."

"무슨 소리야?"

"너희 집에 가면 항상 부모님이 반겨주시고 잘해주시니까 좋아서~"

"그거야 네가 내 친구이고, 또 너희 엄마랑 종친이잖아."

학원에서 만난 친구였지만 학교 친구보다 더 가깝고, 마음이 잘 맞아서 자주 놀러왔었습니다. 거기다 그 친구는 고향이 다른데도 엄마가 종친이라는 말에 더 가까이 지내게 되었고, 그 친구 어머니역시 저를 반기워 해주셔서 그 친구 집에도 자주 놀러가곤 했었지요. 친구의 말은 그동안 잊고 있었던 것을 일깨우기에 충분했습니다. 내가 얼마나 사랑받고 살고 있으며 모든 부모님이 우리 부모님 같지는 않구나. 라는 걸 알게 된 그 한마디 "너는 안 부러운데 네가 가진 부모님이 부러워!"

유리가 이 말을 했을 땐 왜 그런 말을 했는지 잘 몰랐었습니다. 저는 남들도 우리 부모님처럼 모든 부모님이 자식을 챙기는 게 당연하다고 생각하며 살았고, 자식을 위해 부모님이 희생하는 것. 대학을 보내주고, 취업하기 전까지 부모님과 같이 사는 것 등. 그런 것들은 부모님이 다 해주는 게 당연하다고 생각했습니다. 제가 그렇게 살아왔으니까요. 그런데 온실 속에 화초처럼 모든 걸 부모님이 해주셨고, 아들 딸 구별하지 않으며, 아니 오빠보다 저를 더 귀하게 여겼다는 걸 알게 되었지요.

유리는 부모님이 사이가 좋지 않아서 고등학교 때 자살시도를 한 적도 있었고, 대학에 합격하고도 등록금을 주지 않아서 적성에도 맞지 않는 장학금을 주는 대학에 다녀야 했다고 했습니다. 제 주변에는 이혼한 부모님도 있었지만 그건 먼 이야기였고, 자살시도를 했다는 이야기를 들었을 땐, 어떻게 그런 생각을 할 수 있지? 부모님이 어떠시기에 그런 생각을 하는 거지? 라며 그런 이야기는 TV속에서나 나오는 이야기라고만 생각했는데 사회에서 만난 사람들 중에는 그런 사람들이 생각보다 많았습니다. 그리고 가까이 있는 친구 유리를 만나면서 제가 정말 많은 사랑을 받고 살았음을 알게 된 것이지요. 유리는 자식이 우선이고, 자식이 뭔가를 요청하면 우선적으로 생각하는 자상하신 저의 부모님이 부럽다고 했습니다. 사실 저희 부모님은 제 친구가 오면 항상 반갑게 맞이하며 저에게 하듯 제 친구에게도 따뜻하게 대했고, 특히 아빠가 그렇게 친절한 경우는 흔하지 않았기에 친구들이 대부분 했던 이야기는 아빠가 다정해서 좋겠다며 많이 부러워 했었습니다. 자신에게도 살갑고 다정하게 대하는 아버지를 보면서 유리는 자신의 아버지와 비교가 되었나 봅니다. 가끔씩 유리네 집에 놀러 가면 잠시 인사만 할뿐 아버지와 이야기를 나눈 적이 없었긴 했었습니다. 유리뿐만 아니라 대부분 친구의 아버지들과 저 역시 말을 주고 받진 않았던 것 같습니다. 여전히 유리는 아버지와 사이가 좋지 않았고, 직장을 다니면서 부터는 집안의 가장 역할을 하였기 때문에 더 그랬을 거라고 생각됩니다.

친구애기를 듣고 주변을 돌아보니 나의 부모님처럼 희생적인 부모도 있지만 이기적인 부모님도 많다는 걸 알게 되었습니다. 유리가 말하지 않았더라면 모든 부모님들이 자녀에게 무조건적으로 희생하는 줄 알았고, 그 때 내가 받은 사랑이 과분한 사랑이었다는 것을 처음 알게 되었습니다. 친구를 통해 과분한 사랑을 받고 있다는 것을 알게 되면서 그동안 부모님께 서운했던 마음은 따스한 햇살에 겨우내 내렸던 눈이 녹듯 나의 서운함도 녹아내렸고 그 때부터 부모님을 존경하게 되었습니다.

엄마와 아빠하면 많은 것들이 생각납니다. 고생만 하던 엄마, 지금의 내 나이에 자식을 위해 몸이 상하는지도 모르고 열심히 일하셨던 엄마, 본인이 하고 싶은 마음은 접고 오로지 자식을 위해 모든 것을 내어 주는 아빠. 부모님을 생각하는 마음만으로도 마음이 아련해집니다. 그럼에도 불구하고 여전히 살갑지 못한 딸이고, 전화도 자주 못해 부모님이 먼저 전화를 걸 정도로 무심하지만 마음 속엔 늘 감사한 마음뿐입니다.

아이들의 엄마로 살아가면서 부모님에 대한 생각을 많이 해보게 됩니다. 과연 나는 우리 부모님처럼 잘 하고 있는가? 아이들을 위해서 모든 걸 다 할 수 있는가? 라고 질문 해봅니다. TV에서 보면 엄마라면 자녀를 위해 모든 걸 다 해 주어야 한다고 말을 합니다. 그런데 모든 걸 다 해주는 부모가 과연 진정한 부모일까? 오히려 다 해주는 부모를 가진 자녀가 불행할 때도 있음을 여러 사례에서 많이 보았습니다. 저의 부모님은 물질적으로 많은 걸 해주시지 못하셨고, 사랑표현도 서툴렀지만 이 세상 누구보다 나에게, 우리에게 최선을 다 하셨고 행동으로 보여주셨습니다. 꼭 물질적으로 풍족해야만 좋은 부모가 아님을 이제는 압니다. 삶의 방향을 제시해주고, 멘토가 되어 주셨으며, 모범적으로 살아주셨던 부모님께 감사드리며 존경을 표합니다.

부모님이 보여주셨던 사랑의 미덕을 한 번 더 되새기고 싶습니다. "사랑의 미덕은 우리 안에 있습니다" 내가 사랑 받고 싶은 대로 사랑을 베풀어 주세요 사랑은 어렵지 않습니다. 따스한 미소만 보내주어도 사랑을 느낍니다. 그러다 보면 마음이 행복해져서 더 많은 사랑을 보여주지요.

『나, 꽃으로 태어났어』 책을 보면서 엄마의 어린 시절을 떠 올려 보고 싶었습니다. 사랑받고 행복해야 했을 5살에 한국전쟁이 일어났습니다. 전쟁은 많은 것들을 빼앗아 가 버리죠. 삶과 죽음이란 공포 속에 살아야 했던 어린 시절이니 사랑해 달라는 말조차 꺼내기가 쉽지 않았을 것입니다. 살아가는 것이 아니라 살아내야 했던 어린 시절을 보내고 겨우 혼자서 무언가를 할 수 있을 때 동생들이 태어납니다. 그 동생들을 돌보느라고 어린 엄마, 아빠는 또래 아이들이 누려야 하는 것들을 포기해야 했습니다. 그런 부모님께 『나, 꽃으로 태어났어』 책을 선물하고 싶습니다.

엄마 아빠도 처음부터 엄마 아빠가 아니었습니다. 여린 꽃으로 태어났고, 열심히 살아오셨습니다. 그저 묵묵히 열심히 살아 온 것뿐인데 첫째라는 이유로 많은 걸 희생하셨습니다. 하고 싶은 게 없어서 안한 것이 아닙니다. 첫째라서 양보했던 것이고 양보하면 모두가 평안할거라고 생각해서 양보한 것인데 가족들 모두 당연하게 희생할 것을 강요했습니다.

『나, 꽃으로 태어났어』 "엠마 줄리아니 글, 그림/ 이세진 옮음 / 비룡소" 는 여린 꽃 한 송이가 세상에 피어나 따스한 햇살을 받고 따뜻한 기운을 나누며 살아가던 중 다른 꽃들과 어울려 사람들에게 사랑을 전해주기도 하고 마지막을 함께 하면서 세상을 아름답게 이겨냅니다. 마치 우리의 삶을 담아낸 듯합니다. 각 페이지마다 입체적으로 살아 있는 것 같은 꽃들, 한 장으로 이어져 병풍처럼 펼쳐지도록 하는 형식이 마치 우리의 인생을 파노라마처럼 보여주고 있는 것 같습니다. 여린 꽃 한 송이가 세상에 피어나 인내와 헌신으로 사람들을 돕고 나누며 살아왔는데 기쁨과 감사보다는 당연한 것이라고, 더 주어야 하는데 주지 않았다며 서운함을 얘기하는 소리에 엄마는 속상해했습니다. 그동안 희생만 했던 본인의 삶이 억울하기도 하여 가슴에 한을 갖고 살았습니다. 엄마역시 처음 세상에 나올 때 여리게 태어났고, 꽃들이 자신의 꽃가루를 나누듯 주변사람들에게 나누어 주었습니다. 선한 영향력을 주며 살아가라는 할머니의 말씀을 따라 힘들어도 참고 주변사람들에게 사랑을 전하려고 노력하기도 하였습니다. 본인은 조용히 지내고 싶지만 주변사람들과 잘 어울리기 위해 자신이 좋아하지 않더라도 여린 꽃이 다른 꽃들과 어우러지려 하듯 다양한 사람들과 어울리면서 가족들을 더욱 아름답게 빛내주기 위해 노력해왔습니다. 그렇게 노력해왔는데 남은 것은 허무함인가 봅니다. 몸은 아프고 마음도 아픕니다. 그래서 이제는 엄마가 좋아하는 것을 하며 살라고 말합니다. 무겁게 누르고 있는 것들에서 벗어나라고 말하지만 쉽지 않은가 봅니다. 더 이상 미련을 버리고 고향으로 내려가시면서 엄마의 표정이 밝아졌습니다. 꽃을 좋아하신 엄마는 이젠 자신을 위해 꽃을 가꿉니다. 그동안 엄마가 꽃을 좋아하셨다는 것을 몰랐는데 엄마의 오랜 숙원인 엄마의 집이 생기고 나면서 화초를 키우셨고 그 화초는 엄마의 사랑으로 잘 자랐습니다. 우리를 키우듯 정성스럽게 가꾸신 화초를 보면 엄마의 꽃같이 젊은 모습이 보입니다. 엄마도 이렇게 꽃으로 태어나셨고, 꽃같이 예쁜 시절도 있었음을 어렴풋이나마 느껴봅니다.

따뜻한 기운을 나누며 살아가려고 노력하셨지만 할머니, 할아버지가, 작은아버지가, 그리고 주변에서는 차가운 기운으로 엄마를 힘들게 했음에도 엄마는 꺾이지 않았습니다. 우리를 위해, 우리를 지키기 위해. 힘들어도 꾹 참고 견뎌냈습니다. 그러다 보니 따스한 말, 따스한 사랑표현을 할 여유를 갖지 못했습니다. 마음은 있지만 어떻게 표현해야 할지 잃어버리게 되어서 마음으로, 행동으로 하셨는데 저는 몰랐습니다. 말로 표현하지 않는 건 사랑이 아니라며 서운해만 했었는데 엄마가 되어보니 이제야 알 것 같습니다. 사랑을 받아본 적이 없어서 어떻게 사랑 표현을 해야 하는지 몰랐다는 것을…….

엄마도 결혼해서 새로운 가족에게 어우러지면서 더욱 아름답게 빛나고 싶으셨을 텐데 차가운 기운을 받다보니 질겨지고 강해진 것이겠지요? 엄마의 곱고 여린 모습의 꽃 같은 모습은 아니지만 힘들고 고단했던 세월을 이겨낸 모습의 꽃으로 피우길 바래봅니다.

언제나 인자하시고 자식이라면 모든 걸 내어주신 아빠도 생각해 보고 싶습니다. 친구들의 아버지와는 달랐기에 친구들에게 부러움을 사기도 했던 나의 아빠. 다시 태어나도 아빠의 딸로 태어나고 싶을 만큼 좋은 아빠를 생각해 보면서 『나의 아버지』 "강경수 글, 그림 / 그림책공작소" 를 소개해 봅니다. 우리 남매에게 '아낌없이 주는 나무'가 되어주신 아빠를 생각하면 "괜찮아! 별일 없다. 애들은 감기 안 걸렸니?" 라며 본인은 늘 괜찮고 오히려 우리의 안부를 우리의 건강을 걱정하시는 다정한 아빠의 모습과 많이 닮아 있는 이 책은 첫 표지부터 강렬합니다. 자전거를 멈춰선 아버지의 안에는 해맑은 아이가 서 있습니다. 그리고 자신의 아빠를 소개합니다. 못하는 게 하나도 없는 아빠에게 많은 것들을 배우지만 아빠처럼 잘 하지 못해 속상해 하기도 합니다. 그런 아이에게 아빠는 너무 실망하지 말라며 뒤에서 든든하게 지켜주시지요. 든든한 아빠덕분에 모든 것을 잘 하게 되고 모든 것에 익숙해져서 자만하다가 넘어져 다치게 됩니다. 아빠는 내가 넘어지면 나보다 더 아파하셨고, 내가 잘 되면 나보다 더 좋아하셨습니다. 우리를 자신보다 사랑하셨던 아빠. 아빠를 부르며 고개를 돌렸을 때, 아빠는 계속 내 뒤에 계셨고, 언제나 괜찮다며 우리를 먼저 걱정해주십니다. 오랜만에 아빠를 만나러 가면 이젠 커다랗고 힘 있는 모습은 사라지고 늙고 허름한 모습의 아버지가 벤치에 앉아 있습니다. 여전히 아빠 앞에선 어린 소녀인데 아빠는 기다려주시지 않는 것 같습니다.

아빠가 어렸을 적엔 상황이 어려워서 초등학교 때부터 부모님과 떨어져 외할머니 댁에서 지내게 되었다고 합니다. 아빠의 외할머니는 따뜻한 할머니는 아니었나 봅니다. 아직 어린아이임에도 일을 하지 않으면 밥을 주시지 않았고 따뜻하게 안아준 적이 없다고 합니다. 그렇게 아빠는 부모님과 떨어져 어린 시절을 보내었는데 형제들 공부시키겠다고 서울로 올라가셨다가 할머니가 편찮으시자 아빠만 두고 시골로 다시 내려가셨다고 합니다. 언제나 혼자 외롭게 지내셔야 했던 아빠는 부모님의 사랑이 필요할 때 언제나 혼자였습니다. 그런 상처 때문에 아빠는 본인이 받고 싶었던 사랑을 우리에게 주시려고 했었다고 합니다. 본인이 받고 싶었던 사랑을 우리에게 다 주시느라고 어려운 상황이었지만 우리만 외롭게 두지 않으셨습니다. 부안에서 서울로 이사할 때도, 서울에서 전주로 이사할 때, 그리고 다시 서울로 이사하여 제가 결혼할 때까지 한 번도 저희를 혼자 두지 않으셨습니다. 언제나 가족이 함께 하려고 노력하셨고 그중에서도 교육만큼은 넘칠 만큼 지원을 아끼지 않았습니다. 아빠가 그토록 공부를 하고 싶었지만 경제적 상황 때문에 하지 못했고 그로 인해 잘 살지 못하세 된 것이 한이 되어 우리에게 교육만큼은 지원을 아끼지 않았습니다. 안타깝게도 아빠의 노력만큼 저는 공부를 잘하지도, 열심히 하지도 못했습니다. 그럼에도 크게 뭐라 하지 않았습니다. 언제나 필요한 것이 있으면 지원을 아끼지 않았고 공부에 관련하여서는 돈이 없어서 공부를 못하는 상황이 되지 않게 하려고 아빠의 주머니가 요술주머니라도 된 것처럼 필요할 때마다 돈을 주셨습니다. 나중에야 안 사실이지만 돈이 많아서가 아니고, 돈이 없어서 서러움을 겪는 일이 없기를 바라는 마음에서 주머니에 채워놓으셨다고 합니다. 결혼해서 생활해 보니 돈은 언제나 부족했고, 챙겨야 할 것들은 왜 그리도 많은지요. 어디 돈 벼락이라도 맞으면 좋겠다는 생각을 늘 하곤 했습니다.

아빠는 6남매 맏이입니다. 부모님세대에서는 장남이 가지는 혜택이 많습니다. 그런데 모든 집이 그렇지는 않은 것 같습니다. 저는 아빠가 장남인 것에 불만이 많았습니다. 아빠가 장남이라는 이유로 혜택보다는 해야 할 일들만 많았다고 생각했기 때문입니다. 부모님과 형제들을 항상 챙기시고, 집안의 큰일들은 다 도맡아서 하는데도 여전히 생활은 어렵습니다. 그럼에도 우리에게 최선을 다 하시는 걸 보면서 슈퍼맨이 아닐까? 라는 생각을 할 정도로 많은 것들을 해내셨습니다. 그렇게 하기까지 아빠는 본인이 하고 싶은 건 다 내려놓았습니다. 좋아하던 낚시도, 좋아하는 책도, 그리고 그 흔한 엄마와의 나들이도 제대로 한 적이 없습니다. 오로지 부모, 형제들을 생각하셨고, 우리들에게 하나라도 더 해주기 위해 본인이 하고 싶은 것을 포기하셨습니다. 자식이 먼저여서 못하신 아빠에게 이제는 제가 도움의 미덕을 드리고 싶습니다. 아빠가 도움을 청할 때까지 기다리지 않고 제가 먼저 도움을 주도록 하겠습니다. "도움의 미덕은 우리 안에 있습니다" 무엇이 필요한지 알아차리고 마음을 헤아린다면 만나지 못하더라도 항상 함께하고 있다는 마음을 느낄 수 있을 것 같습니다. 도와 달라고 하기 전에, 하고픈 말이 있는지 알아차리는 것만으로도 도움이 된다고 생각하실 수 있으니까요.

50이 가까워진 지금도 아빠의 주머니를 볼 때면 어렸을 때의 추억이 생각납니다. 여전히 요술주머니처럼 아빠의 주머니에서는 마르지 않는 샘처럼 돈이 나올 것만 같습니다. 그 주머니가 이제는 우리 아이들에게 열립니다. 어릴 적 나에게 그랬듯이 우리 아이들을 만나면 열립니다. 아이들에게 과할 정도로 큰 용돈을 주시곤 하기에 우리아이들에게도 할아버지의 주머니는 요술주머니로 기억될 것 같습니다. 이 책을 통해 자상한 아버지를 다시 한 번 생각해보고 싶습니다.

### 그림책을 보며 궁금했던 점을 질문해 보아요

- 아버지하면 떠오르는 것이 있나요?
- 아버지와 함께 했던 추억 중 가장 기억에 남는 추억은 무엇인가요?
- 어릴 적 나의 아버지는 어떤 모습이었나요? 나도 아버지처럼 되고 싶다고 생각한 적이 있나요?

- 아버지에 대한 기억 중 강하게 남는 기억이 있나요?
- 아버지가 나에게 가르쳐 주셨던 것은 무엇인가요?
- 아버지와 함께 할 때의 기분은 어땠나요?
- 아버지란 나에게 어떤 존재인 것 같나요?
- 아이와 주로 어떤 시간을 보내고 있나요? 나와 함께 할 때 아이의 표정은 어때 보이나요?
- 책 속의 아이는 아빠에게 배운 것들이 처음엔 서툴러 실수하기도 해요. 나의 실패의 경험 속에서 아버지는 어떤 격려를 해 주었나요? 또는 어떤 격려를 받고 싶었나요?
- 어른이 된 후, 작아진 아버지의 뒷모습을 경험한 적이 있나요?
- 성장한 이후, 늙고 허름해져버린 아버지의 모습을 본다면 어떤 생각이 들 것 같나요?
- 나의 아버지도 어릴 때엔 나처럼 작은 아이였다는 사실과, 지금은 나이 드신 할아버지도 한 때는 뭐든지 다 해 줄 수 있을 것 같은 아버지였다는 사실이 어떻게 느껴지나요?
- 자녀에게 어떤 아버지(엄마)가 되고 싶나요?
- 나는 어떤 엄마인가요?
- 내가 아버지에게 힘이 되어 줄 수 있는 것은 무엇일까요?
- 아버지(어머니)에게 어떤 말(미덕)을 해주면 행복해 할까요?
- 아버지(어머니)에게 어떤 말(미덕)을 주고 싶은가요?

그 말(미덕)을 주고 싶다고 생각한 이유는 무엇인가요?

"별일 없으세요?" 라고 엄마, 아빠께 전화를 드리면 "이제 나이가 들어서 그런지 매일이 그날그날 같다" 고 말씀하십니다. 그럼에도 무심한 딸인 저는 제 일에 바빠서 자주 전화도 못 드립니다. 마음은 있으나 익숙하지 않아서 잘 못 합니다. 그럼에도 언제나 저희 아이들, 그리고 제 남편의 사업은 어떤지 부터 물어보십니다. 무엇이 그리 바쁜지 저는 길게 통화도 못하고 "또 전화 드릴게요" 라는 말을 남기고 끊습니다. 하실 말씀이 많으실 텐데도 그저 제가 편하라고 괜찮다는 말씀을 하시는 부모님입니다. 이때 생각난 그림책 『내일은 맑겠습니다』 "이명애 글, 그림 / 문학동네" 입니다. 한 주의 날씨를 알리는 음성과 함께 이야기는 시작되는데 저마다의 아침을 맞이하는 일상적인 풍경과 같습니다. 버스정류장을 이루던 노란 선은 횡단보도가 되었다가, 땅 밑으로 물속으로 공중으로 다시 길로 이어집니다. 기온이 차다가 돌연 비가 내리고, 돌풍과 천둥번개에 미세먼지까지 기승을 부린다니 한 주의 날씨라기에는 변화무쌍하지만, 예측할 수 없다는 점에서 우리의 내일과 다를 바가 없는 것 같습니다. 친구를 만나 등교하는 아이, 일터에서 힘껏 문제를 해결하는 노동자, 최고의 기량을 연마하는 운동선수, 커다란 배낭을 진 여행자 등 주연이 되는 인물이 몇 장면의 짧은 이야기를 만들고, 이어달리기를 하듯 다음주자에게 바통을 넘기는 형식은 기존의 그림책과는 다른 형식으로 표현하고 있습니다. 노란 선을 통과하는 인물들은 걷고 매달리고 유영하고 힘겹게 싸우고, 버티다 쉬다 출렁이기도 합니다. 주 후반부로 갈수록 사람들은 지쳐가기도 합니다. 그러다가 주말에는 다시 날씨가 좋아져 바깥활동도 하고 나들이도 즐깁니다. 한동안 좋은 날씨로 사람들은 다시 활력을 찾기도 합니다.저는 맑고 쾌청한 날씨를 좋아해서 언제나 쾌청한 날이 이어지기를 바랍니다. 이 책의 마지막 부분은 치열한 분투와는 상관없다는 듯, 고요하게 배경에 흐르던 날씨 예보의 마지막 멘트는 당분간 맑은 날이 이어지리라는 전망으로 마무리 됩니다. 엄마 아빠에게 이렇게 말하고 싶습니다. 평범한 일상 속 이야기 같지만 우리의 인생을 보여주고 있는 것 같습니다. 변화무쌍한 날씨, 그러다가 다시 안정을 찾으며 따스한 날로 당분간 이어지지면서 내일은 맑을 예정이라고, 말하는 멘트는 마치 그동안 너무 고생했기에 앞으로는 맑은 날만 있을 테니까 편안하게, 그리고 이젠 본인의 건강을 먼저 생각하시며 속상했던 마음을 덜어버리고 즐거운 것만 느끼셨으면 좋겠습니다.

#### 그림책을 보며 궁금했던 점을 질문해 보아요

- (표지그림을 보면서) 노란 원의 의미는 무엇일까요?
- 이 학생은 어떤 마음으로 매달리고 있을까요? 그리고 이 학생은 누구라고 생각하나요?
- 책 속에서 노란 선은 무엇을 의미한다고 생각하나요?
- 사람들은 노란선위를 걸으면서 무슨 생각을 할까요?
- 남들 눈치 안보고 소신 있게 자기의 속도대로 나아가고 있나요?
- 평온하던 날 가운데 갑자기 비바람이 몰아치듯 요동칠 때 어떻게 감정을 다스리나요?
- 예측할 수 없는 날씨처럼 갑작스러운 일이 생길 때 대처방법은?
- 여기 나오는 인물은 모두 몇 명일까요?
- 내일 날씨가 맑으면 무엇을 하고 싶은가요?
- 한 주간 나의 감정날씨는 어떨 것으로 예상되나요?
 (지나간 한주의 감정날씨를 표현해도 좋습니다)
- 내일의 날씨가 맑기 위해 오늘 나는 어떻게 보내실 계획인가요?
- 요즘 나의 마음을 움직이게 하는 것이 있나요? 있다면 무엇인가요?

- 움직이게 하는 것을 위해 어떤 노력을 하고 있나요?
- 내가 좋아하는 컬러는 무엇인가요?
- 책속에 나오는 인물 중 마음이 가는 사람이 있나요? 그 사람에게 어떤 말(미덕)을 주고 싶은가요? (한 명을 골라도 되고 여러 명을 골라도 됩니다)
- 예측할 수 없는 상황이 닥치면 누구나 힘들어 집니다. 이때 어떤 말(미덕)이 나에게 힘이 될까요?

**함께 보면 좋은 그림책**

**『나, 꽃으로 태어났어』, 『나의 아버지』, 『내일은 맑겠습니다』**

## 3. 우리가 힘든 이유

"엄마! 엄마표정은 불만이 많은 사람처럼 표정이 그래요?"

"그러게 엄마는 늘 인상을 쓰고 있어 그치?"

"내가 뭘? 집중하느라고 모니터 보고 있는데 왜 내 표정 가지고 뭐라 하는 거지? 당신은 왜 또 내 심기를 건드리는 거야? 어제 화난 것도 아직 안 풀렸는데 또 건드리네?"

"아니! 택이가 말해서 나도 맞장구 친 건데 괜히 나한테 뭐라 그래?"

"아니에요! 엄마는 오전에는 웃는 얼굴이에요. 그런데 아빠 때문에 엄마가 화내는 거예요!"

어제도 남편이 내가 했던 말을 그대로 받아치면서 "어때? 당신도 내가 이렇게 말하니까 기분이 별로지?" 라며 말해서 기분이 상했는데 오늘 또 나의 기분을 건드립니다.

"내가 화나는 건 당신의 그 말투 때문이야! 택이가 한번 말했는데, 좋은 말도 아닌데 당신이 똑같은 말을 또 하는 이유가 뭔데?"

"아니. 당신은 나한테도 그렇게 말할 때 나는 가만히 있는데 당신은 왜 말 하나하나에 예민하게 굴어? 피해의식 있는 거 아냐?"

"그래! 나 피해의식 있다는 거 알면서 왜 매번 같은 상황으로 내 기분을 상하게 하는데? 당신은 내가 기분상해 하는 줄 알면서 즐기는 거야?"

"즐기길 뭘 즐겨? 나는 그냥 웃으면서 넘어가는데 당신은 하나하나 따지잖아."

사실 자주 남편의 말 때문에 기분이 상하곤 한답니다. 다시 생각해 보면 그리 기분 나쁜 일도 아닌데 사소한 것에서도 발끈하는 저를 보고 큰 아이는 가끔 "엄마는 왜 아빠하고 결혼했어요? 하며 물어보기도 합니다. 큰 아이가 보기엔 엄마는 아빠에게 늘 불만이 많은 사람처럼 말하고, 표정도 굳어 있어서 그렇게 생각한 것 같습니다. 사실 저는 자존감이 낮아서 작은 일이나 사소한 말에 상처를 잘 받는 편입니다. 자존감을 높여보려고 책도 읽고, 이것저것 배우고 노력하지만 자존감이 올라간다는 것이 쉽지만은 않더라고요. '누구나 처음엔 못해. 부족한걸 알고 자꾸 하다보면 잘할 수 있어. 너도 그래. 다시 해 보자.'라며 스스로를 다독이고, 제가 가진 장점, 잘하는 것들을 하나하나 꼽아보지만 오래 가지 못하고 바로 시들해집니다. 스스로에게 긍정의 힘과 할 수 있다는 자신감을 불어 넣어도 쉽게 자신감의 바람이 빠져 버리곤 합니다. 누구나 이런 과정들을 겪으면서 이겨내었기 때문에 인정받는 사람이 되었을 거라는 것도 알지만 달걀처럼 톡 하고 건드리면 쉽게 무너지는 나약한 마음 상태여서 쉽게 의지가 꺾여 버리곤 하는 제가 마음에 들지 않을 때가 많습니다. 믿어주는 만큼 자존감은 상승하고, 그 믿음은 하루아침에 되는 것이 아닌 어릴 때부터 칭찬을 받고, 인정을 충분히 받고 자란 사람이라야 쉽게 무너지지 않는 것 같습니다. 칭찬은 고래도 춤추게 한다는 데 저는 어릴 때 칭찬을 받아본 기억이 별로 없는 것 같았습니다. 인정받고 싶고, 칭찬받기를 원했지만 제대로 칭찬이나 인정을 받지 못했고, 하고 싶은 것도 없어서 잘하는 것도 없었습니다. 더욱이 제가 어릴 땐 공부를 잘해야 칭찬과 인정을 받는데 공부도 못하고, 성격이 활발한 것도 아니어서 칭찬이나 인정을 기대할 수가 없었습니다. 점점 소극적이 되어버려서 자신감은 떨어지고 자존감까지 낮아져 버렸습니다.

자존감은 한 사람이 살아갈 수 있는 원동력이 됩니다. '뭐든 할 수 있다는 자신감!' 그 자신감으로 우리는 실패해도 다시 일어날 수 있는 힘을 얻는다고 생각합니다. 타고난 성격도 있겠지만 실패했을 때 '괜찮아' 라는 말과 '너에겐 또 다른 장점이 있어' 라며 칭찬과 응원, 그리고 사랑을 많이 받고 자란 사람이 모든 일에서 자신감이 넘칠 수 있다고 생각합니다. 그 자신감은 부모님, 그리고 주변사람들의 관심에서 시작되겠지요. 저 역시 '지금 못해도 괜찮아. 아직 기회가 많아!' 라는 말을 들으며 응원을 많이 받았었다면 지금보다는 자존감이 높은 사람으로 성장하지 않았을까? 라는 생각을 해 봅니다.

어릴 적에 하도 울어서 울보라는 별명이 붙여졌습니다. 또래에 비해 말도 늦게 트였으며, 예민하기는 또 얼마나 예민한지 더위도 못 참고, 추위도 못 참으며, 축축한 것도 못 참을 정도로 모든 것에 예민했었습니다. 그래서 엄마는 '생기다 말아서 그런가?' 라는 말을 하시곤 하셨습니다. 아마도 모든 것에 예민하고 말도 늦된 아이가 동네가 떠나갈 정도로 빽빽 울기만하니 사람들이 좋아하지 않았던 것 같습니다. 사랑받고 싶어서, 관심을 보이기 위해서 울어댔던 것이 오히려 사람들에게 멀어지는 이유가 되었던 것 같습니다. 특히 7살 때 오빠에게 목마를 태워달라며 놀다가 떨어져서 머리를 다치고서는 더 그랬던 것 같습니다. 한동안 또래 아이들과도 어울려 놀지 못했었고. 아이들과 겨우 친해졌다고 생각 했을 때 친구들은 취학통지서가 나와서 학교 간다고 좋아했지만, 호적이 1살 늦게 되었던 저는 취학통지서가 나오지 않아서 친구들이 다 가는 가까운 학교가 아닌 버스타고 30분 거리에 있는 학교로 다니게 되었습니다. 가뜩이나 친구들과 잘 어울리지 못해 힘들었던 저는 학교가 멀다보니 동네친구들과도 학교 친구들과도 이울리지 못하는 상황이 되어버렸습니다. 소심하고 위축되었던 1학년. 저에게 초등1학년의 기억은 힘들고 울었던 기억으로 크게 자리 잡고 있습니다. 제가 다녀야 했던 초등학교는 버스를 타고 30분 이상을 가야했고, 버스에 내려서도 한참 가야 하는 곳에 있었는데 어린아이 걸음으로는 무척이나 멀었던 것 같습니다. 그런데 그 학교를 아침에만 엄마가 데려다 주시고 수업이 마치고 올 때는 혼자서 버스를 타고 와야 했습니다. 부모님은 강하게 키우고 싶으셨던 것인지 아니면 잘 알거라 생각했었는지는 기억이 나지 않습니다. 그냥 처음 며칠만 데려다 주시고 데리러 오셨고, 일주일이 지나면서부터는 혼자서 버스를 타고 오라고 했던 것 같습니다. 다른 친구들은 엄마가 데리러 오는데 혼자 교문을 나서는 것도 싫었고, 무엇보다 혼자서 버스를 타고 집으로 와야 했었기에 매일 울면서 학교를 다녔던 걸로 기억됩니다. 아침이 오는 것이 두려웠고, 학교 또한 점점 가기 싫어졌습니다. 그렇게 울면서 학교에 다닌 지 며칠 되지 않았을 때 지금도 생각하면 두려웠던 일이 있었습니다. 그 일이 있고 저는 점점 더 학교는 무섭고 두려운 곳이라고 생각하게 된 것 같습니다. 수업을 마치고 집에 가려고 주머니에 손을 넣었는데 좀 전까지 있던 버스비가 없어진 것입니다. 집에 가는 버스비였기에 잃어버릴까봐 주머니에 넣어놓고 수시로 확인도 했었기에 너무도 놀라고 무서웠습니다. 그 돈이 없으면 집으로 갈 수도 없었고, 연락할 방법도 기억이 나질 않았기에 저는 공포에 떨어야 했습니다. 조금 전까지 있던 돈이 어디로 사라졌는지 알 수 없었고, 그저 낯선 곳에서 저는 울기만 할 뿐 아무것도 하지 못했습니다. 이제 갓 초등학교에 입학하였고, 주변에 아는 사람 하나 없었기에 누구에게 도움을 청할 용기조차 없었습니다. 어떻게 해야 할지 몰라서 주변을 두리번거리기만 할 뿐, 떠나는 버스를 보면서 한참을 울고 서 있었습니다. 그 때 우는 저를 보고 안 되었다고 생각했는지 아저씨가 말을 걸어왔습니다.

"왜 울고 서있니?"

"돈을 잃어버렸어요. 흑. 흑. 주머니에 있었는데. 아무리 찾아도 없어요." 아저씨가 물어보는데 저는 울면서 바지주머니를 뒤집어 까보고, 가방 이곳저곳을 찾아보는 것 밖에 할 수 없었습니다.

"아무데도 없어요. 집에 가야 하는데. 훌쩍, 훌쩍"

"집이 어디니?"

"읍내에 있는 영신당 이에요."

"그래? 아저씨가 전화해 줄 테니 울지 마라." 그렇게 아저씨가 아빠에게 전화를 걸고 나서야 버스를 타고 집에 올 수 있었습니다. 그 일이 있고 난 뒤로 버스에서 내려 학교까지 걸어가는 길부터 교실까지 저에게는 무섭고 두려운 곳이 되어버렸습니다. 학교에서 친구들과는 말도 안하고 혼자서 있기만 했으며 선생님도, 친구들도 낯설기만 해서 어떻게 지나갔는지 기억하고 싶지 않을 만큼 그 한 달은 1년이나 된 것처럼 길었던 걸로 생각됩니다. 무엇보다 힘들었던 건 혼자서 버스타고 집에 오는 것이었습니다. 그렇게 힘들게 한 달을 다니다가 겨우 집근처 학교로 전학을 올 수 있었습니다. 하지만 전학을 와서도 여전히 학교가 낯설었습니다. 이미 서로 친해져 버린 아이들은 전학 온 저에게 관심을 갖지 않았고 거리를 두기 시작했습니다. 입학하자마자 두 곳의 학교를 다니게 되었던 저에게 학교는 낯설고 두려웠던 것입니다. 처음 학교에 간 모든 아이들이 낯설고 힘들었겠지만 저는 유난히 힘들었던 기억만 존재하는 건 아마도 버스비를 잃어버렸던 기억이 강하게 남았기 때문이겠죠? 다행히 집 근처 학교에서 저는 조금씩 적응을 하게 됩니다. 담임선생님의 배려가 아니었다면 어쩌면 저는 오래도록 힘들었을지도 모릅니다. 학교 다니는 게 힘들었는지 아니면 원래부터 그랬는지 기억이 나질 않지만 입술 주변은 늘 상처가 있었고, 담임선생님은 그런 저를 위해 집에서 꿀을 직접 가져와 발라주는 등 저에게 따스한 관심을 가져주셨습니다. 그리하여 조금씩 적응하게 되었지만 친구들은 약간의 관심만 보일뿐 놀이에 끼워주지 않았습니다. 선생님의 친절과 몇몇 친구들의 관심은 한 친구의 시샘을 불러일으키기도 하여 괴롭힘을 당하기도 했었습니다. 낯선 환경, 입학 전 사고는 공부에 집중하기 어려움으로 나타났고, 낮은 학업성취도로 인해 2학년 때는 자연스레 선생님 관심 밖의 대상이 되었습니다.

"숙제 안 해 온 사람 나와!"

숙제를 안 해온 친구들이 하나 둘 앞으로 나갔습니다. 저는 무서워서 다리가 덜덜 떨리기 까지 하였습니다. 2학년 담임선생님은 무섭기로 소문난 선생님이었으며, 아이들을 체벌할 때 뺨을 때리는 걸로 유명했었던 선생님 이었습니다. 아이들이 앞으로 나가서 하나 둘 선생님께 뺨을 맞고 자리로 돌아가 앉았습니다. 드디어 제 차례가 되었고, 선생님은 60여명 아이들 앞에서 한쪽 귀를 잡았습니다. "철썩!" 얼굴은 빨갛게 달아올랐고, 귀는 뜨거웠습니다. 흑, 흑, 흑. 눈물을 흘리며 자리에 돌아와 엎드려 울었습니다. "울지 마." 옆에 앉은 짝꿍이 우는 저를 달랬지만, 창피해서 고개를 들고 있을 수가 없었습니다. 그때 불같은 목소리가 들려왔습니다. "다들 책 안 피고 뭐해! 다음 시간에도 숙제 안 해오면 그땐 오늘보다 더 많이 혼날 거다 숙제 안 해오면 오늘처럼 혼난다. 알았어? 선생님의 목소리는 우리 모두를 얼음으로 만들기에 충분했습니다." 다들 국어 3단원 펴라. 000가 일어나서 읽어봐." 표정은 굳고, 목소리는 엄하고 무서웠습니다. 호명 받은 친구가 소리 내어 책을 읽었지만 저에겐 그 어느 소리도 들리지 않았습니다. 그저 빨리 그 시간이 지나가길 바랐고, 어떻게 그 시간이 지나갔는지 기억조차 나지 않았습니다. 우리학교에서는 한 달에 한번 반장과 부반장을 뽑았습니다. 부반장이 되고나서 너무 신이 나서 학교가 끝난 후 친구들과 신나게 놀다가 숙제 하는걸 깜빡하고 놀다가 잠이 들었던 것입니다. 다음 날 일어나자마자 숙제를 했는데 다 못하고 학교에 간 것이지요. '오늘은 숙제 검사를 안 하고 제발 지나가기를.' 그때 선생님의 무서운 목소리가 들려온 것입니다.

"숙제검사 할 거니까 숙제한 거 펴서 책상위에 올려놔!"

오늘 따라 내 소원은 이루어지지 않았습니다. 그리고 선생님이 오셨습니다.

"부반장이나 되서 숙제도 안 해왔어?" 아이들 앞에서 본보기를 보여주듯 더 무섭게 야단을 쳤습니다. 모범을 보여야 하는데 숙제를 못해왔으니 고개를 들 수가 없었지요. 쥐구멍이라도 있으면 숨고 싶었을 만큼 창피해서 고개를 들지 못했고, 그 일로 저는 기를 펼 수가 없었습니다. 숙제를 안 해온 것이 대단한 잘못이나 한 것처럼 주홍글씨로 낙인찍힌 기분이었습니다. "떠들지 마! 떠든 사람 칠판에 적을 거야." 선생님의 지시대로 한 것뿐인데 아이들은 반응이 시큰둥했습니다. "숙제도 안 해온 게 무슨 부반장이야!!" 그렇게 말하는데 아무 말도 할 수가 없었습니다. 그 일이 있은 후 같은 반 친구들은 제가 하는 말을 듣지 않았습니다. 특히 남자애들은 더욱이 내가 말하면 못 들은 척 했지요. 숙제를 안 해 와서 선생님께 뺨을 맞은 이후로 저는 친구들 앞에서 당당해지지 못하게 되었습니다. 이후 3학년, 4학년이 되어서도 여전히 선생님이 무서워 학교 가는 게 싫었습니다. 4학년 어느 날,

"김태영! 수업 끝나고 남아!"

'왜 그러시지? 내가 뭘 잘못했을까?' 걱정을 하며 청소를 다 마친 뒤 선생님 앞으로 갔는데 선생님 책상엔 제출했던 일기가 펼쳐져 있었습니다.

"100원을 가지고 어떻게 젤리6개를 사서 친구들과 나눠먹었지? 돈은 어디서 났어?"

심부름하고 용돈을 받은 날 저녁 일기에 친구랑 젤리도 사먹고 놀이터에서 놀아서 즐거웠다고 썼던 것인데. 무슨 돈으로 젤리를 그렇게 많이 사먹었냐고 취조하듯 야단을 치셨습니다.

"아빠가 주신 돈으로 사먹은 건데요?"

"그거 사실이야? 부모님께 전화하면 알게 될 거니까 사실대로 말해!"

"심부름 값으로 용돈 받은 거예요."

그리고 아빠에게 전화를 거는 소리가 들려왔습니다.

"집에 돌아가도 좋아."

"네."

선생님은 아빠와 통화를 하시고 나서 집에 가도 좋다고 하셨지만, 마치 남의 것을 몰래 훔쳐 먹은 사람 취급을 하셨기 때문에 이미 저는 큰 상처를 입었지요. 많은 사람들 앞에서 공개적으로 망신을 당한 기억은 두고두고 잊혀지지 않습니다. 성장하는 동안 자신 있게 하려고 해도 무슨 이유에서인지 나서지 못하고 용기를 낼 수 없었습니다. 많은 사람들 앞에서 공개적으로 야단맞았던 기억이 내면에 자리 잡아 용기를 내야 할 때마다 발목을 잡곤 합니다. '어차피 잘 못하잖아, 창피만 당할거야, 넌 잘하지 못해!' 라며 앞으로 나아가지 못하게 합니다.

우리가 힘든 이유는 욕구가 채워지지 못하고, 하고 싶지만 하지 못할 때가 아닐까요? 그럴 땐 가족이 조금만 싫은 소리를 해도 크게 화를 냅니다. 밖에서, 남들 앞에서는 아무 말도 못하면서 가족에게는 거침없이 화를 내지요. 열등감에 사로 잡혀있었기에 아무렇지 않게 이야기 하는 것인데도 불구하고 마음대로 해석해서 예민해집니다. 그리고 가장 가까운 가족에게 화풀이를 합니다. 왜 그렇게 작은 일에 예민했던 것일까? 나는 왜 그냥 흘려들을 수 있는 말들까지도 넘어가지 못하는 것일까? 저도 그런 제가 마음에 들지 않습니다.

저는 인정욕구가 강합니다. 그런데 인정받은 기억보다 남들 앞에서 창피한 기억이 더 크게 자리하고 있더라고요. 피해의식은 커져갔고 자존감은 떨어져서 별일 아닌 것에도 예민합니다. 같은 일을 겪어도, 같은 이야기를 들어도 누구는 괜찮은데 나는 안 괜찮은 이유가 궁금해서 심리에 관심을 갖게 되었고 상담을 전공하기도 했습니다. 상담을 공부하면서 내면 아이를 마주할 수 있었고 내가 나를 위로해 주면서 조금씩 단단해지기 시작했습니다.

키도, 얼굴도, 체형도, 성격도, 외모도 우리는 모두 다릅니다. 다르기 때문에 매력을 느낍니다. 지금은 남들과 다른 것을 많이 존중해주고 특별하게 생각하지만 제가 학교에 다닐 때는 공부 외에 다르게 하는 건 크게 주목받지 못했습니다. 모든 것이 성적으로 결정 되어버립니다. 성적이 좋으면 모든 혜택을 누릴 수 있었고, 성적이 나쁘면 정당한 대우를 하지 않았습니다. 서는 공부를 잘하지 못해 선생님 관심에서 벗어나 있었던 사람이라 그것이 더 크게 자리 잡았는지도 모릅니다. 이제는 세상이 많이 달라졌습니다. 주목받는 사람만 특별한 게 아니고 우리는 다 다르고 특별합니다. 그렇기에 누구나 다 존중받아야 합니다. 성적, 외모, 부, 그런 외적인 것들이 아닌 그 자체로 존중받아야 합니다. 그리고 스스로가 자기 자신을 특별하게 생각해 주어야 남들도 특별하게 생각합니다.

저는 하나에 몰입하면 다른 하나를 못해서 힘들어지면 아이들에게 짜증을 내는 경우가 많습니다. 도와달라고 요청하면 될 텐데 혼자서 다 하려고 하다 보니 그렇게 되는 것 같았습니다. 아이들에게 화를 많이 내는 선생님역시 자신을 컨트롤하지 못해 약한 아이들에게 무섭게 함으로써 자신을 지키려한 건 아니었나? 라고 생각해봅니다. 우리가 모든 것들을 다 잘하지 못하기에 모든 것에 조율이 필요합니다. 중용의 미덕을 깨워서 자제력을 키우려는 노력을 해야겠습니다. "중용의 미덕은 우리 안에 있습니다" 한쪽으로 치우치지 않도록 마음의 저울을 달아보면, 마음이 어느 쪽으로 향하는지 알게 됩니다. 욕심을 부리지 말고 적절한 정도만 가지는 연습이 필요함을 인식하고 자신이 할 수 있는 범위에서만 하도록 하세요.

초등학교 때를 생각해보면 무서운 선생님들이 먼저 떠올라 기억하고 싶지 않지만 그 선생님들 역시 자신에게 있는 미덕을 깨우지 않아서 그랬을 거라고 이해하려 합니다. 지금이라도 그 선생님들이 자신에게 있는 미덕을 깨웠으면 하는 바램을 가져봅니다. 그리고 우리 모두 특별하지 않아서 야단을 맞은 게 아니었음도 생각해봅니다.

"나쁜 표를 많이 받았구나. 남들이 어떻게 생각하느냐가 아니라, 내가 너를 어떻게 생각하느냐가 중요하단다." 『너는 특별하단다』 "맥스 루카도 지음 / 세르지오 마르티네즈 그림 / 아기장수의 날개 옮김 / 고슴도치" 『사람은 다 다르고 특별해!』 "엠마 데이먼 지음 / 우순교 옮김 / 미세기" 책을 읽으며 사람들이 만들어낸 가치들에서 벗어나 '나 자신, 내 아이' 속에 감추어진 진정한 가치를 생각해보게 되었습니다. 부모가 매일 밤 이 책을 읽어줌으로써 "너는 단지 너라는 이유만으로 특별하단다." 라는 이야기를 들려줄 수 있다면 부모와 아이 모두 평안함과 자신감을 함께 가질 수 있을 것입니다. 저 역시 이 책을 어릴 적에 만났다면 지금보다는 훨씬 자신감 있는 모습으로 살아갈 수 있었겠지?라고 생각해 봅니다. 그러다 지금이라도 만난 게 어디인가? 평생 모르고 지나쳐 버릴 수도 있는데 이미 지나가버린 시간을 후회하기보다 지금이라도 알게 된 것에 감사하려고 합니다. 조금 돌아서 왔지만 이젠 누가 뭐래도 제가 특별하다는 것을 알았습니다. 그리고 내가 내 아이들을 그렇게 대하면 됩니다. 우리는 누구나 존중받아야 하는 사람이니까요. 저부터 존중의 미덕을 깨워보려고 합니다. 존중의 미덕이 깨워지는 순간 다른 사람에게 상처 주는 일이 줄어들 것이라고 생각해 봅니다. 존중은 무언가를 귀하게 여겨 보호해 주고 지켜주는 것입니다. 공손한 말과 행동으로 모든 사람을 존중해 주는 미덕이 필요한 때라고 생각하는 요즘입니다. 우리는 모두 마땅히 존중받아야 하니까요. "존중의 미덕은 우리 안에 있습니다" 우리는 누구나 소중한 사람이라는 것을 잊지 마세요. 대접받고 싶은 대로 대접하게 되면 존중받게 됩니다. 그리고 내 것이 소중하듯 다른 사람의 물건도 소중하게 생각하다 보면 존중의 미덕은 깨어납니다.

### 그림책을 보며 궁금했던 점을 질문해 보아요

- 자신이 특별한 사람이라고 생각해본 적이 있나요?
- 사람은 다 다르고 특별하지요. 사람들이 다르게 생각하는 것을 잘 받아들이는 편인가요?
- 내가 생각하는 나의 장점은 무엇인가요?
- 내가 잘 할 수 있는 것이 있나요? 무엇인가요?
- 사람들에게 들었던 칭찬은 어떤 칭찬이었나요?
- 칭찬을 들었을 때 어떤 기분이 들었나요?
- 자신이 가장 예쁘다고 생각할 때는 언제인가요?
- 나쁜 별표를 받아든 웸믹들에게 어떤 말(미덕)이 필요할까요?
- 그 말(미덕)을 주고 싶다고 생각한 이유는 무엇인가요?
- 상처를 받은 사람에게 어떤 말(미덕)을 주면 행복해 할까요?
- 펀치넬로에게 어떤 미덕카드를 주고 싶은가요?
- 엘리 아저씨가 가지고 있었던 미덕은 무엇인가요?
- 내가 힘들 때 힘이 되는 미덕은 어떤 미덕일까요?

**함께 보면 좋은 그림책**

**『사람은 다 다르고 특별해』, 『너는 특별하단다』**

## 4. 내 마음 한 번 들여다본 적 있습니까?

못하는 나도, 잘하는 나도 모두 나 입니다. 잘하고 싶은데 잘하는 나는 없고, 못하는 나만 보였습니다. 사람들에게 인정받고 싶어서 못하는 나는 감춰두고, 잘하는 나만 보여주려고 애쓰며 살아왔습니다. 그래야 나를 봐 줄 것 같았거든요. 그러면 그럴수록 점점 더 못하게 되고, 못한다고 생각되니까 포기하게 돼버렸어요. 하고 싶은 마음은 가득한데 어긋나는 상황들이 반복되니 '역시 안 되는구나' 라고 생각하면서 마음의 상처를 안고 방황했지요. 하고 싶은 마음이 올라와도 '어차피 안되는 데 뭐! 나 그렇게 타고 났어!' 라며 포기했습니다. 무언가를 해야 되는데 무엇을 해야 할지 모르겠어서 스스로를 괴롭혔습니다. 내 마음인데도 내가 나를 잘 모르겠습니다. 왜 그런 걸까요? 내 마음인데 왜 나는 내가 무엇을 좋아하는지 모르는 걸까요? 세상에서 나를 잘 이해하고, 내 마음을 가장 잘 아는 사람이 나인데 나는 나에게 귀를 기울이지 않으려고 했다는 것을 알았습니다. 다른 사람이 어떻게 생각하는지만 신경 쓰고 남들이 잘하는 것들을 부러워하면서 흉내만 내고 살아가고 있었던 것입니다. 나를 마주하고 인정하기를 두려워하면서……. 여러분은 자신의 마음을 들여다보고 살고 있나요? 주변의 시선을 의식하지는 않는지, 주변에서 어떤 말들을 할까 생각하느라고, 진정 자신이 원하는 것보다 남의 의견에 따라 휩쓸리지는 않는지 생각해 볼 필요가 있습니다.

오늘, 내 마음은 어떤가요? 어떤 컬러이고, 어떤 모습인가요? 내 마음과 머릿속에는 온갖 감정이 살고 있어요. 그 감정이 하나둘 반짝이며 뛰어 오르면 난 마법 속으로 빠져들어요. 라고 시작 되는 『내 마음』 "리비 월든 글 / 리처드 존스 그림 / 김경희 옮김 / 트리앤북" 은 내 안의 다양한 감정을 만날 수 있는 책입니다. 시적인 글과 아름다운 그림으로 감정을 탐구하는 그림책이며 내 안의 다양한 감정을 만날 수 있습니다. 가운데 구멍이 뻥 뚫려 있고, 뚫린 구멍 속에는 한 아이가 서 있습니다. 책장을 넘길 때마다 가만히 서 있는 아이에게 감정을 이입하며, 긍정적인 감정부터 부정적인 감정까지 다양한 나의 감정을 만나볼 수 있게 됩니다. 그 과정에서 복잡하고 다양한 감정이 존재하는 것과 시시때때로 변하는 감정의 변화가 부자연스러운 것이 아니라는 것을 알게 될 것입니다. 저처럼 감정표현이 어려운 사람들에게 『내 마음』은 감정이란 무엇이고, 내 안의 감정의 변화와 그 감정을 솔직하게 표현해도 된다고 말해 주는 것 같습니다. 내 마음인데도 뜻대로 되지 않을 때가 있습니다. 어떤 때는 어디서 그런 용기가 났는지 남들은 어렵다며 포기한 것을 용감하게 해내기도 하고, 또 어떤 때는 마음의 둑을 무너뜨릴 만큼 깊은 슬픔에 빠져버리기도 합니다. 별일 아닌 일에 혼자 너무 화가 나서 주체할 수 없을 만큼 부글부글 분노가 올라올 땐 이성을 잃기도 합니다. 그렇게 두려움, 슬픔, 분노가 밑바닥까지 내려앉게 될 쯤 정신을 차리고 나면 언제 그랬냐는 듯 작은 햇살이 스며들어 마음에 평화가 찾아오기도 합니다. 감정은 왜 이렇게 왔다 갔다 하는 걸까요? 감정은 자연스러운 마음 상태이고, 자신의 일부분이라고 말합니다. 하지만 하루에도 몇 번씩 바뀌는 감정이 마음대로 되지 않아서 온전히 이해한다는 건 쉽지 않은 것 같습니다. 그렇기에 마음의 안정을 찾으려고 명상을 하기도 하고, 산책을 하기도 하면서 각자 자신에게 맞는 방법을 찾으려고 애쓰고 있는 건 아닐까요? 이러한 그림은 감정 표현이 서툴고 자신의 감정을 잘 이해하지 못하는 아이들도 쉽게 자신의 감정을 이해할 수 있게 도와줍니다. 친구들이 장기자랑한다고 나설 때도, 발표를 하려고 손을 들으려고 할 때 저도 들고 싶지만 어느

새 제가 저를 끌어내리고 있습니다. 하고 싶은 마음이 그렇게 많은데도 자신 없다는 이유로 용기를 내지 못한다며 스스로 포기해 버립니다. 저의 내면에서는 나도 하고 싶다고 말을 하지만 제가 저의 외침을 듣지 못하고 항상 아쉬워만 했습니다. 시간이 지나고 나서 그때 해보지 못했던 것들 때문에 후회하고 있는 나를 봅니다. 지나간 시간을 후회해도 소용없고, 돌아오지 않는 것을 알기에 이제는 제 마음이 원하는 소리를 들으려고 합니다. 나에게 가장 중요한 것은 무엇일까요? 내가 없으면 아무것도 없는 것인데도 지난시절 내 마음 한번 들여다 본적이 없었습니다. 다른 사람 마음은 들여다보려고 노력 했지만 정작 내 마음을 들여다보려고 하지 않았습니다. 저는 제가 원하는 것보다 친구가 원하는 것을 해주기 위해 상당시간을 할애했었습니다. 왜 그렇게도 남의 마음만 들여다보려고 했던 것일까? 그렇게 노력했지만 돌아온 건 상처가 더 큽니다. 그럼에도 자신보다 남의 마음이 중요하고 그것 때문에 고민했던 이유는 무엇이었을까요? 바로 사랑입니다. 사랑받고 싶어서 저는 그렇게 남들에게 잘하려고 했습니다. 친구마음을 들여다보면 친구가 제 마음을 알아 줄 거라 생각했는데 그러지 않더라고요. 그래서 저는 점점 친구를 내려놓기 시작했습니다. 내가 내 마음을 들여다보지 않는데 다른 사람이 내 마음을 알아줄리 없고 내 마음은 내가 들여다봐야 한다는 것을 남들 보다 조금 늦게 알았습니다. 그리고 했던 것이 내안에 있는 진짜 나에 대해 관심을 갖게 된 것이지요. 밖으로 표현하는 나 말고, 나의 내면 깊숙이 잠들어 있는 나. 잠들어 있는 나를 깨워서 내가 가진 보석을 하나씩 하나씩 다듬어 가고 있는 중입니다.

어릴 적부터 친하게 지낸 친구가 있습니다. 이름도 여성스럽고 인기가 많았던 친구였지요. 제 이름은 성까지 붙여 부르면 남자 이름 같아서 누가 이름을 부르면 잘 말하지 못했습니다. 그래서 이름을 바꾸어 달라며 부모님께 하소연하기도 했습니다. 이름도 유행이 있는지 시간이 지나니까 지금은 오히려 중성 이름이라며 나의 이름을 들으면 오히려 부럽다고 말하기도 합니다. 그런데 제가 어릴 적에는 남자 이름 같다는 이유로 이름이 불리는 것을 매우 싫어했습니다. 같은 학년에 같은 이름을 가진 남자아이가 있어서 더 싫었던 것 같습니다. 이름이 같았던 그 아이는 성적이 우수해서 매년 학년대표로 단상에 올라가 교장선생님께 상장을 받았습니다. 조회시간에 "김 태 영"하고 이름이 불리면 아이들은 내가 아닌 줄 알면서도 쳐다봤습니다. 마치 나를 조롱하듯 보는 것 같아 조회시간이 싫었고, 그러는 사이 내 뺨은 더 빨개지고 고개는 점점 숙여졌습니다. 그리고 그 시간이 빨리 지나가기만 바랬습니다. 아침 조회시간이 끝나고 들어가면 여전히 아이들은 내 이름을 거론하며 성적에 관련된 이야기는 계속 이어졌지요. 이름이 같을 수도 있는데 단지 같다는 이유만으로도 스스로를 깎아내린 내 마음은 어떤 마음이었을까요? 『내 마음은』 "코리나 루켄 글, 그림 / 김세실 옮김 / 나는별" 그림책 표지를 보면 어린아이가 노란 하트 꽃을 조심스레 심고 있습니다. 어떻게 보면 그 꽃이 예뻐서 뽑으려고 숙이고 있다고 보일 수도 있습니다. 이처럼 관점에 따라 달라 보이는 것인데 아이들은 아무 의미 없이 쳐다볼 수도 있고, 다른 곳을 보려다 나와 눈이 마주칠 수 있었던 것인데 제 마음대로 해석하여 스스로를 힘들게 한 것 같습니다. 내 마음은 꼭 닫히기도 하고 활짝 열리기도 합니다. 누군가에 의해 얼룩이 지기도 합니다. 그런 내 마음은 아주 작고 여린 싹이지만 그 작은 것이 점점 더 크게 자라서 단단해지기도 하지만 때로는 담장을 쌓기도 합니다. 그런데 마음의 담장을 열고 닫는 것은 나에게 달려 있다는 것을 알기도 합니다.

선희와는 소꿉친구이긴 하지만 초등학교 6년, 중학교에 입학해서도 같은 반이 되지 못했습니다. 학교가 끝나고 집에 와서야 놀 수 있었습니다. 그렇기 때문에 선희와 함께 하는 시간은 늘 즐겁고 아쉬웠습니다. 선희는 친구들에게 인기도 많아서 주변엔 많은 친구들이 있었지요. 글씨도 잘 쓰고, 글짓기도 잘 하고, 그림도 잘 그리고, 재밌는 이야기도 잘 만들어내는, 못하는 게 없는 친구였습니다. 이런 친구라면 누구라도 좋아했을 것입니다. 선희를 보면서 부러워했고, 어떻게 하면 친구들이 나를 좋아할까 고민하며 선희가 잘하는 것들을 따라 했던 것 같습니다. 착하기까지 했던 선희는 나에게 많은 것들을 가르쳐주기도 했고, 친구들과 함께 어울려 놀 때도 항상 챙겨 주었지요. 선희 덕분에 저는 많은 친구들과 어울려 지낼 수 있었습니다. 그러다 같은 반인 '은미'라는 친구가 마음에 들어왔습니다. 웃는 모습도 예쁘지만 학교에 올 때마다 달라지는 헤어스타일은 많은 친구들의 관심을 끌기에 충분했습니다. '우리 엄마도 저렇게 예쁘게 해주면 좋겠다.' 라는 생각을 하면서 부러운 눈으로 은미를 바라보았던 것 같습니다. 은미는 예쁜 퍼프소매를 가진 스웨터를 입고 오기도 했습니다. 내 옷은 오빠에게 물려받은 옷이거나 가끔 새 옷을 사더라도 평범한 티셔츠였는데 여성스럽고 디자인도 독특한 옷을 입고 오는 은미가 예뻐 보였습니다. 주목받고 싶었고 예쁘다는 말을 듣고 싶었지만 그 어떤 것으로도 눈에 띄지 못했던 평범한 내 모습이 싫었습니다.

사춘기가 시작될 무렵 서울로 전학을 오게 되었고 낯선 집, 낯선 상황에서 점점 더 소극적이 되어 중, 고등학교 친구들과 어울리는 것이 쉽지 않았고, 새로운 친구들과 잘 지내보려는 마음으로 내 마음보다는 다른 사람 마음에 들기 위해서만 노력하기 시작했습니다. 그렇게 성인이 될 때 까지 저는 제 마음을 들여다보지 못한 채 남의 마음만 들여다보고 사느라 내 마음의 소리를 듣지 못했습니다. 모든 것이 나에게 달려있는데도 말이지요.

조금 더 빨리 내 마음을 들여다 볼 수 있었다면 지금보다는 더 내가 원하는 삶을 살 수 있지 않았을까? 하는 질문을 던져봅니다.

제가 어릴 적엔 학교에 들어가는 순간 성적으로 평가받고, 외모, 그리고 부모님의 직업으로 평가받았습니다. 새 학기가 시작되면 일명 가정환경을 알아본다는 명목으로 호구조사를 했습니다. 부모님 직업, 재산상태 등등. 학교에서는 가정환경을 꼭 확인했습니다. 지금 생각해봐도 왜 그랬는지 이해가 가지 않습니다. 호구조사로 아이들을 있는 그대로 보지 않고 차별을 하기 위한 방법이라고 생각하니 조금은 억울해 지려고도 합니다. 저희 집은 부자도 아니었고, 그렇다고 학교에 자주 오가는 부모님도 아니셨습니다. 공부를 잘 했다면 가정환경이나 부모님의 직업, 재산상태가 상관없었겠지만 소심했던 저의 경우는 공부도 못했기 때문에 선생님의 관심에서 멀어져 갔습니다. 그래서 선생님이나 부모님이 하지 말라는 걸 한다는 건 감히 꿈도 꾸지 못했습니다. 두려웠기 때문이지요. 실패에 대한 두려움, 질책에 대한 두려움으로 용기조차 내지 못했습니다. 그 두려움은 내가 하고 싶어도 할 수 없게 만들었고, 내면 깊숙이 '너는 할 수 없을 거야. 네가 그걸 어떻게 하니?' 라며 시도조차 하지 않았습니다. 내가 무얼 원하는 지 알아볼 생각도 못했고, 할 수 없을 것이라며 하고 싶은 마음까지도 외면했습니다. 그리고 남이 하는 것에만 관심을 가졌습니다. 남들이 가는 길, 부모님이 가라고 하는 길, 선생님이 정해놓은 길을 가는 것이 잘 가는 것이라고 교육을 받았고, 그 길이 옳은 길이라고 믿었기에 정답을 찾는 사람만이 성공한다고 생각했습니다. 저는 이 세상에 하나밖에 없는 존재인데 왜 한 번도 제가 가는 길에서 다른 길로 가는 것에 대해 질문하지 않았을까요? 그 길은 내가 가고 싶은 길이 아닌데도 왜 간 것일까요? 그건 내가 뭘 원하는지 몰랐기 때문입니다. 선생님이, 부모님이 그 길이 맞는다고 하니까 갔던 것이지요. 공부를 안 해서 못했고, 공부를 왜 해야 하는지 몰라서 못했고, 하고 싶은 것이 없으니 뭘 해야 할지 몰라서 못했습니다. 사람마다 모습이 다르듯 재능도 다른데 똑같은 교육에 의심을 해본 적이 없었고, 남이 가는 길에서 조금만 다른 길로 가려면 불안했습니다.

공부를 못하고, 성적이 좋지 않은 사람도 인정받을 수 있는 시대가 왔습니다. 자신이 뭘 원하는지 자기 자신에게 물어보고 그걸 위해 노력한다면 무엇이든 할 수 있습니다. 저 역시 좋은 대학을 나오지 않았다는 이유로 스스로 낙오자라고 생각하며 살지 않으려고 합니다. 누구나 자기가 잘 하는 일, 잘 할 수 있는 일이 있습니다. 내 감정을 이해하고 그럴 수 있는 거라며 인정하고 나니 남과 다른 나를 인정하고 싶어졌고, 내 마음을 들여다보고 싶어졌습니다. 자신이 원하는 것이 있다는 것을 외면하지 않았으면 합니다. 잠들어 있는 자신에게 물어보고 수면위로 꺼내오도록 노력 해봐요. 그러면 자신이 원하는 것이 무엇인지 그것을 위해 무엇을 할 수 있는지 답을 줄 것입니다. 나에게 사랑을 베풀어야 자존감이 올라가고 자존감이 올라가면 얼굴빛이 달라지면서 이 세상이 밝아 보일 것입니다. 그러면 본인이 알고 있는 것보다 더 많은 것들을 할 수 있고, 자신이 생각했던 것보다 훨씬 괜찮은 자신을 보게 될 것입니다. 잠들어 있던 용기의 미덕을 좀 더 일찍 깨우지 못해 그랬던 것 같습니다. 두려움은 용기의 미덕을 깨워도 자꾸만 움츠려 들려고 합니다. 그렇기 때문에 용기의 미덕을 확실하게 깨우고자 합니다. "용기의 미덕은 우리 안에 있습니다" 시도하지 않으면 얻지 못하지만, 시작하면 모든 것이 가능합니다. 누구에게나 처음이 있다는 것을 잊지 말고, 실수로부터 배우게 된다는 것을 잊지 마세요.

### 그림책을 보며 궁금했던 점을 질문해 보아요

– 감정에 솔직한 편이신가요?

- 내가 나의 감정의 주인인데 내 마음이 내 맘대로 되지 않을 때 어떻게 하시나요?

- 내가 생각하는 나의 긍정적인 감정은 무엇인가요?

- 부정적인 감정이 생길 때 자신만의 해결 방법은 무엇인가요?

- 친구로 인해 내 감정이 상했던 경험이 있나요?

- 『내 마음은』에서 자신의 마음을 미끄럼틀이라고 말합니다. 혹시 여러분의 마음은 어떤 미끄럼틀이라고 생각하시나요?

- 마음의 싹을 심는다면 어떤 마음의 싹을 심어보고 싶은가요?

- 그리고 그 싹은 어떤 나무로 자랄 것 같은가요?

- 여러분의 마음은 하루에 몇 번씩 바뀌나요, 바뀌는 이유가 무엇이라고 생각하나요?

- 하루에도 여러 번씩 바뀌는 마음 상대방의 마음도 쉽게 알 수 없듯이 변화하는 마음을 닫은 적이 있었나요?

- 기쁨이 가득 찬 순간에는 어떤 마음을 표현해 보고 싶은가요? (기쁨. 슬픔, 두려움, 분노, 욕심, 사랑, 행복, 미움, 서운, 원망, 즐거움, 따뜻함 등)

- 스스로 세상을 가로막는 담장이 되는 경험을 한 적이 있으신가요?

- 가로 막았던 담장이 여전히 존재하나요?

- 혹시 담장을 허물어버렸다면 어떻게 허물 수 있었는지 나누어 보아요?

- 담장을 쌓았던 사람에게 어떤 미덕을 주면 좋을까요?

- 지금 이 순간 나에게 필요한 미덕은 무엇이라고 생각하나요?

- 지금 이 순간 누군가 나에게 미덕카드를 건넨다면 어떤 미덕을 받고 싶은가요?

**함께 보면 좋은 그림책**

**『내 마음』, 『내 마음은』**

## 5. 잘하면 반칙

그림을 못 그리는데도 6권의 그림책을 만들었습니다. 그림책을 만들고 싶은 마음이 강하다 보니 기존그림을 따라 그려보기도 하고 마음 가는대로 그리기도 하였습니다. 그림책은 꼭 그림을 잘 그려야지만 만들 수 있는 것이 아닙니다. 하고 싶은 마음이 있다면 무엇이든 가능합니다. 그건 꼭 그림책이 아니어도 가능합니다. 다이어트도 그랬고, 사람들 앞에 서는 일도 그랬습니다. 그림책 만들기, 다이어트, 강의, 아이들을 가르치는 일들을 잘해서 한 것이 아니었습니다. 못해도 괜찮다, 못하는 것이 당연해 라고 생각하니까 할 수 있었던 것입니다. 지금은 글을 쓰는 것이 예전만큼 어렵지 않지만 아직도 힘들게 느껴지는 건 매 한가지 입니다. 그럼에도 저는 이렇게 글을 쓰고 여러분을 만나고 있습니다. 제가 이렇게 글을 쓸 수 있게 된 것은 글을 잘 쓰는 사람을 부러워 했었고, '글을 잘 쓰고 싶다'라고 생각 해왔기 때문입니다. 바라다보니 기회가 오더라고요. 처음 글쓰기에 도전했던 것은 도서관에서 그림책 만들기 수업입니다. 지인이 책 만들기 강좌고 있다고 말해주었을 때, 저는 강의가 열리자마자 고민도 하지 않고 신청했습니다. 그림책은 아이에게 읽어주기만 했지 제가 그림책을 만들 거라는 생각에 마음이 들떠 처음 강의를 들으러 갔을 때 저는 정말 말도 안 되는 질문을 했답니다. 창피한 질문이었음을 직감했지만 창피하다기 보단 제 스스로 박수를 보냈습니다. 지금 생각해도 창피하지만 그 땐 정말 궁금했기 때문이었고, 모르니 그걸 배우러 온 게 아니냐고 생각했습니다. 그림책 만들기 수업은 녹록치 않았습니다. 그림책에 대한 어떤 공부도 하지 않았던 저는 그림책이 어떻게 만들어 지는지, 그러기 위해 어떻게 글을 써야하는지를 가르쳐 주시지만 글을 쓰는 순간까지 어떻게 해야 할지 전혀 감이 오지 않았습니다. 그러니 막상 글을 써야 한다고 했을 때는 도망가고 싶은 생각만 들었습니다.

"글을 어떻게 시작해야 하나요?"

"느닷없이 시작하면 됩니다. 현재→과거→현재로 써보세요."

'아. 책을 많이 읽지도 않았고, 글을 써보지 않았는데. 포기할까? 다음시간부터는 나오지 말까?'

"지도 같은 마음이네요."

우리는 서로 글쓰기에 대한 고민을 하기도 하고, 또 어떤 이야기를 쓸 것인지에 대해 대화를 나누었습니다. 그러나 여전히 어려웠습니다. 그 어떤 글도 쓰지 못한다면 다음 시간부터는 수업을 들을 필요가 없겠다는 생각이 들자 머리가 하얘지는 기분이 들었습니다. 그러면서도 어떻게, 그리고 무슨 글을 쓸 것인지에 대한 생각으로 가득 차 있었습니다.

"야! 오똥예 물 좀 갖다줘봐~"

"알았어~"

그때 아이들이 보였습니다. 두 아이가 미술학원에 다니니까 그림은 아이들이 그리고, 저는 아이들의 생활을 관찰해서 쓰면 되겠구나. 라는 생각이 떠올랐지요.

오똥예는 첫째가 동생이 어릴 때 붙여준 별명입니다. 그 별명이 나쁘지 않아 우리는 모두 둘째를 부를 때 오똥예라고 부를 때가 많았습니다. 가끔 둘째가 기분이 안 좋으면 별명을 부르지 말라고도 하지만 어릴 때부터 불려서 그런지 별 감정 없이 받아들이는 걸 보고 글을 쓰기 시작했지요. 글을 쓰다 보니 어릴 적 생각도 나고 글을 쓴다는 걸 생각하지도 못했는데 내가 모르는 나의 재능을 알게 되기도 했답니다. 별명에 관한 이야기로 글을 쓰고 아이가 그린 우리의 첫 그림책을 만들고 나니 자신감도 생겼습니다. 그 자신감은 저에게 6권의 그림책을 안겨주게 되었습니다. 글을 잘 쓰거나 그림을 잘 그려서 그림책을 만든 건 아닙니다. 하고 싶은 마음이 생겼고 못해도 용기를 가지고 하다 보니 여러 권의 그림책이 내게 주어진 것입니다. 그림책을 6권이나 썼음에도 여전히 그림에 대한 자신은 없습니다. 그림책 쓸 때 꼭 그림으로 표현하는 것은 아닐지라도 기본적으로 자기가 표현하고 싶은 그림을 표현 할 수 있다면 더욱 자신감이 생길 것 같습니다. 그럼에도 저는 제가 대견하다고 생각합니다. 제가 못한다고 생각했던 큰 산을 넘었으니까요.

글에 자신감이 생기고 나니 그림에도 자신감을 가지고 싶어졌습니다. 그럴 때 또 한 번의 기회가 왔습니다. 이번 강좌역시 지인이 알려주지 않았다면 듣지 못했을 강좌였습니다. 바라고 바라니 또 기회가 온 것 같습니다. 이번 강좌의 내용은 "잘 그리면 반칙" 이었습니다. '그림을 정말 못 그린다고 생각하는 사람, 미술에 대한 지식이 전혀 없는 사람, 나의 삶을 뒤돌아보고 터닝 포인트를 만들고 싶은 사람, 그림을 안 그리는 사람에서 그림을 그리는 사람이 되고 싶은 사람, 나 자신에 대해 궁금하고 스스로를 더 이해하고 싶은 사람 중에 정규미술교육을 받은 경험이 없는 분들 아무 염려마시고 하루 10분~20분만 집중해서 미션을 하면 됩니다.' 라는 강좌소개는 제게 그림에 대한 자신감의 불씨를 키워주는 계기가 되었습니다. '일주일에 한번 줌 강의? 매일 주어진 미션에 따라 자유롭게 그림을 그리기만 하면 된다고? 앗싸!' 잘 하지는 못해도 포기하지 않고 끝까지 하는 것엔 자신이 있었기에 10분만 투자하면 그림을 그릴 수 있게 되고, 10주후면 변화가 일어날 것이라는 말은 그림을 잘 그려보고 싶은 사람, 못 그린다고 생각하는 사람에겐 망설일 이유가 없었습니다. 그런데 이게 웬일일까요? 강의를 막상 신청하고 재료비를 내기만 하면 되는데 자꾸만 망설여지게 되었습니다. 10분만 투자하면 그림을 그리게 된다는 말에 이끌려서 신청을 하긴 했지만 제가 저를 믿지 못하겠다는 생각이 들었습니다. 마지막 날 도서관 문자를 받고서야 '한번 해보자. 설마 지금보다 못 그리겠어?' 라는 생각으로 첫 강의를 들었습니다. 강사님은 자신을 코치라고 소개 하셨고, 오픈 채팅방 에서는 자기 이름이 아닌 가명이나 불리고 싶은 이름을 사용하라는 말과 줌 강의 시간에도 비디오를 끄고 참여하라고 하셨습니다. 망설이다 들었던 강의라 처음 강의 때 얼굴도 보이고 본명을 사용하다 다른 사람들이 하는 걸 보면서 수정하였지요. 별명을 사용하거나 얼굴을 보이지 않고 자신을 소개하지 말라고 하였습니다. 미션 하는 10분 동안 자신과 오롯이 대면하길 바라는 마음이고 본인의 미션을 완료하기 전에 다른 사람의 작업을 보게 되면 영향을 받을 수 있으니 보지 않고 오롯이 자신에게 집중하라고 했습니다. 이름도 얼굴도 비공개, 미션수행 방식 등……. 모든 것들이 낯설었습니다. '내가 제대로 강의를 신청한 게 맞아?' 하는 의심이 들면서도 하라는 대로 해보았습니다. 그런데 10분만 투자하면 된다고 했는데 10분만 투자해서 될 일이 아님을 알게 되었습니다. 그림은 10분 동안 알람을 맞춰놓고 그리지만 그 10분을 오롯이 집중 한다는 게 쉽지 않았습니다. 또 단상을 꼭 써야 했는데 단상쓰기 역시 그림을 그리고 나서 바로 쓰지 않으면 그 느낌을 오롯이 글로 표현할 수 없었기에 그 10분을 위해 1시간정도의 여유를 갖고 온전히 집중해야 했습니다. '이거 반칙 아냐?' 하면서 투덜거리기도 했습니다. 그러나 일단 시작했으니 잘하지는 못하더라도 포기는 하지말자 라는 생각에 매일 주어지는 미션을 하려고 했습니다.

처음 주어진 미션에 따라 10분 동안 그림을 그릴 땐 10분이 너무도 짧게 지나갔습니다. 제가 생각해도 당연한 결과였지요. 그런데 또 어떤 날은 너무 길게 느껴지기도 했습니다. '어? 10분이 이렇게 길었어? 이거 묘한데?' 그러면서 최대한 미션으로 주어진 10분을 지키려고 알람을 맞추어 놓고 그날 올라온 내용에 충실하며 그 순간을 오롯이 느끼는 대로 그려보려고 했습니다. 느끼는 대로 그렸건만 여전히 그림은 형편없었습니다. 단상에 자주 썼던 표현도 '전 그림을 못 그리는 데요.' 그럼에도 잘 그리면 반칙이라고 하는 방 제목이 나를 위로해 준다며 스스로를 다독인다라며 나의 솔직한 이야기를 적었습니다. '잘 그리는 사람이 굳이 이 수업을 들을 필요는 없겠지?' 라고 생각도 하고, 저를 위로하면서 최대한 남의 그림과 비교하지 않으려고 했습니다. 이 그림방은 '잘 그리면 반칙'이니까…….

미션에 따라 매일 그림을 그리는데 그림은 나아지지 않았고, 여전히 유치한 그림들을 그렸습니다. 그럼에도 그 그림을 수정하지 않고 오롯이 10분 동안 집중해서 그린 그림을 올리고 단상을 썼습니다. 마치 꿈보다 해몽인 것처럼 그림 그릴 때 가졌던 감정과 느낌을 그대로 전하려고 노력했습니다. 감사하게도 그림 방에 있던 회원들은 그림으로 저를 평가하지 않았습니다. 그럴 수 있었던 것은 코치님이 이끌어주신 덕분이기도 했고, 함께 했던 수강생들 역시 같은 마음으로 참여했기에 가능한 일이라고 생각합니다. 그림을 그렸던 그 순간 느꼈던 감정들을 공감해주고 기꺼이 응원도 해주었습니다. 칭찬의 힘은 대단합니다. 그림에서 조금씩 자유로워진 제가 보이고 뻔뻔해지기도 했으며 용기가 생겼답니다.

잘하는 사람이 너무 많아서 못하는 사람은 점점 설자리가 줄어드는 것 같습니다. 그런데 우리는 모두 처음을 살아가고 있는 게 아닌가요? 잘하는 사람은 우리에게 보이지 않는 동안 많은 노력을 해서 잘 하는 거라고 생각합니다. 잘

하는 사람보다 못하는 사람이 더 많음에도 우리는 잘하는 것만 보고 그렇게 못하면 스스로 마치 실패한 사람처럼 자신을 깎아내리는 것 같습니다. 못하는 게 잘못이 아닌데 못하면 자존감이 떨어집니다. 엄마가 된 것도 처음이고, 딸 노릇하는 것도 처음이고, 1분 후를 살아가는 순간들이 다 처음입니다. 그래서 잘하면 반칙이라고 생각합니다.

처음 책을 쓰겠다고 초고를 100장정도 써서 좋아하고 존경하는 선생님께 보낸 적이 있었습니다. 지금은 그 선생님과 소장님덕분에 더 단단해지고 성장했지만 그때는 상처를 받았습니다. 그 분이 출간하신 책 내용 중에 너무도 좋은 내용들이 있어서 제 초고에 인용을 했었는데 해도 너무 많이 했나봅니다. 처음이라 그렇게 많은 인용은 표절수준이라는 걸 몰랐기에 했었던 실수입니다. 선생님은 저에게 직접 말씀하진 않으시고 소장님에게 그 내용을 말씀하셨습니다. 물론 소장님은 제가 쓴 글에 대한 이야기를 들으시고 당황스러워 하며 연락을 하셨습니다. 좋게 말씀은 하셨지만, 큰 잘 못을 한 것 같은 생각이 들어 한동안 아무것도 못하고 나락으로 떨어지는 기분이 들었습니다. 단지 초고를 썼을 뿐인데, 초고이기 때문에 얼마든지 수정되는 것인데, 왜 당황스럽다며 뭐라고 하신 걸까? 솔직히 뭐라고 말씀하신 것도 아닌데 저 스스로 창피하고 초라해서 동굴 속으로 들어간 것입니다. 신나서 글을 썼고, 신나서 곧 작가가 될 거라며 주변 사람들에게 말했던 제가 너무 창피했던 것입니다. 이런 쓰레기 같은 글도 글이라고 써놓고 감히 세상에 내놓으려고 했던 것이었나 싶어 얼굴을 들 수 없었습니다.

제가 많이 단단해졌나 봅니다. 예전의 저라면 동굴 속으로 들어가서 포기했을 텐데 소장님을 통해 배웠던 하브루타의 힘은 컸습니다. 그냥 그렇게 무너지고 싶지 않아서 조금 돌아서 가기로 마음먹으니 편안해졌습니다. 하브루타 강사과정을 공부했던 선생님이 말씀해주셨던 그림책 감정 코칭 강의가 열린 것입니다. 1년 전부터 듣고 싶었지만 하브루타 강사과정과 겹쳐서 듣지 못했는데 이번에 기회가 온 것입니다. 수업 듣는 동안 쉽지는 않았지만 다시 시작하고 싶은 마음으로 듣다보니 그림책에 푹 빠질 수 있었습니다. 그림책 감정코칭 강의를 들으면서 다시 위기가 찾아왔습니다. “나”를 주제로 그림책을 읽고 자신의 감정을 표현하는 시점에선 갑자기 머리가 아파오면서 할 수가 없어진 것입니다. 하고 싶어도 목구멍에 걸려 말을 할 수가 없었고, 글로도 표현이 안 되었습니다. 나와 마주하는 것은 생각보다 어려웠습니다. 모든 시작은 갈망하는 사람에게 보인다고 생각합니다. 글을 잘 써보고 싶은 소망이 있었기에 지인이 참여했던 그림책을 쓰고 만들어보는 수업에 대해 질문했고 관심을 보일 수 있었다고 생각합니다. 처음엔 하고 싶은 마음은 있으나 글을 써 본적도 없고 못 쓴다고 생각 했었기에 주저했었으나 “시도하지 않으면 아무것도 할 수 없다”라는 말을 하는데 부러워만 하면서 시도하지 않는 건 창피하다는 생각이 들어서 용기 내어 참여했습니다. 그 결과 아이들을 관찰하며 글을 쓰고 아이가 그린 책이『내 동생 오똥예』 그림책으로 나왔습니다. 『내 동생 오똥예』는 지금의 저를 만들게 해준 선물 같은 그림책입니다. 그림책은 저에게 많은 것을 주었습니다. 힘들 때 마음의 위안을 주었고, 저와 마주할 수 있게 다리를 놓아주었으며, 저를 더 단단하게 해 주었습니다. 용기를 주었고, 숨어 있던 저의 보석도 발견해 주었습니다. 그 이후. 『알고싶다』, 『우리아빠는 내 맘대로 대마왕』, 『나』, 『토마토는 토마토』, 『느끼는 대로 마음 가는 대로』 책들은 내 마음을 들여다보고 나에게 용기를 주고 싶어서 쓰다 보니 어느 새 6권의 더미 그림책까지 만들게 되었습니다. 그림책을 쓰고 그리기까지 처음부터 잘하진 못했지만 한 번, 두 번하다 보니 이제는 그림책 만들기가 어렵지 않습니다. 처음부터 잘

했다면 이렇게 성장할 수 있었을까요? 처음에 잘 한다고 우쭐했던 마음이었다가 야단도 맞고, 쓴 소리도 듣고 보니, 나를 다시 마주 하게 될 수 있었고, 부족하다는 것을 인지하게 되었습니다. 한 번도 실패하지 않고 성공만 하고 잘하기만 하면 실패했을 때 일어나기가 힘듭니다. 하지만 실패를 많이 한 사람은 실패해도 일어날 수 있는 힘이 있습니다. 못하는 것이 잘못이 아닌 잘하는 것이

반칙입니다. 포기하지 않고 계속하다 보면 누구나 원하는 바를 이룰 것입니다.

위 그림들은 주어진 미션에 따라 그린 그림들입니다. 10분 동안 그리기도 하고 입체파를 흉내 내면서 그리기도 하였습니다. 잘 그리진 못했어도 잘하면 반칙이니까 당당하게 소개해봅니다.

"나는 정말 못생겼어" 그러자 먹구름 청소부는 아이들에게 "수호가 정말 못생겼다고 생각하니?" 라고 물어보지만 아이들은 그렇게 생각하지 않는다고 말합니다. "나는 운동도 못해, 뜀틀도 못 넘어" 뜀틀을 잘 넘는 친구는 매일 집에 가기 전 연습을 한다고 말해줍니다.

『먹구름 청소부』 "최은영 글, 그림 / 노란상상" 는 먹구름이 끼게 된 이유들을 하나씩 하나씩 찾아주며, 쓱쓱 싹싹 마음 속 먹구름을 청소해 주기 시작합

니다. 수호가 먹구름 청소부덕분에 걱정을 덜고 가벼워지자 먹구름 청소부는 다른 걱정을 가진 친구를 도우러 떠납니다. 제 마음속에도 시커먼 먹구름이 잔뜩 끼어 있었던 적이 많았습니다. 내 시커먼 마음을 누군가 깨끗하게 청소해 준다면 얼마나 좋을까요? 그런데 어느 날 내 앞에 먹구름 청소부가 나타났습니다. 그리고 내 나와 너무도 닮은 주인공이라 더욱 관심이 갔나 봅니다. 어른이 되어서도 우울한 마음, 불안한 마음은 좀처럼 사라지지 않습니다. 시커멓고, 우울한 마음을 깨끗하게 청소해주길 바라는 사람에게 권하고 싶습니다. 스스로를 괴롭히는 걱정, 우울한 마음, 불안한 감정들을 하나씩 짚어 보며 해결해 나가는 방법을 전하는 그림책이지요. 걱정이 많은 아이, 자신감이 없는 아이, 부정적인 생각을 갖고 있는 아이들의 어깨를 토닥토닥 두드려 주는 책입니다. 누구든 자신의 가치를 쉽게 판단해서는 안 된다고 말해 주고 싶습니다. 또 자신의 행복을 남의 기준에 맡겨서도 안 된다고 말해줍니다. 나의 가치와 나의 행복은 스스로 만들고 스스로 판단해야 하는 거니까. 먹구름 청소부를 따라 자신의 마음을 가만히 들여다보길 바랍니다. 어디선가 불쑥 나타난 먹구름 청소부가 숨어 있는 시커먼 마음들을 반짝반짝하게 닦아 줄 수도 있으니까요! 덕분에 저는 목적의식이 생겼습니다. 목적의식의 미덕을 깨우고 보니 용기의 미덕이 함께 반짝이게 되더라고요. "목적의식의 미덕은 우리 안에 있습니다" 목표를 설정하는 것으로 이미 반은 성공입니다. 왜 하고 싶은지를 생각해보고 하고 싶은 것에 집중하세요. 목적의식을 깨우기 위해 확언일기 또는 다짐일기를 써보는 것도 권장합니다. 확언일기를 쓰면서 매일 다짐을 해 보니 제가 이루고자 하는 목적에 조금 더 빨리 도달할 수 있었습니다.

### 그림책을 보며 궁금했던 점을 질문해 보아요

- 먹구름을 생각하면 떠오르는 이미지는 무엇인가요?

- 지금 나의 감정을 구름으로 표현 한다면 어떤 구름인가요?

- 현재 자신의 마음을 한 단어로 표현해 보세요

- 뜀틀을 잘 하는 친구는 매일같이 연습을 해서 잘하게 된 것입니다. 여러분이 잘하고 싶은 것은 무엇인가요?

- 나의 걱정은 무엇인가요?

- 먹구름 청소부가 도와주었으면 하는 감정이 있나요?

- 내 걱정과 부정적 나쁜 감정들은 어디서 오는 걸까요?

- 나의 마음속 먹구름을 걷어줄 청소부가 주위에 있나요?

- 제목을 바꿔 본다면 무엇이라고 해볼 수 있을까요?

- 지금의 기분을 색깔로 표현해 본다면 무슨 색일까요?

- 자신감을 잃은 친구에게 지금 이 순간 어떤 미덕이 필요할까요?

- 걱정이 많은 아이에게 주고 싶은 미덕은 무엇인가요?

- 그 미덕을 주고 싶다고 생각한 이유는 무엇인가요?

- 먹구름 청소부가 가지고 있는 미덕은 무엇일까요?

- 부정적인 생각을 가지고 있는 친구에게 어떤 미덕을 주고 싶은가요?

- 누군가 나에게 미덕카드를 건넨다면 어떤 미덕을 받고 싶은가요?

**함께 보면 좋은 그림책**

**『먹구름 청소부』**

# 제2장
# 내게 너무나 힘든 사랑

## 1. 사랑에 익숙지 않은 나

"아……앙."

"엄마. 수인이가 나 밀었어!" 라며 린이가 울면서 달려왔습니다.

"수인이가 너를 왜 밀었는데?"

"내가 그네를 타고 있는데 자기한테 안 비켜 준다고 밀어버려서 다쳤어."

"아팠겠네." 우는 린이를 데리고 수인이에게로 갔습니다.

"수인아! 언니 왜 밀었어?" "……." "수인아 언니가 아팠데! 수인이가 언니에게 미안하다고 해야지?" "……." 수인이는 입을 꾹 다문 채 아무 말도 안하고 그냥 그네를 타고 있습니다.

앉아계시던 수인이 할머니가 오시더니 자초지정을 듣고는 수인이에게 사과하라고 말합니다.

"언니한테 사과해야지?"

"……."

여전히 수인이는 입을 다문 채 말이 없습니다.

"수인이 사과 안하면 이 그네 못타!" 그래도 수인이는 그네를 손에서 놓지 않은 채 입을 다물고 있습니다. 그렇게 30분쯤 기다리고 서 있는데 수인이 할머니께 얘기를 전해 듣고 엄마까지 나왔습니다. "수인아! 언니한테 사과해야지?" "……."

엄마가 말을 해도 여전히 묵묵부답인 수인이를 보며 답답하기도 하고, 오기가 생겼습니다. 그 오기는 끝까지 사과를 받고 싶은 마음이었죠. 수인이 엄마도 미안한지 사과하지 않으면 집에 들어가지 않을 생각이었나 봅니다.

"미안해."

마지못해 2시간쯤 되며 아이가 울면서 기어들어가는 목소리로 사과를 했습니다.

수인이를 처음 본 건 린이가 7살, 수인이가 6살이 되었을 무렵입니다. 1년을 놀이터에서 보았는데도 아이는 늘 무표정이었고, 할머니가 말을 해도 언제나 자기 고집대로 하는 아이였습니다. 수인이와 친하게 지내던 친구 엄마도 "수인이는 고집이 보통이 아니야! 자기가 마음 내켜야 하는 아이더라고요." 라며 할 정도였으니까요.

수인이는 자기 친구 외엔 곁을 주지도 않을뿐더러 린이가 같이 놀자 해도 못 들은 척 하며 자기 방식대로 놀았습니다. 그런 수인이가 어른인 저도 예쁠 리가 없었습니다.

놀이터에서 수인이 할머니를 만나면 인사는 하지만 아이가 예쁘지 않으니 그건 그냥 인사치레에 불과했으며, 속으로는 '애를 저렇게 키우면 안 되지 않나?' 라는 생각에 마음이 가지 않았습니다.

오랜만에 친구를 만나러 가는 날, 아침에 택이를 토요문화교실에 데려다 주고 저는 친구를 만나러 갔습니다. 아침엔 맑았던 날씨여서 우산을 챙겨가지 않았던 날이라 잊혀지지 않습니다. 아침에는 분명 날씨가 맑았는데 오후가 되면서 갑자기 어두워지더니 비가 장대처럼 쏟아졌습니다. 친구들과 헤어지고 우산하나를 사서 급하게 집으로 돌아왔습니다. 큰 아이가 우산을 챙겨가지 않았기에 저의 발걸음은 빨라졌지요. 다행히 택이가 돌아올 무렵 집에 도착하여 큰 우산을 두 개 들고 버스정류장으로 갈 수 있었습니다. 택이는 핸드폰이 없었기 때문에 선생님께 전화기를 빌려 제게 전화를 했었고, 저 역시 배터리가 거의 없어서 다른 분께 빌려서 전화를 하는 둥 그날은 무언가 일이 꼬이는 기분이

들면서 초조했던 날이었습니다. 늦은 시간 택이가 타고 온다던 버스는 한참을 기다려도 오지 않고 마음은 불안한 상태에서 수인이의 할머니가 수인이를 안고 내리셨습니다. 수인이 할머니 역시 우산이 없었습니다.

"안녕하세요! 어디 다녀오세요?"

"날씨가 맑아서 우산을 안 챙겨 갔는데 비가 많이 오네요!"

"네. 그러게요 아침엔 날씨가 맑았는데 이렇게 비가 많이 올 줄 몰랐네요. 저도 그래서 큰 아이를 기다리고 있는 중입니다. 혹시 괜찮으시면 저희 큰 아이가 곧 내리는데 저랑 같이 가세요!"

"그래요? 고맙네요." 그렇게 말을 주고받는데 수인이는 싫다며 할머니 손을 잡아당기는 것입니다. 비가 너무 많이 내려 잠깐만 맞아도 비에 흠뻑 젖을 상황인지라 수인이 할머니는 내가 우산을 씌워준다는 말에 기다리고 있었습니다.

"수인아 비가 너무 많이 오니까 조금 있다가 같이 가자!"

"할머니 그냥 가!"

"비 많이 온다니까? 지금 가면 할머니 비 많이 맞아서 감기 걸리셔!"

수인이 할머니는 나와 수인이 눈치를 보며 서 계셨습니다. 그럼에도 수인이는 계속 할머니한테 가자고 합니다.

"그럼 이 우산이라도 가지고 가실래요? 우산은 내일 주셔도 돼요" 수인할머니가 우산을 받으려고 하자 수인이는 우산도 받지 말고 계속 가자며 할머니를 잡아당깁니다.

"그냥 가야겠어요! 수인이가 계속 재촉하네요!"

"네……. 그럼 안녕히 가세요!" 결국 수인이와 할머니는 장대비를 맞고 집으로 가셨습니다. '수인이 고집이 보통이 아닌 줄 알았지만 대단하네! 그런데 저렇게 지 고집대로 하게 키우는 게 맞을까?' 라며 비를 맞고 가는 수인이 할머니가 안됐다는 생각이 들었습니다.

애가 하나일수록 더 둥글게 키워야 하는데 저렇게 고집을 부린다고 다 받아주는 게 아이를 위한 길은 아니라고 생각할 때 택이가 버스에서 내렸습니다.

"비와서 당황했지? 엄마도 배터리는 없지, 너랑 연락은 안 되지, 오늘 여러모로 마음이 조마조마했어. 넌 어땠어?"

"선생님이 엄마 연락 될 때까지 기다려 주시고 버스정류장까지 데려다 주셨어요. 아마 선생님도 비 많이 맞았을 거예요."

"선생님이 고생 많았겠다. 그리고 너무 감사하다. 꼭 따로 인사드려?"

"네."

표정은 언어보다 훨씬 더 많은 걸 말해줍니다. 나에 대한 감정이 따뜻한 느낌이냐 차가운 느낌이냐는 말하지 않아도 느낄 수 있습니다. 아직 6살밖에 안된 아이에게 저는 마음에 들지 않는다며 차가운 마음을 보냈나 봅니다. 어린아이지만 그 아이의 눈빛이 싫고, 행동이 싫었기에 린이가 그 아이와 노는 것도 못마땅해졌을 정도였으니까요. 그렇게 아이가 마음에 들지 않은 채로 수인이를 바라보던 어느 날 수인이가 다니던 유치원에서 적응을 잘 못하고 옮겼다는 소식을 들었을 때 '역시 내가 생각했던 것처럼 문제가 있어서 적응도 못하는 구나.'라는 생각으로 아이를 바라보았습니다. 눈빛은 말하지 않아도 전해집니다. 내게 호의적인지 적대적인지는 어린아이들이 먼저 느낍니다. 차가운 눈빛은 멀리 있어도 꽂힙니다. 그 차가운 눈빛으로 누군가는 상처를 받기도 합니다.

어릴 적, 저도 매일 매일 학교 가는 게 싫었습니다. 호적이 1살 어리게 되었던 관계로 취학통지서가 나오지 않아 할아버지 댁 근처 시골학교로 입학할 수밖에 없었습니다. 집 근처 학교는 이미 학생 수가 많아서 더 이상 받을 수가 없었고, 누군가 전학을 가서 자리가 있어야 가능했습니다. 그렇다고 늦게 입학 할 수도 없었기에 아버지가 그 곳에 계신 선생님께 부탁을 하셨고, 학생 수가 적었기에 입학이 가능했었던 걸로 기억됩니다. 지금은 태어나면서부터 바로 출생신고를 하고 1개월 이내 안하게 되면 벌금을 물지만, 제가 어렸을 때는 간혹 호적이 잘못되는 경우가 많아서 저처럼 취학통지서가 제때 나오지 않는 경우도 발생하였으며, 취학 통지서가 없어도 교장선생님 재량으로 입학이 허가가 되기도 했었나 봅니다. 제 친구들 중에서도 출생년도가 다른 친구들이 여럿 있는데 그 친구들은 집근처 학교에 다닌 걸 봐도 알 수 있습니나.

"학교 가기 싫어요!"

"조금만 참아! 아빠가 가까운 학교로 전학시켜줄게!"

저는 아침저녁으로 부모님께 학교 가기 싫다며 울었습니다. 그리고 매일아침 힘들게 다니던 학교를 입학한지 1개월 만에 집근처학교로 전학을 올 수 있었습니다.

"우리 반에 새로 전학 온 친구에요~"

"전학 온 친구에게 잘 대해주길 바래요~"

"저쪽에 자리가 비었네. 빈자리에 가서 앉아~"

집 근처 학교를 다니기까지 저는 어려움이 많았습니다. 그러다 보니 키도 잘 자라지 않았고, 입술에는 물집이 잡힐 정도로 힘들었나 봅니다. 그런 제가 안 되어 보였던지 담임선생님은 전학 온 저에게 여러모로 신경을 많이 써주셨습니다. 선생님은 집에서 꿀을 가져오셔서 내 입술에 발라 치료를 해주시기도 하고 따뜻한 눈빛으로 바라봐 주셨습니다. 선생님의 따뜻한 관심이 좋아지면서 학교 가는 게 괜찮아졌습니다. 그런데 이번에는 같은 반 친구가 저를 시샘했나봅니다.

"아야."

"왜 치고 가?"

"네가 거기 있었잖아!"

"괜찮아?"

인경이가 괜찮으냐며 말을 걸어왔습니다.

"조심 좀 해라~"

"네가 뭔데?"

"전학 왔잖아~ 잘 대해줘야지~"

"흥! 전학 온 게 별거야? 선생님도 재만 챙기고……."

싫다는 말을 직접적으로 하지 않았지만, 언제나 저를 바라보는 눈빛은 차가웠고, 무얼 하든 못마땅해 했습니다. 선생님과 인경이가 잘해줄수록 성빈이는 저를 더 많이 괴롭혔습니다. 제가 뭘 하는지 언제나 보고 있는 기분이었고, 째려보는 듯한 성빈이의 눈빛에서 못마땅함이 함께 느껴졌습니다. 그렇기에 눈을 마주치지 않으려 했고 피해 다니려고 했습니다. 마주보지 않아도 뒤에서도 싫어하는 느낌은 전해졌습니다.

제가 다닌 학교는 1,2학년은 그대로 올라가서 2학년도 역시 성빈이와 같은 반이어서 힘들었습니다. 성빈이도 힘든데 선생님은 완전 호랑이 선생님이라 2학년도 숨 한번 제대로 쉬며 학교를 다니지 못했던 것 같습니다. 이후 3,4학년까지도 저는 친구나 선생님으로 인해 초등학교를 생각하면 즐거웠던 기억보다 힘들고 무서웠던 기억이 더 많이 남습니다.

어느덧 6학년이 되었습니다. 좋아하는 친구들도 보이고, 친하고 싶은 친구들도 보이는 가운데 역시 저에게 차가운 눈빛을 보내는 친구와 눈이 마주쳤습니다. 한동안 같은 반이 되지 않아서 좋았는데 6학년이 되어 또 만난 것입니다.

4년이 지났는데도 여전히 나를 바라보는 눈빛에서 싫어함이 느껴졌습니다.

"조성빈, 너 왜 태영이한테만 그러냐?"

"네가 뭔데?"

"예전에도 태영이를 괴롭히더니 또 괴롭히니?" 인경이가 내 편을 들자 입을 씰룩거리며 한마디 하는 것입니다.

"인경이는 왜 만날 너만 챙기니?"

"그래서 난 네가 싫어!!" 그러고는 저를 밀치고 나가버렸습니다. 그러나 예전처럼 성빈이를 두려워하거나 그 애 때문에 학교를 다니기 싫서나 하지는 않았습니다. 좋은 친구들, 좋은 선생님, 그리고 무엇보다 조금 단단해진 제 마음이 성빈이의 눈빛을 받아낼 수 있었으니까요. 초등학교 시절을 생각하면 무섭고, 두려움이 많았지만 다행히 6학년은 에너지도 넘치고 우리 마음을 잘 헤아려 주신 선생님 덕분에 좋은 추억을 쌓을 수 있었습니다. 그동안 힘들었던 마음을 덮을 만큼 선생님의 밝은 에너지와 따스한 눈빛은 저의 마음에 더 오래 기억될 수 있었습니다. 그렇기에 선생님과 헤어지는 시간이 아쉬웠습니다. 중학교는 어떤 생활이 기다리고 있을 까 생각하며 아쉬운 마음을 뒤로한 채 초등학교를 졸업할 수 있었습니다.

초등학교는 동네 친구들만 만나게 되었다면 중학교부터는 여러 학교 친구들이 모이게 되어 더 많은 새로운 친구들을 사귈 수 있게 되지요. 저 역시 좋은 친구들을 많이 사귈 수 있을 거라며 기대가 컸습니다. 제 옆자리에 앉은 친구는 웃는 모습이 예쁜데다 눈빛이 따스한 친구였습니다. 첫날부터 저는 그 친구의 미소와 따스한 눈빛이 마음에 들었습니다.

"안녕!"

"어. 안녕!"

"이름이 모야?"

"임성주"

"어? 말투가 다르네?"

"어. 얼마 전에 부산에서 전학 왔어!"

"와! 멀리서 왔네?"

"그런데 네 말투 예쁘다!"

"고마워."

"지우개 빌려줄까?"

"고마워." 떨어진 공책을 주어주었을 때도 "고마워." 언제나 그 친구는 '고마워'라는 말을 입에 달고 살 정도로 친절한 친구였습니다. 항상 환하게 웃는 성주는 친구들에게 자연스레 인기가 많아졌지요.

따스한 눈빛은 보는 이로 하여금 따스한 온기가 전해집니다. 그렇다면 상대에 대한 경계의 눈빛, 차가운 눈빛은 어떻게 해석해야 할까요? 같은 학교, 같은 동아리 활동을 했던 친구가 있는데, 그 친구와는 같은 반이 된 적이 없어서 친한 적은 없었습니다. 그렇다고 부딪친 적도 없었던 친구였는데 그 친구의 눈에서 경계의 눈빛이 느껴졌습니다.

"안녕!"

"어." 그리고 휙~ 다른 자리로 가버리는 것입니다.

'뭐지?' 그때 친했던 친구 해영이가 보였습니다.

"해영아 우리 같은 반이네! 반갑다"

"어……. 그래" 반가워하는 나와 달리 해영이는 어색하게 내 눈을 피하고 있었습니다. '해영이가 왜 그러지? 내가 뭘 잘 못했나? 저 친구들은 또 왜 그러지?' 그렇게 저는 이유도 모른 채 친구들의 차가운 눈빛을 느껴야 했습니다.

이유를 모른 채 상대의 어색한 표정을 마주한다는 것은 참 힘이 듭니다. 이유를 알면 찾아서 다른 노력이라도 하는데 이유도 모른 채, 하나 둘 나를 피하는 사람들이 늘어나면 어떻게 해야 할지 모르게 됩니다. 그 때 내 편이 되어 주는 한 사람이라도 있다면 그렇게 힘들지 않을 것입니다. 저는 하나 둘 저에게 경계의 눈빛을 보내는 친구들 때문에 힘들어서 중학교에 입학하고 그곳의 친구들을 생각하면 또 다시 아픈 기억이 더 떠오르게 됩니다. 따스한 눈빛을 보낸 성주의 눈빛만이 기억날 뿐입니다. 그리고 그 이후는 기억나지 않습니다. 중 1 여름방학 때 서울로 전학을 왔기 때문에 지금까지도 그 이유는 알지 못합니다. 만회할 기회를 갖지도 못한 채 떠나온 것입니다. 저는 초, 중, 고 대학교를 통틀어 친구들과의 좋은 추억이 많이 떠오르지 않습니다. 제 기억 속 학창시절은 친구들 때문에 즐거웠던 기억보다 힘든 기억들이 더 많이 자리 잡고 있으며, 저 혼자만 좋아했고 그 친구들은 그저 제가 좋아하니까 친한 척 했던 건 아닐까 라는 생각이 들기도 합니다. 우리는 표정, 눈빛, 말 몇 마디만으로도 그 사람이 나를 좋아하는지, 싫어하는지를 알 수 있습니다. 상처를 받고, 실패를 경험하면서 사람들을 밀어내고, 지치면 마음의 문을 닫는 쪽으로 선택하기도 합니다. 저 역시 사람들의 표정, 눈빛, 상처받은 언어 때문에 밖으로 나오지 못하고 스스로 가시를 만들기도 했습니다. 그런데 감사하게도 동굴 속 으로는 들어가지 않았습니다. 동굴 속으로 들어가지 않았던 이유를 생각해보니 저를 지지해주는 부모님과 학원에서 만났던 친구가 있었기에 가능했습니다. 그 때는 부모님과 저의 소중한 친구의 고마움을 몰랐지만 지금은 압니다. 저처럼 이런 소중한 사람이 자신에겐 없다고 생각하며 스스로 동굴로 들어가는 경우도 여럿 보았습니다. 꺼내주려고 노력해도 자신이 스스로 갇혀있는지조차 모르는 경우가 많습니다. 그들도 처음부터 그러진 않았을 것입니다. 자신에게 지속적으로 따스한 눈빛을 보내는 단 한 사람이 있다면 말입니다. 처음엔 자신을 싫어한다고 느끼지 않으며 이해를 해보기도 합니다. 누구나 자신을 싫어한다는 걸 받아들이기 싫으니까요. 그러다가 왜? 그러지 하며 싫어하는 눈빛을 보내는 이유를 찾으려고 하고 그러다 자신의 방어기제로 같이 부정적인 에너지를 보내게 됩니다. 그리고 점점 내 편이 하나도 없다고 생각하게 되면 어느 순간 부정적인 에너지를 당연한 듯 선택하게 됩니다. 물론 본인은 그 사실을 깨닫지 못하게 됩니다. 성빈이 역시 그렇지 않았을까 라는 생각을 해봅니다. 내가 싫어서라기 보단 자신이 상처받아서 더 약한 나에게 부정적인 메시지를 보냄으로써 나 스스로 멀어지게 만들고 주변사람들에게까지 영향을 미침으로써 밀어낸 것이었다고 생각해봅니다.

에너지에 대해서 알게 된 날 수인이가 생각났습니다. 저는 수인이에게 '싫어하는 감정'의 메시지를 보내고 있었던 것입니다. '고집이 세다', '남의 말을 듣지 않는다. 등등 내가 보고 싶은 대로 수인이를 본 것이지요. 수인이는 저에게 싫어하는 감정 메시지를 느껴서 자꾸만 저를 밀쳐냈던 것입니다. 그때부터 수인이에게 보냈던 싫어하는 감정의 메시지를 보내지 않으려고 노력해보았습니다.

"수인아 안녕!"

"오랜만이네? 잘 지냈어?"

"와. 수인이 많이 컸구나!"

여전히 수인이는 저를 경계했지만 수인이와는 상관없이 '이 세상 아이들은 다 예쁜 아이야. 내가 어떻게 생각하느냐에 따라 수인이의 모습이 달리 보일 거야' 로 마음을 바꾸기 시작하자 내 마음이 편안해지기 시작했습니다. 한 번, 두 번, 세 번……. 수인이를 만날 때 마다 인사를 하기시작하자 예전보다 많이 부드러워진 눈빛이 느껴졌습니다. '내가 긍정의 마음을 보내니 수인이도 마음이 풀어지는 구나' 라는 느낌이 전해진 순간이었습니다. 이처럼 우리가 누군가에게 화를 낼 때 자신을 보호하기 위해 날카로워집니다. 하지만 뾰족하고 날카로운 마음은 자기 자신도 아픔을 주고, 다른 사람에게도 아픔을 줍니다. 내가 먼저 마음을 열려고 노력하지 않으면 결국 다른 사람들도 내 안으로 들어오지 못하고 떠나가게 됩니다.

제가 가진 선한마음을 꺼내려고 시도해보았습니다. 만나는 사람들에게 긍정의 에너지와 따사로운 눈빛을 보내고 먼저 제 마음의 문을 열겠다고 마음을 먹게 되니까 고집불통 수인이도 변하고 있음이 느껴지기 시작했습니다.

'쟤는 왜 저렇게 행동하지?' 라며 볼 때마다 마음에 안 들었던 아이가 있었습니다. 그런데 '어쩌면 그 아이도 사랑이 필요한 아이가 아닐까?' 라고 생각하며 다르게 보기로 다시 생각해보니 그 아이가 안 되어 보였습니다. 나처럼 다른 사람들도 그렇게 생각할 수 있겠구나 라고 생각하니 신경이 쓰여서 그럴 거면 마음을 달리 해보자라는 마음으로 따스한 마음을 보내기로 마음먹었습니다. 그런데 그렇게 마음먹고 봐서 그런 걸까요? 아님 내 마음이 전해진 걸까요? 마치 그 아이가 알아차린 것처럼 제게 날카로움이 아닌 부드러운 표정으로 바뀐 경험이 있습니다. 린이가 수영을 배우러 복지관을 다니고 있을 때였습니다. 복지관에 가려면 셔틀을 타는데 늘 앞자리에 앉는 남학생이 있었습니다. 그 아이는 또래에 비해 키도 작고 몸짓도 왜소했지만 아이들과의 대화 속에서는 늘 짜증이 섞인 목소리로 말하는 것이었습니다. 하루는 수영을 마치고 셔틀을 탔는데 그날도 역시 앞자리에 앉기 위해 그 아이는 누구보다 먼저 그 자리에 올라타서 가방을 두고는 게임하는 친구 옆을 왔다 갔다 했지요. 그 사이 다른 아이가 그 아이 옆에 앉았습니다.

"여기 내가 가방 맡아 놨잖아! 그러니까 다른 곳에 앉아"

"이 자리 너만 앉는 거 아니잖아!"

"싫어!"

그때 마침 기사님이 올라오셨습니다. "너희들 뒤로 가서 앉아라. 여기 위험하다" 아이들은 들은 척도 안하고 기사님은 셔틀 버스를 출발시켰습니다. 그 사이 아이들은 계속 티격태격 하고 있었습니다.

"거기 남학생들! 여기 많은 사람들 있으니까 조용히 좀 하자!"

제가 말하는데도 여전히 아이들은 싸우고 있었습니다. 기사님도 한마디 합니다.

"네들 뒤로 가서 앉으라고 했지?"

기사님의 야단에도 아이들은 듣지 않았습니다.

보다 못해 다른 곳에 있는 아이 엄마가 한마디 합니다.

"조용히 하자!"

"네! 그런데 얘가 자꾸 저를 밀쳐요!"

"그러니까 둘 중 한 명이 다른 곳으로 가면 되잖아!"

급기야 한 명의 울음소리가 들려왔습니다.

"왜! 꼬집어!"

"여기 내 자린데 왜 앉았어! 그러니까 형이 다른 곳으로 가란 말이야!"

"싫어! 그럼 네가 가!"

둘은 싸우면서도 자리를 떠나지 않았습니다. 참다못해 다시 한 번 한마디 했습니다.

"네들 여기서 떠들면 기사님 운전방해 돼! 그럼 우리의 안전이 위험해져! 그러니까 조용히 하던지 아님 뒤로 가서 앉아!"

"안가면 어쩔 건데요?"

"안되겠구나. 네 부모님께 말씀드려야겠네!"

"아줌마가 뭔데 저한테 이래라 저래라 해요?"

"아줌마도 네가 예뻐서 뭐라 하는 거 아니야! 기사님이 운전 방해 되서 위험해지기 때문이지!" 그러면서 나는 씩씩거리는 아이 손을 잡았고 그러면서 아이는 내 팔에 잡히지 않으려고 안간힘을 쓰면서 나를 노려보았습니다. 자리에 돌아와 앉았지만 내 마음도 진정이 안 되긴 마찬가지였습니다. 그때서야 상황을 지켜보고 있던 린이가 마음에 걸렸습니다. 집에 도착할 때까지 저는 마음을 진정시키려고 호흡을 가다듬었습니다. 린이에게 어떻게 설명하면 좋을까? 린이는 그 상황을 어떻게 생각할까? 등등. 여러가지 생각이 들었습니다. 그 아이가 차에서 내린 후에도 마음은 쉽게 진정되지 못했고 몸과 마음에서 맥이 풀리기 시작했습니다. 그 순간에 저는 알아차렸습니다. 제가 그 아이에게 싫어하는 감정의 메시지를 보내고 있다는 것이 느껴지기 시작했던 것이지요. 예전의 나라면 '재는 왜 저럴까? 저 아이의 부모는 이렇게 행동하는 걸 알고 계실까?' 라는 마음을 계속 가지고 있어서 "저 아이 행동하는 거 봤지? 린이는 어른에게 저렇게 하면 안 돼?" 라고 말했을 것입니다. 싫어하는 감정의 메시지를 보내고 있음을 알아차린 것만으로 두근거렸던 마음이 천천히 진정이 되기 시작했습니다. 그리고 내 아이를 위해서라도 사랑메시지를 보내야겠다고 생각이 들었습니다. 내가 다른 아이들에게 따스하게 대하면 그 따스함이 돌고 돌아 우리 아이들에게도 돌아서 전해질 거라는 생각이 들자 마음이 진정이 되었던 것입니다. 셔틀버스에서 내려 아이에게 버스 안에서 있었던 일에 대해 이야기를 했습니다.

"아까 그 오빠는 마음이 아픈 것 같아."

"왜요?"

"린이는 사랑을 많이 받고 자라서 엄마나 다른 어른한테 야단맞아도 바로 괜찮아지지만 아까 그 오빤 사랑을 많이 못 받은 것 같아 그래서 엄마에게 두려운 마음을 보내는 거야. 자신이 상처받지 않기 위해서."

"엄마가 어떻게 알아요?"

"너희들을 생각해보니까 그런 생각이 들었어. 그리고 엄마도 역시 그 오빠에게 안 좋은 눈빛을 보냈다는 생각이 들었어. 그래서 자신을 보호하고자 더 그렇게 행동했다는 생각이 들었어."

"그렇구나. 엄마 전 괜찮아요. 저는 엄마가 항상 옆에 있어주고, 엄마가 많이 사랑해주는 걸 아니까요!"

"그래! 우리 린이가 엄마이야기 잘 들어줘서 고마워."

린이와 이야기를 나누고 나니 마음이 한결 가벼워짐을 느낄 수 있었습니다.

이틀이 지난 뒤 그 셔틀에서 다시 그 아이를 만났을 때 어떤 모습일까 내심 궁금해졌습니다. '오늘도 그 아이가 여전히 그 자리에 있으면 어떡하지? 그렇다면 나는 그 아이를 어떻게 바라봐야 할 것인가' 등. 아이와 함께 그 아이에 대해 이야기를 나누었습니다. 다행히 아이는 기사님과의 약속대로 두 번째 자리에 앉아 있었습니다. 그것도 아주 얌전하게……. 순간 놀라웠습니다. 그런데 돌아가는 버스 안에서도 두 번째 자리에 얌전히 앉아서 친구와 있는 것입니다. 이틀 동안 이 아이에게 어떤 일이 있었던 것일까? 궁금하면서도 그 아이를 다시 보게 되었고, 나 역시 내가 그 아이에게 주었던 부정의 메시지가 아닌 긍정의 메시지를 보내려고 마음먹었던 것이 다행이라고 생각했습니다. 린이가 수영들어가기 전 간식을 먹고 싶다면서 매점에 들렀습니다. 저 역시 그 아이에게 무언가 주고 싶은 마음과 여러 마음이 들면서 자연스레 막대사탕을 고르니 린이가 묻습니다.

"엄마 막대사탕을 왜 골라요?"

"응. 그냥 이틀 전에 말했던 그 오빠도 주고 싶어졌네?"

"아, 알겠어요."

셔틀을 타고 매점에서 샀던 막대 사탕을 꺼내고서 아이를 불렀습니다.

"안녕! 아줌마가 너한테 할 말이 있어! 잠깐 얘기해도 될까?"

"……."

"나는 네가 여전히 앞자리에 있을 줄 알았어. 그런데 기사님과 약속한대로 두 번째 자리에 얌전하게 있어서 아줌마는 놀랐단다. 그래서 너에게 주려고 막대 사탕을 샀단다. 이거 먹어. 네가 예뻐서 주는 거야 받을래?"

"네……."

"네 이름이 뭐야?"

"박수호요."

"그래? 수호구나. 아줌마가 너 기억할게. 넌 이렇게 멋진 아이야. 사실 아줌마도 너에게 야단을 치고 마음이 좋지 않았단다. 그런데 이렇게 수호가 달라진 모습을 보니 아줌마도 기분이 좋네. 앞으로 너 보면 아줌마가 이름도 불러주고 환하게 웃어줄게!"

"네!"

"아줌마가 한번 안아줘도 될까?" 그리고 한번 안아주었습니다. 아이는 안기는 게 싫지 않은지 안아줘도 되겠냐고 했을 때 흔쾌히 안기겠다고 내 품에 들어옵니다. 따스한 사랑에너지를 보낸 제 마음을 수호도 느낀 것입니다. 제가 사랑에너지를 선택한 순간 저의 마음에 평온이 찾아온다는 걸 수호를 통해 또 한 번 느끼게 되었습니다. 아이를 통해 저는 어느새 사랑의 미덕을 깨웠고, 기뻐함의 미덕이 저에게 와 주었답니다. "기뻐함의 미덕은 우리 안에 있습니다"

나의 내면이 행복한지 내 마음에 귀 기울여보세요. 내가 좋아하고 하고 싶은 일을 할 수 있는 시간을 찾아보세요. 마음이 가는 일을 하다보면 기뻐함도 함께 커집니다. 사랑의 미덕과 더불어 기뻐함의 미덕을 깨우고 나니 세상이 달라 보입니다. 많은 분들이 사랑의 미덕과 기뻐함의 미덕을 빨리 깨우길 바래봅니다. 그렇다면 사랑한다는 걸 어떻게 알까요? 여러분은 사랑한다는 걸 어떻게 표현하고 어떻게 느끼고 계신가요? 『사랑한다는 걸 어떻게 알까요?』 "린 핀덴베르흐 글/ 카티예 페르메이레 그림/ 지명숙 옮김/ 고래이야기" 세상에 있는 모든 것과 모든 사람이 언덕위로 모여듭니다. 코끼리가 풀기 어려운 문제를 풀고 있었거든요. 함께 힘을 합쳐서 답을 찾아보기 위해 한자리에 모인거에요. 올해는 거북이 아내가 아파서 거북이는 참석하지 못했습니다. 라며 그림책은 시작됩니다. "누군가를 사랑한다는 걸 어떻게 알죠?" 라는 질문을 합니다. 그녀를 만난 그 첫 순간을 난 평생 잊지 못하기도 하고, 사랑하는 돌이 곁에 있으면 몸과 마음이 따뜻해지기도 하지요. 때로는 기운이 빠져 힘이 없을 때 내 등을 살짝 밀어 주곤 하는 짝꿍이 있다는 것으로도 사랑하고 있음을 느끼기도 합니다. 말 같은 게 필요 없기도 하지요. 어떤 모습이건 각자의 방식으로 사랑을 표현합니다. 혹시 내가 바라는 사랑이 아니라고 해서 사랑받지 않는 다고 생각하는 건 아닌지 생각해 보아도 좋습니다. 말 없이도, 굳이 말하지 않아도, 변함없이 같은 방향으로 떠다니는 것, 그리고 내가 지쳐있을 때 대신해 주고. 곁에 있다는 것이 사랑입니다. 먼저 손을 내밀어 보는 것도 좋습니다. 표현하지 않으면 모를 수 있으니까요. 그리고 먼저 사랑하고 있다는 걸 표현해 보면 어떨까요? 사랑은 어떤 어려움이 닥쳐도 헤쳐 나갈 힘을 발휘하기도 하지요? 사랑한다는 걸 아는 것 역시 확신의 미덕이 깨어나고 있음입니다. "확신의 미덕은 우리 안에 있습니다" 당신 자신이 소중한 사람임을 믿고, 모든 일이 올바른 방향으로 흘러갈 거라고 믿으세요. 때로는 두려움, 의심 혹은 걱정이 자신의 발목을 잡기도 합니다. 그때 다시 자신이 소중한 사람임을 생각하면 됩니다.

## 그림책을 보며 궁금했던 점을 질문해 보아요

- 사랑한다는 걸 어떻게 알까요?
- 여러분은 어떻게 사랑을 표현하나요?
- 처음 사랑이라고 느꼈던 때는 언제인가요?
- 사랑을 받는다고 느꼈을 때의 감정이 기억나나요? 그때 감정을 생각해보아요?
- 책 내용 중 어떤 사랑이 기억에 남았나요?
- 떠나고 나서야 알게 된 사랑이 있었나요?
- 내 사랑이 곁에 있을 때면 어떤 기분이 드나요?
- 개미는 갑자기 알 수 없는 외로움을 느꼈다고 합니다. 개미에게 어떤 사랑을 주면 좋을까요?
- 개미에게 지금 이 순간 어떤 미덕이 필요할까요?
- 수인이에게 주고 싶은 미덕은 무엇인가요? 그 미덕을 주고 싶다고 생각한 이유는 무엇인가요?
- 수호에게 어떤 미덕을 주면 행복해 할까요?
- 성빈이에게 필요한 미덕은 무엇이라고 생각하나요?
- 누군가 나에게 미덕카드를 건넨다면 어떤 미덕을 받고 싶은가요?

**함께 보면 좋은 그림책**

**『사랑한다는 걸 어떻게 알까요?』**

## 2. 여전히 사랑은 어렵다

"하루 종일 게임만 하니? 인간적으로 너무 하는 거 아니냐? 어떻게 하루 종일 패드만 보고 앉아서 게임만 하고 있을 수 있어? 네가 원하는 거 대부분 다 해주려고 노력했어. 보드도, 첼로도. 친구 만나러 나간다고 하면 용돈까지 주면서 놀라고도 했어. 그런데 넌 뭐니? 뭐든, 사주기 전에는 몇날 며칠 노래를 부르며 나를 졸라대더니 막상 해주니까 보드도 잠깐 친구 만날 때만 타고, 첼로도 고스란히 가방에 모셔져 있기만 하고, 그렇다고 패드로 보드 잘 타는 법에 대해 영상을 보는 것도 아니고, 첼로 연습하는 영상을 보지도 않잖아! 내가 공부만 하라고 했니? 관심 있어 하는 부분에 대해 영상 보는 거면 괜찮아. 그것도 아니고 어떻게 하루 종일 게임만 하고 있는 건데?" 오늘도 저는 참다못해 딸에게 버럭 소리를 질렀습니다. 그리고는 그동안 매일 풀라고 했던 문제집을 검사하면서 효자손을 들었습니다. 화가 참아지지 않았습니다. 엉덩이며 손바닥이며 여러 대를 때렸습니다. 평소 아이에게 허용적이고 민주적이려고 노력하던 제가 폭발한 것입니다. 엄마가 그렇게 화가 나서 효자손으로 이곳, 저곳을 때리는데도 아이는 소리 없이 울기만 하고 아프다며 맞은 곳을 문지르기만 할 뿐 잘못했다거나 다시는 안 그러겠다고 빌지도 않고 그대로 서 있는 것입니다. 그게 더 화가 났습니다. 왜 이 아이는 나한테 울며 매달리지 않는 걸까요? 잘못했다고, 그만하겠다고 하면 더 맞지는 않았을 텐데. 왜 그렇게 서 있기만 한 걸까요? 내 감정을 주체할 수 없는 그 순간에도 아이가 가만히 있는 모습이 고스란히 들어왔습니다. 패드를 그만 보라고도 하고, 안 보이는 곳에 치우기도 하고, 그러다 엄마 화나면 혼난다며 여러 번 경고를 주기도 했지만 아이는 엄마가 잔소리한다고 생각하고 평소와 똑같이 행동했습니다. TV를 보다가 아이를 보니 화가 나서 내가 감정을 누르지 못하고 나 혼자서만 사랑의 매(?)라고 생각하면서 물리적인 처벌을 하고야 말았습니다. 그 화살은 고스란히 아들에게도 이어졌습니다. 아들 역시 하루 종일 컴퓨터 앞에 앉아서 친구들과 게임도 하고 채팅도 하고 있었지요. 아들은 이제 제 말을 듣지도 않고, 설사 제가 매를 든다고 해도 딸아이처럼 고스란히 맞고 있지도 않습니다. 자기만의 방식으로 변명하고, 소리 지르면서 저를 더 기함하게 만듭니다. 상대적으로 약한 둘째 아이에게 소리 지르고 있는 엄마를 보면서 아들이 한 마디 합니다. "그럼 하루 종일 뭐하며 지내야 하는데요? 밖에 나갈 수도 없고, 학교도 가지 않는데 하루 종일 공부만 한다는 게 상식적으로 말이 돼요? 우리도 숨 쉴 공간이 있어야죠. 난 공부를 막 좋아하지도 않고, 안한 것도 아니에요. 숙제도 다하고, 기본적으로 할 건 다하고 노는데 그게 그렇게 화낼 일이에요? 그리고 린이한테 화나면 왜 나한테까지 뭐라 하는데요? 엄마는 화나면 그 당사자에게만 뭐라 하면 되는데 나에게까지 물귀신처럼 잡고 늘어지고 그러는데요?"

맞습니다. 아이들이 코로나로 집에서만 생활한지 거의 1년이 넘었습니다. 코로나로 졸업식도 제대로 못하고, 입학식도 못했습니다. 교복은 맞추었으나 몇 번 입지도 못하고 커버렸고, 동복은 입어보지도 못하고 하복을 맞추기도 했지요. 한 것도 없는데 시간이 지나서 2학년으로 진급하는 것도 억울하다고 합니다. 학교를 가지 않아서 수업을 제대로 받고 있는 것인지, 그리고 제가 하는 공부가 맞는 것인지, 온라인으로 수업하는데 집중도 안 되고 모든 게 엉망인 상황에서 공부만 하라고 하는 게 맞는지 저 역시도 혼란스럽긴 마찬가지입니다. 이 상황에서 아이를 위하고 사랑하는 법은 무엇일까요? 엄마노릇은 잘 하고 있는 것인지 잘 모르겠습니다. 때 되면 밥 차려주고, 잔소리나 하는 게 사랑인지 헷갈리는 상황에서 무엇을 어떻게 해야 할까요? 애들 아빠는 말로만 걱정하면서 규칙적인 생활이라도 하라며 출근 전 아이들을 깨우니 큰 아이는 또 다시 짜증을 냅니다. 하루 종일 함께 있어도 밥도 제대로 같이 먹지 못하는 상황이 벌어지고 있는 상황을 반복하며 사랑인지 방임인지 헷갈리고 있습니다. 다만 하루 종일 함께 엄마와 지내면서 감정의 골이 깊어지지 않도록 옆집 아들이라고 생각하며 아이 눈치를 보고 있을 뿐입니다. 그러면서도 가끔 아들에게 이렇게 말하곤 합니다.

"엄마가 너에게 왜 아무 말 안하는지 아니?"

"몰라요."

"네가 옆집아들이라고 생각하고 있는 중이야."

"왜요?"

"옆집 아들이라고 생각하니까 너를 객관적으로 보게 되고, 너의 입장을 이해할 수 있게 되는 것 같아. 그리고 지금 아니면 언제 놀까 싶기도 해."

"옆집 아들이라고 생각하는 거 괜찮은데요?"

"그리고 엄마가 네 눈치 많이 보고 있는 것 또한 알고 있니?"

"네~알고 있어요. 다른 엄마들에 비해 엄마는 잔소리도 덜하고. 나를 존중하려고 노력하고 있는 거 알고 있어요."

"그럼 적당히 게임 하려고 노력해주길 부탁해."

이렇게 아들과 평화롭게 마무리했습니다. 그 사이 린이는 언제 혼났냐는 듯 아무렇지 않게 침대에서 뒹굴며 놀고 있습니다. 그런 린이에게 미안한 마음이 들어서 약을 찾아 맞은 곳을 발라주었습니다.

"린아~ 왜 엄마한테 잘못 했다고 말도 안했니? 엄마는 네가 잘 못했다며 안 할게요. 라고 말하면 그만 했을 텐데……."

"그건 거짓말이니까. 다음에 다시 안 할 자신이 없는데. 또 패드 볼 수도 있는데 어떻게 거짓말을 해?" 아이는 거짓말로 엄마에게 순간 야단맞는 것을 모면하고 싶지 않았나 봅니다. 약을 발라주던 나는 속상해서 아이를 안아주면서 울었습니다. 미안하다고. 엄마가 그 순간 화를 참지 못해 미안했다고. 입장 바꿔 생각하기를 해보니 이해가 갑니다.

자신의 이름을 '안 돼!' 라고 알고 있는 강아지에 관한 이야기『안 돼!』 "마르타 알테스 글, 그림 / 이순영 옮김 / 북극곰"는 가족들을 위해 여러가지로 집안일을 돕고 있지만 가족들 입장에서 보면 '안 돼'는 말썽쟁이 강아지입니다. 그래서 가족들은 '안 돼' 라고 소리를 지르는데 주인공 강아지는 그걸 자기 이름으로 알고 있는 것입니다. 개의 입장에서 들려주는 재미있고 따뜻한 이야기! 아이들에게 된다고 했던 게 많을까? 안 돼! 라고 말한 적이 많을까 물어보면 대부분 안 돼! 라고 말한 적이 많다고 말할 것입니다. 얼마나 안 돼! 라고 말을 많이 했으면 본인의 이름을 안 돼! 라고 생각했는지 그 이유만으로도 유쾌해 지는 책이며 모든 관계를 돌아보게 만드는 힘을 가진 그림책입니다. "안 돼!" 는 무엇보다 사람과 사람의 관계든 사람과 동물의 관계든 입장을 바꿔서 생각한다는 것이 서로를 이해하는데 얼마나 중요한 일인가를 유머와 감동으로 깨우쳐 주고 있습니다. 강아지 '안 돼'의 이야기를 배꼽 빠지게 웃으며 듣다 보면 문득 여러가지 반성을 하게 됩니다. 나와 주변 사람들과의 관계를 되짚어 보게 되지요. 나와 환경, 나와 자연, 나와 동물, 나와 사회 등. 모든 관계를 되돌아보게 될 것입니다. 상대방의 입장에서 생각해 본 게 언제인지, 상대방의 말을 주의 깊게 들어본 게 언제인지 기억을 더듬어 보는 건 어떨까요? 사랑의 힘은 사랑하는 대상을 관찰하게 만들고 대상에 관해 공부하게 만듭니다. 저 역시 큰 아이와 갈등관계에 있을 때 유대인 교육법인 하브루타가 궁금해졌고, 부모교육을 들으면서 부모 됨이란 무엇인지 고민하게 되었습니다. 헬리콥터 맘이 되고 내 마음대로 아이를 움직이려 했던 부분과, 부모가 학부모로 변해가면서 아이를 위한 일이 아닌 내 욕심을 채우고 있다는 걸 알게 되면서 조금씩 아이와 거리두기를 연습하였습니다.

내 아이들이지만 아이들과 어떻게 지내는 게 좋을지 여전히 고민 중입니다. 관계가 쉬운 사람이 있을까요? 관계를 위해선 때론 용기도 필요해! 라고 말하고 싶습니다.

『곰씨의 의자』 "노인경 글, 그림 / 문학동네"는 관계에 어려움을 느끼는 사람들에게 추천합니다. 저 역시 관계는 어렵습니다. 관계가 어려웠기에 학창시절이, 사회생활이, 그리고 아이 친구 엄마들 모임이 힘들었습니다. 그렇기 때문에 지금의 제가 있기도 합니다. 어려움은 곧 그것을 향한 노력의 시작이기도 합니다. 그래서 아이들과의 관계에서 만큼은 잘 지내고 싶어서 큰 아이의 눈빛이 달라질 무렵 부모공부를 시작했습니다. 물론 관계로 인한 어려움을 극복하고자 노력한 것은 훨씬 이전이었지요. 첫 시작은 대학 전공과는 다른 상담을 공부하기로 마음먹었을 때입니다. 상담을 공부하다 큰 아이를 임신했을 때 아동 심리에 대해 공부를 했고, 아이가 조금 자라서 어린이집에 갔을 때는 직업상담을 공부했고, 둘째 아이가 태어나서 어린이집에 갔을 때는 보육교사를 공부했습니다. 그리고 다시 큰 아이의 눈빛이 달라질 때 부모공부를 한 것입니다. 이렇게 저는 관계에 대해 어려움을 느낄 때마다 공부를 했습니다. 그럼에도 여전히 관계는 어렵습니다. 『곰씨의 의자』역시 자신을 내어주면 줄수록 타인은 그런 곰씨의 마음을 알지 못합니다. 그렇게 곰씨는 타인을 배려했는데 타인은 배려하지 않습니다. 그럴 때 곰씨가 용기를 냅니다. 자신의 마음을 아는 것, 자신의 추한 모습마저 인정하는 것, 정확하게 표현하는 것이 건강한 관계를 위한 밑거름이라는 것을 알게 해 줍니다. 토끼들에게 속마음을 고백한 곰씨는 고백하는 순간까지 얼마나 많은 고민을 했을지 알 것 같습니다. 그럼에도 용기를 내어 고백한 후에는 지금껏 벗어나지 않았던 의자의 바깥, 즉 자신의 경계를 넘어 숲을 거닐고 마지막 장면은 어렵게 낸 용기가 우리에게 펼쳐 줄 새로운 세상에 대해 상상하게 해줍니다. 타인을 배려하면 할수록 곰씨는 점점 중요한 무언가를 잃어버리는 것 같습니다. 곰씨를 매료시켰던 토끼들의 자유분방한 활기는 시간이 지날수록 곰씨와의 차이점으로, 결국은 불편함으로 곰씨의 마음에 자리 잡아 가지요. 예전처럼 햇살을 즐기며 차를 마시고 음악을 들을 수 있다면, 잠시라도 의자에 혼자 앉아 있을 수 있다면 토끼들과의 시간도 다시 즐거울 텐데. 견디다 못한 곰씨는 토끼들에게 자기감정과 요구를 전하려 하지만, 마음을 입 밖으로 내는 일이 이렇게 어려운 일일 줄 곰씨는 몰랐을 것입니다. 누군가와 갈등 관계에 놓인 것도, 자신의 기분을 말하는 것도 곰씨에겐 처음이기 때문이지요. 곰씨는 나오지 않는 말 대신 행동으로 마음을 드러내려 합니다. 저 역시 말로 나오지 않을 때 행동으로 드러내지만 상대는 눈치 채지 못합니다. 의자 위에 아무도 앉지 못하도록 몸을 쭉 펴고 눕기, 제 자리만 남겨 두고 의자에 페인트칠하기, 의자 위에 커다란 바위 얹어 두기, 토끼들이 제 마음을 알아주길 바라지만, 곰씨의 이런 행동은 오히려 토끼들의 호기심 많은 기질을 자극하기만 할 뿐 곰씨가 왜 그러는지 알지 못합니다. 반복되는 의사소통이 어려운 상황 끝에 곰씨는 온화하고 우아한 본래의 자기 모습마저 잃어 가고 있습니다. 하지만 그 악순환의 끝에 곰씨는 커다란 용기를 내게 되고 마침내 마음의 평화를 얻습니다. 평화를 얻은 곰씨는 평온함의 미덕도 함께 깨운 것 같습니다. "평온함의 미덕은 우리 안에 있습니다" 화가 나는 감정이 올라올 때는 잠깐 멈춤을 시도하고, 마음이 가라앉아 평온한 상태가 되었을 때 조심스레 말해보세요. 곰씨는 많은 친구들에게 온화한 말씨로 상냥하고 정중하게 말했기에 평온함의 미덕을 보여줄 수 있었습니다. 우리도 누군가와 함께 즐겁기 위해서는, 간혹 솔직해질 용기가 필요합니다. 여러분은 관계를 잘하고 있나요?

**그림책을 보며 궁금했던 점을 질문해 보아요**

- 어떤 장면이 가장 인상적인가요?
- 곰씨는 무엇을 할 때 마음이 평화로워졌나요?
- 커다란 배낭을 멘 낯선 토끼의 직업은 무엇이었나요?
- 곰씨 앞에 무척이나 슬퍼 보이는 토끼가 지나갑니다. 슬픈 이유가 무엇인가요?
- 아기 토끼들이 점점 늘어나자 곰씨는 즐겁지가 않았어요. 왜 일까요?
- 곰씨는 토끼가족에게 무언가를 이야기 하려고 했지만 정작 하고 싶은 말을 꺼내지 못했어요. 왜 이야기를 하지 못했을까요?
- 이야기 대신 곰씨가 한 행동은 무엇인가요?
- 며칠 뒤 곰씨는 토끼들 앞에서 그동안 말하지 못했던 속마음을 하나하나 천천히 말했는데 뭐라고 말했을 것 같나요?
- 이야기를 끝낸 곰씨의 마음은 어땠을까요?
- 나만의 의자가 있다면 그 의자에 앉아서 무엇을 가장 하고 싶나요?
- 요즘은 바깥출입이나 사람들을 만나기 힘들지요? 예전의 생활로 돌아간다면 누구와 무엇을 가장 하고 싶은가요?
- 나는 무엇을 할 때 마음이 평화로워지나요?
- 나만의 시간이 주어진다면 무엇을 하고 싶은가요?
- 곰씨처럼 다른 사람에게 친절을 베풀었다가 오히려 불편해진 경험이 있나요?

- 그 때 내 기분은 어땠나요?
- 곰씨가 보여준 미덕은 무엇인가요?
- 곰씨에게 어떤 미덕을 주고 싶은가요?
- 토끼가족에게 필요한 미덕은 무엇인가요?

**함께 보면 좋은 그림책**

**『안 돼!』, 『곰씨의 의자』**

## 3. 생각, 감정, 그리고 마음

"초6 목요일 5시 이후 수업가능하실까요?"

"네~ 해보겠습니다."

하브루타로 초등 저학년부터 고학년까지 여러 아이들과 성인들을 만나고 그림책으로 다수의 학생들로 독서테라피 수업은 해봤지만 그 수업들은 생각을 나누는 수업들을 주로 해왔기 때문에 어휘나 독해, 글쓰기 실력을 올리고기 위한 논술 수업에는 약간의 부담감을 가지고 있었기에 용기가 필요했습니다. 수학과외 선생님께서 수학 문제를 푸는데도 독해력이 필요하다며 국어수업 할 것을 권하여서 신청 하게 되었다는 어머님과 다르게 성훈이는 어차피 해야 하는 거니까 본인의 의지와는 상관없이 저를 마주하였습니다. 수업신청은 어머님이 하신 것이지만 아이가 어떤 마음으로 수업을 시작하게 되었는지에 따라 달라지기 때문에 상담 할 때 언제나 아이와 함께 할 것을 권합니다. 저 역시 아이들 수업을 신청할 때 아이에게 충분히 설명 후 아이의 마음이 움직일 때 수업을 시작합니다. 물론 거의 엄마의 설득으로 학원에 가는 경우가 대부분 이지만 아이가 수업할 의사가 없으면 기다리려고 합니다. 큰 아이는 그래서 모든 것들을 다른 친구들보다 늦게 시작하였고 그런 만큼 아이는 학원에서의 수업에 성실함을 보여주고 있습니다. 둘째 아이는 여자아이이기도 하지만 좋아하는 것이 확실하게 보여 예체능 위주로 학원을 보내었는데 관심 있는 부분이라 그런지 무리 없이 잘 하고 있습니다. 다만 학습적인 부분은 아이에게 물어보고 기다려준 다음 시작했습니다.

성훈이 어머님께 수업교재와 독서논술수업에서 기대하는 바를 상담하고 수업시간까지 확정을 하고나서 성훈이와 상담을 했습니다. 수학과외 선생님이 권하여서 시작하였지만 아이는 수업에 대한 의지가 적어보였습니다.

"엄마의 의견과 상관없이 성훈이가 공부할 생각이 없다면 수업을 안 해도 돼! 선생님과 수업해 볼 생각이 있니?"

"어차피 제 생각과 상관없이 수업할거 아닌가요?"

"왜 그렇게 생각하지?"

"엄마는 그냥 상담만 받으라고 말은 하지만 이미 정해놓고 나서 형식적으로 저의 생각을 물어보고, 그렇게 수업을 시작 했어요."

"그랬구나. 선생님은 그렇게 생각 안하는데? 엄마가 하시겠다고 해도 네가 나와 공부해 볼 생각이 없다면 엄마에게 더 기다렸다 하는 게 좋을 것 같다고 말 할 거야. 그러니까 솔직하게 말해도 돼" 그렇게 말하니 성훈이의 눈가엔 눈물이 고이고 한참을 울었습니다. 성훈이는 엄마가 약속해놓고 약속을 지키지 않아서 속상했고, 엄마생각해서 새벽같이 일어나서 도시락을 싸기도 했는데 고맙다는 말을 안 해서 서운했고, 외롭다며 강아지를 사달라고 하니 강아지를 사주었으니 다른 약속은 지키지 않았다며 엄마에게 서운했던 점을 이야기를 하였습니다. 그동안 속상하고 서운했던 점이 조금 풀렸는지 처음 만난 저에게 이야기를 하고서야 수업을 하겠다고 말을 했습니다. 상담을 하다 보니 어느새 1시간 30분이 지나고 나서 수업시간과 요일을 정하고 나왔습니다. 보통 상담은 수업을 하겠다고 마음을 정하고 연락을 하기 때문에 상담이 길 필요가 없습니다. 그러나 저는 아이가 저를 받아들이고 마음이 열려야 수업을 진행할 수 있기에 첫 만남을 중요하게 생각합니다. 특히 내성적인 아이일수록 아이와의 눈 맞춤에 더 신경을 쓰려고 노력합니다.

"수업을 신청해주셔서 감사합니다. 다음주부터 성훈와 반갑게 만나겠습니다." 라는 문자를 어머님께 보냈습니다.

"선생님과 상담하고 나서 성훈이가 아주 깊은 잠에 빠져들었어요. 잘 부탁드립니다." 늦은 시간도 아닌데 아이가 깊은 잠에 빠져들었다는 말의 문자를 어떻게 해석해야 하나 고민하는데 성훈이와 수업하면서 어머님의 말씀을 이해할 수가 있었습니다.

성훈이가 마음을 열었다고 생각하며 수업을 시작했지만 쉽지 않았습니다. 처음에 나에게 흘렸던 눈물과 이야기는 매 시간마다 계속되었고 좀처럼 수업에 흥미를 느끼지 못했기 때문이지요. 성훈이가 어떻게 하면 수업에 흥미를 느낄까? 내가 교사로서 자질이 부족한 건 아닐까? 무엇이 문제인 걸까? 고민하고 또 고민하면서 수업에 대한 회의감을 느끼기 시작했습니다. 그 고민은 매주 성훈이를 만나고 나서 더 커지기 시작했습니다. 수업하러 가면 교재는 어디 있는지도 모르고, 필기구도 없어서 제가 따로 준비하기도 했습니다. 이런 일이 반복되어 어머님께 말씀 드려야겠다고 생각하고 성훈이에게 수업할 의사가 있는지를 여러 번 확인하기도 했습니다. 그렇게 다짐하기를 여러 번, 이번 수업 역시 또 그러면 수업을 그만해야지 라는 생각으로 들어서면 마치 제 기분을 알기라도 하듯 그날은 수업에 열심히 참여했습니다. 그렇게 아이는 저와 줄다리기를 하였습니다. 무엇보다 힘이 들었던 건 교사로서의 자질에 대한 고민이었습니다. 아이를 키우는 학부모 입장에서 나라면 선생님은 잘 가르치고 계시는 걸까? 그런데 우리 아이는 왜 달라지지 않지? 라고 생각하니 교육비를 받는 것이 미안했기 때문입니다.

"이제 수학과외 안 해요."

"왜? 너 수학선생님 좋다고 했었잖아!"

"몰라요. 저한테 뭘 가르치고 있는지 모르겠다며 그만두셨어요."

"내가 딱 그 마음이야. 책도 제대로 안 읽고, 책상은 항상 정리가 안 되어 있고, 연필도 제대로 없잖아."

"요새 저 열심히 했잖아요! 숙제 하느라 얼마나 힘들었는데요."

"그래 네가 열심히 할 때도 있지. 잘한다고 칭찬하면 다음 수업에선 또 안하는 게 문제지. 우리 교재를 바꿔서 해볼래?"

"마음대로 하세요. 어차피 해야 하잖아요."

성훈이는 자신이 무엇이 문제인지 모르겠다며 오히려 본인이 답답하다고 합니다. 자신은 열심히 수업에 참여했는데 왜 선생님이 그만두신건지 모르겠다며 이젠 어쩔 수 없이 수학학원을 다니게 되었다며 짜증을 내기도 하였습니다. 이 상황에서 저까지 그만두겠다고 하면 아이가 충격을 받을 것 같아서 조심스럽게 어머님께 말씀을 드렸습니다. 어머님과 충분히 말씀을 나누고 나서 성훈이를 만났을 때는 조금 달라진 모습이었습니다. 그러나 그런 시간도 잠시였습니다. 다시 이런 저런 이유로 숙제는 밀리기 시작했고 수업역시 여전히 집중을 안 하려 하고 오로지 현재 자기가 관심 있는 영상에 대한 이야기를 계속 하려고 하는데 어려움을 느끼기 시작했습니다. 다시 어머님께 상담요청을 하면서 성훈이에게 이런 식의 수업은 의미가 없음을 얘기하면서 지금의 수업으로 수업료를 받는 것은 미안해서 못하겠다는 말씀을 드리며 여러 대안도 말씀드렸습니다. 며칠이 지나고 어머님께 연락이 왔습니다.

"선생님 여쭤보고 싶은 게 있습니다. 성훈이와 주2회 수업을 하고 싶으신 의향이 있으신 건지, 아니면 성훈이와 수업을 이어갈 의사가 없으신 건지 궁금합니다. 성훈이는 수업을 왜 종료하는지 모르겠다고 하고, 말씀 주신 것처럼 나름 자기 입장에선 열심히 하고 있다고 생각하는 것 같습니다. 성훈이에게 여러 번 물어보았는데 그렇다고 합니다. 선생님께서 성훈이 지도가 힘드셔서 그만두시는 건지 수업방향이 맞지 않아서 2회를 권장하시는 건지 궁금합니다. 후자라면 2회 수업을 하겠다고 하네요. 아마 개인지도 그만두면 학원은 안 갈 것 같고요. 현재까지 얘기해본 바로는 그렇습니다." 라고 오히려 저의 의사를 물으셨습니다. 교사가 먼저 아이를 내려놓는 것은 피하고 싶었지만 지금 이대로 성훈이와의 수업은 힘들 것 같다는 생각을 가지고 있었기에 쉽게 대답을 할 수 없었습니다. 그동안 성훈이와 수업을 하고 나오면 80분 동안 무얼 하다가 나온 건지 모르겠고, 치부가 드러나는 것 같아 마음이 불편했었기에 쉽게 말씀드리지 못하고 한참을 생각했습니다. "수업을 그만두면 국어나 논술 수업은 아예 안하게 될 것 같아요" 라는 말이 한참동안 마음에 머물렀기에 쉽게 말하지 못했습니다.

"네 알겠습니다. 그럼 다음주부터 일주일에 두 번 성훈이와 만나도록 하겠습니다. 성훈이와 발맞추어 수업을 진행하겠습니다."

"선생님. 저는 처음 상담하실 때 성훈이의 이야기를 들어주고 공부할 마음을 갖게 하셨다는 걸 이미 알고 있었어요. 선생님이 가고자 하는 방향과는 다를지라도 성훈이가 국어를 포기하지 않도록 아이의 손을 놓지 말아주시면 좋겠습니다." 라는 말에서 어머님의 간절함이 느껴졌습니다. 어머님의 말씀에서 그동안 제가 고민했던 마음이 헛되지 않았음을 느꼈고, 그런 마음이 전달되어 저에게 다시 돌아왔습니다. 이런 말을 듣고도 그만두게 되면 후회 할 것 같은 생각과 함께 미안한 마음이 들더라고요. 아이와의 수업이 쉽지는 않지만 이런 마음을 가진 어머님에게서 희망이 보였기에 성훈이에게 다시 한 번 노력하고 싶다는 마음이 들었습니다. 수업은 아이와 하는 것이지만 아이에게 가장 큰 영향을 미치는 사람은 엄마이기에 엄마가 어떤 마음으로 아이를 교육하느냐에 따라 아이는 충분히 달라질 수 있음을 믿기에 성훈이와의 수업을 다시 하기로 마음먹은 것입니다.

성훈이가 달라졌을 것을 기대 하면서 벨을 눌렀습니다. 새로운 마음으로 반갑게 인사했으나 성훈이의 반응은 여전했습니다.

"선생님 오히려 수업이 늘어난 거 아니에요? 80분 수업을 주1회 하나, 50분씩 두 번 하나 똑같잖아요. 수학학원도 일주일에 3번가고 영어도 2번 하는데 이제 국어논술도 2번하면 쉬는 시간이 없잖아요. 영어 수업하는 날 국어까지 하니까 힘들어 죽겠어요."

"엄마랑 얘기 나누어서 수입하기로 한 거 아니었니?"

"그러니까 수업한다고요. 수업하려고 이렇게 앉아 있잖아요."

성훈이는 여전히 짜증을 내고 저와의 기 싸움을 시작했습니다. '이건 뭐지? 이 아이는 나와 공부를 할 생각이 정말 있는 건가? 어머님과의 이야기와 왜 다른 걸까?'

"왜 공부한다고 생각하니? 수업할 의사는 있는 거야?"

"대학 가야하니까요. 내가 원하지 않아도 엄마는 신청할 거예요. 말로는 나보고 선택하라고 하지만 이미 정해 놓은 건데 저보고 어쩌라고요! 그러니까 이렇게 앉아 있잖아요! 그리고 수업할 생각이 있냐고 또 물어보세요? 벌써 몇 번째 물어보는 건데요?"

"네가 말로는 한다고 하는데 행동은 안 그렇잖아. 연필도 제대로 없고, 교재가 어디 있는지, 없으면 엄마가 치운 거라며 여전히 불만만 쏟아놓고 있잖아. 선생님이 수업 하러 와서 네 교재 찾아서 수업 하는 것이 네가 할 의사가 있다고 보겠냐고?"

수업이 끝나고 주말에 다시 어머님께 전화를 드렸습니다.

"성훈이가 공부를 해야 하는 건 아는데 마음은 그렇지 않은 것 같아요. 예를 들어 밥을 먹어야 몸이 튼튼해지는 것과 같아요. 어머님이 밥상을 차려주셨는데 아이는 밥이 먹기 싫어서 젓가락으로 밥알을 새면서 먹어요. 걱정이 되어 어머님이 성훈이 밥 위에 반찬을 올려서 성훈이입에까지 넣어주었지만 성훈이가 입속에서 밥을 물고 삼키지 않는 것과 같습니다. 공부는 머리가 아니라 마음이 하는 것입니다. 마음이 움직여야 공부를 하고 싶은 생각이 드는데 그동안 성훈이가 공부하고, 학원가면 그것에 대한 보상으로 많은 것들을 해주셔서 공부하고 싶은 당위성을 외부요건이 채워지면 하는 것 같습니다. 내적동기로 공부를 해야 어떤 상황이 되어도 공부를 하게 되는데 성훈이는 부모님이 자신에게 했던 약속이 해결되지 않았다고 생각해서 지금 떼를 쓰고 있는 것 같아요. 몸만 책상에 있지 마음은 온통 해결되지 않은 욕구로 인해 다른 곳에 가 있습니다. 아무래도 부모님과의 소통이 먼저 이루어져야 할 것 같습니다. 성훈이가 일관되게 부모님에 대한 이야기를 하는 부분이 있어요. 그게 해결되지 않으니 수업시간에 집중을 못하고 그 이야기를 계속하면서 시간을 보내려고만 합니다. 주말에 성훈이와 얘기를 나눠주시면 좋을 것 같습니다."

"아. 알겠습니다. 아무래도 수학학원에 대한 이야기를 말하는 것 같네요. 성훈이와 얘기 해보겠습니다."

화요일에 만난 성훈이는 표정이 밝아보였습니다.

"오늘은 기분이 좋아 보이네? 무슨 좋은 일 있어?"

"그거 해결됐어요. 제 생일 때 해주신데요."

"혹시 네가 받고 싶다던 그거 사주신거야? 그래서 기분이 좋아보였구나? 어머님이 다른 얘기는 안하셨어?"

"별 얘기 안하던데요? 그냥 선생님께 쓸데없는 소리 하지 말라고만 하던데요."

"어머니가 무슨 얘기 했을 거 같은데. 안했구나. 알았어. 수업하자."

씁쓸한 생각이 들었습니다. 어머님이 많은 고민을 해서 결정하셨음을 알지만, 성훈이가 다음에 또 어떤 형태로 자신의 불만을 표출할지, 그리고 언제까지 계속될 것 일까? 라는 생각이 들었기 때문입니다. 성훈이는 인지도 괜찮고, 공부를 해야 한다는 것도 알지만 이렇게 자신의 욕구가 해소되지 않을 때마다 떼를 쓰듯 불만을 쏟아내는 것을 볼 때마다 어떻게 지도하는 것이 좋을까 고민해 보게 됩니다.

코로나 확신사가 집 근처에서 나왔을 때 나의 동선을 알리고 위생관리를 철저히 한다고 문자를 보낸 적이 있습니다. 제 문자를 받은 성훈이 어머님께서 수업을 쉬는 걸로 오해를 하셨는지 수업하려고 도착했을 때 당황해 하던 성훈이가 잊혀지지 않습니다.

"선생님 왜 오셨어요? 엄마가 오늘 수업 없다고 해서 치킨 시켜놓고 기다렸는데. 에잇! 선생님 오셔서 밥도 제대로 못 먹게 돼버렸잖아요. 이게 오늘 첫 식사인데. 엄마에게 확인해 볼 게요." 라며 제 앞에서 엄마에게 전화를 걸었습니다.

"엄마! 오늘 수업 안한다면서? 그런데 왜 선생님이 오신 거냐고! 지금 배고파서 치킨 기다리고 있었는데 선생님이 오시면 치킨도 못 먹고 수업해야 하잖아!" 라며 회사에 계신 엄마께 전화해서 소리를 지르는 것입니다. 그러면서 어머님이 바꿔달라고 하셨는지 성훈이는 제게 전화기를 주었습니다.

"선생님. 코로나 확진자가 있어 수업을 안 하시는 줄 알고 성훈이에게 수업이 없다고 말했네요. 배고프다고 해서 치킨 시켜줬는데 치킨이 아직 도착 안했나 보네요. 치킨배달 오면 선생님도 같이 드시면서 하셔도 됩니다."

"네. 알겠습니다. 제가 달래서 수업 잘 하도록 하겠습니다."

"감사합니다."

"성훈아. 선생님 그냥 갈까?"

"그냥 해요. 어차피 오셨잖아요."

"수업해도 괜찮겠어? 치킨은 어떡해? 너 배고프다며, 치킨 먹으면서 해도 돼."

"됐어요. 수업 끝나고 먹을게요. 그리고 수업안하는 줄 알고 책도 안 읽었는데."

"그럼 같이 읽으면서 하자."

"네."

수업이 없는 줄 알았다가 수업을 하게 되면 짜증이 날 수 있습니다. 어른인 저도 그러니까요. 그래도 선생님인 제 앞에서 자신의 감정을 여과 없이 표출하는 건 미취학 아이들이나 초등학교에 갓 입학한 아이들에게서 나오는 행동들이라 이 아이가 6학년 아이라고 믿겨지지 않았습니다. 이 아이는 무슨 생각을 하는 걸까요? 자신의 엄마에게 하듯이 행동하는 이유가 궁금해집니다. 공부를 할 마음이 있는 것인지, 엄마 때문에 어쩔 수 없이 하는 것인지, 매번 수업을 갈 때 마다 저를 들었다 놨다 하는 이 아이의 생각이 궁금해집니다.

수업시간을 줄이고 대신 일주일에 두 번 수업을 시작하기로 한 날 성훈이에게 그동안 하고 싶었던 말을 했습니다.

"성훈아 우리가 수업한지 6개월이 되었어. 그동안 네가 선생님이 네 이야기를 가장 잘 들어준다고 말 하길래 최대한 너의 이야기를 들어주려고 노력했어. 그런데 선생님만 노력하고 너는 별로 달라지지 않네? 그래서 선생님이 많이 힘들다. 어머님이 바라시는 부분도 있고, 선생님 역시 너의 이야기만 들어주는 건 수업하는 방향과 달라서 너와 수업 하고나면 오늘 무엇을 하고 나온 걸까? 라는 생각이 들어. 그리고 지난번 확진자 관련 내용에 대해서 전화로 말씀드린 것이 아니라 문자로 하다 보니 어머님이 바쁘신 가운데 수업 안하는 걸로 생각하시고 너에게 그렇게 말했다고 하지만 그래도 선생님께 보인 너의 태도는 상당히 당황스러웠어. 그건 어떻게 생각하니?

"잘못했어요."

"그래. 그렇게 생각한다고 하니 더 이상 그런 행동을 안 할 거라고 생각할게. 앞으로 다시 잘 해보자."

"네."

그렇게 다른 형태로 수업을 진행 하고서야 성훈이가 말을 했습니다.

"선생님 이제야 공부다운 공부를 하는 것 같아요. 그동안 무슨 수업을 받고 어떻게 공부해야할지 몰라서 하기 싫었어요. 영어 선생님이 단어 외우라면 외우고, 이 문제는 이거야 라며 하나하나 알려주니까 알겠더라고요!" 라는 말을 하는 것입니다. 분명 중간에 단계를 낮추거나 교재를 바꾸어 수업을 해보자고 말했을 때는 어차피 같은 방식의 수업이니까 그대로 수업하자고 했었는데 왜 그동안 말을 안했을까요? 어쩌면 성훈이는 말로, 행동으로 했을지 모릅니다. 제가 알아차리지 못하다가 이제야 알게 된 것입니다. 성훈이가 열심히 수업에 참여하니 조금씩 보람을 느끼기 시작했습니다. 그런데 한 달쯤 되니 다시 예전의 성훈이로 돌아갑니다. 그때 역시 저는 알아차리지 못했습니다. 아니 알아차렸더라도 이번엔 인정하고 싶지 않았는지도 모릅니다. 그리고는 마지막이라는 생각으로 어머님께 다시 연락을 드렸습니다.

"어머님, 교재를 바꾸고 나서 성훈이가 잘 해주었는데 다시 예전의 성훈이로 돌아가네요. 중학교 들어가서 정신이 없을거에요. 저희 첫째 아이도 처음엔 그랬으니까요. 그런데 수업시간에 저만 떠듭니다. 교과서에 대해 이야기를 하면 졸다가 시간 다 되었다며 가라고 한 적도 여러 번입니다. 이런 상황이 계속되어 어머님께 말씀드려 봅니다. 성훈이는 공부를 해야 하는 이유는 잘 알고 있습니다. 하지만 제가 설명을 하면 졸다가도 하고 싶은 이야기가 있다며 자신의 이야기를 들어달라고 합니다. 그 때 제가 들어주지 않고 다시 수업하려고 하면 하품을 하며 책상에 엎드립니다. 달래서 다시 성훈이가 관심 있어 하는 부분을 말하라고 하면 눈빛이 달라집니다.

중학교부터는 성훈이가 적극적으로 하고자 하는 의지가 없으면 국어는 점점 어려워질 거라 생각됩니다. 성훈이의 장점은 공부를 해야 함은 분명히 알고 있고, 관심 있는 것이 명확하다는 점입니다. 그래서 힘들어도 수업시간에 앉아 있으려고 하지만 수업에는 흥미가 없어서 저도 성훈이도 어려움을 느낍니다. 자신의 관심사에 대해서 얘기하고 들어주면 성훈이의 눈빛이 살아나지만 교과학습으로 수업이 진행되면 문제만 풀고 생각도 단답형으로 나옵니다. 학습적으로 국어공부를 잘하려면 성훈이가 교과서를 읽어보고 그것에 대해 질문을 하면 좋은데 설명을 해도 집중하지 못하고 주위가 산만해지고 있네요. 중학교 1학년이 자유학년제로 나뉘게 된 것은 아이들이 관심 있어 하는 분야에 대해 탐색하는 과정인데 혹시 어머님은 국어 과목에 대한 학습을 원하시는지, 아님 성훈이가 관심을 가지는 부분에 대해 충분히 찾게 하고 그것을 토대로 하브루타 하기를 원하시는지 궁금합니다. 국어 과목에 대한 학습을 원하시면 제가 아닌 다른 선생님이 수업을 하거나 학원에 보내는 것을 추천 드리며, 성훈이가 관심 있어 하는 부분에 대해 하브루타 하는 것도 좋을 것 같다고 생각하시게 되면 그것에 대해 충분히 말하게 하고 질문을 통해 생각을 확장할 수 있도록 지도할 예정입니다. 관심분야에 대한 사고의 확장이 교과과목 학습에 효과가 나타나지 않을 수도 있습니다. 그러나 장기적으로 봤을 때 자신의 부족한 부분을 인지하고 교과 공부를 해야겠다는 동기를 갖게 될 수도 있습니다."

"선생님 하브루타를 원합니다. 말씀하신 것처럼 교과과정에 대한 것은 자기 의지가 없으면 아무리 해도 답이 안 나올 것 같다는 생각이 들어요."

"알겠습니다. 어머님께서 쉽지 않은 결정 해주셔서 감사합니다."

며칠 뒤 문자가 다시 왔습니다.

"선생님 하브루타 해보다가 그것마저 힘들면 저한테 다시 말씀해 주세요. 일단 이번 달까지 수업 진행해보고 그것마저 성훈이랑 안 맞는다고 생각하시면 권장해주시는 학원 알아볼게요." 얼마나 많은 고민 끝에 문자를 주셨는지 짐작이 갔습니다. 저 역시 이번이 마지막이라는 생각으로 마음 편히게 성훈이가 하고 싶은 이야기며, 성훈이의 관심사에 귀를 기울이기로 했습니다. 성훈이 역시 마음껏 자신의 이야기를 할 수 있고 들어주는 게 좋았나 봅니다.

"네가 좋아하는 것에 대해 친구들과도 많이 얘기하니?"

"아니요? 제 친구들은 관심도 없어요."

"그럼 부모님은?"

"부모님은 제 얘기 들으려고도 안 해요."

"선생님이 보기엔 엄마가 최대한 네 얘기에 관심 가져주시는 것 같던데?"

"엄마는 집에 오면 TV만 봐요. 그리고 차라리 관심 안 가지는 게 좋아요."

"왜?"

"그냥 짜증나요. 저 사춘기 맞나 봐요. 엄마, 아빠가 말 걸면 짜증부터 나요."

"그럼 친구들은? 친구들은 네 얘기 몇%나 들어주는 거 같아 너랑 제일 친한 친구 예준이는 어때?

"걔요? 전혀 관심 없어요."

"너랑 친하다면서?"

"그냥 자기 편할 때 왔다 가는 정도에요."

"그럼 선생님은 어때? 선생님은 네 얘기를 몇% 들어주는 것 같아?"

"10%요."

"영어 과외선생님은?"

"0%요, 영어선생님은 100원도 아깝데요."

"야! 그럼 선생님이 제일 높은 거네? 그래도 10%는 너무하는 거 아냐?"

"선생님도 자꾸만 수업하려고 하고, 제 얘기를 온전히 안 들어주시잖아요."

"내 입장에선 그럴 수밖에 없지. 그래도 선생님을 그렇게 생각해주는 건 고맙네."

"어머님과 잘 얘기해서 당분간 네가 관심 있는 것을 들어주고 질문하는 방향으로 해 보려고 해. 우리 다시 잘해보자."

그렇게 성훈이가 관심 있어 하는 내용에 귀 기울여 주니 성훈이가 스스로 학교 진단평가를 잘 봐야겠다고 생각도 하고, 진단평가 후 만난 성훈이와 어머님의 표정이 밝아짐을 느낄 수 있었습니다.

수업 끝나고 마치고 나오는데 어머님과 마주쳤습니다.

"어머님 성훈이가 표정이 밝아졌어요."

"네. 선생님 이야기 듣고 성훈이와 얘기를 하려고 노력하고 있습니다. 공부야 어느 순간 필요성이 느껴지면 자기가 힘내겠지요. 누가 주입한다고 되지 않는다는 거 너무 잘 압니다. 요즘 성훈이 아빠가 갱년기인지 감정이 왔다 갔다 하다 보니 성훈이와 부딪치는 것 같습니다. 성훈이의 사춘기와 아빠의 갱년기가 부딪치니 제가 중간에서 어렵습니다."

"그랬겠어요. 그래도 어머님이 성훈이를 위해 이렇게 노력해주는 거 성훈이도 알고 있을 거에요. 오늘 성훈에게 미덕카드를 뽑아보라고 했더니 타로카드냐면서 무심한 듯 뽑고 소리 내어 읽기도 했어요. 그동안 책을 소리 내어 읽어보라고 하면 머리 아프다며 읽지도 않던 성훈이가 미덕카드를 읽더라고요. 성훈이가 뽑은 카드는 "소신"이었는데 마음에 드는 문장을 골라보라고 하니 싫다고 말은 하지만 애교 섞인 목소리였습니다. 그래서 제가 그 미덕 중 성훈이가 가진 장점과 관련된 문장을 읽어 주었습니다. "자신을 재능이 있는 소중한 사람임을 믿는데서 시작 된다 라며 실제로 성훈이 너는 재능이 많잖아. 지금 네가 이러게 열정적으로 무언가 하는 것도 재능이야. 또, 너에게는 솔직한 생각을 재치 있게 표현하는 재주도 있어!" 라며 말해주니 학교에서는 하지 않아요, 라고 얘기는 하지만 처음으로 학교에 대해 긍정적인 목소리로 말했답니다."

"고맙습니다. 선생님 성훈이가 그런 얘기 하면 말씀해 주세요. 성훈이가 공부 보다는 숨통 트이는 시간이 되도록 잘 부탁드립니다. 마음이 따뜻해져야 공부도 받아들이겠지요. 선생님이 보살 같으세요. 대단하십니다." 라며 조금 평온해지면 사석에서 식사대접하고 싶다는 말씀을 하시는데 마음 한가득 채워진 기분이었습니다. 앞으로 또 성훈이와의 수업이 어려움이 있을지는 모릅니다. 그러나 이렇게 노력하다 보면 성훈이와 어머님이 바라는 대로 되지 않을까 기대해봅니다.

저는 성훈이와 성훈이 어머님의 마음이 우는 것이 느껴졌습니다. 그 손을 놓으려고도 여러 번 생각했으나 저에게 마음을 보여주었기에 그 손을 잡아 드리고 싶었습니다. 『마음을 보았니?』 "김춘효 글 / 오정택 그림 / 시공주니어"는 무지갯빛 스프링노트가 문 같기도 하고 평범한 노트 같기도 합니다. 이 노트에는 손잡이가 있습니다. 마치 일기장을 연상시킵니다. 새장의 문이 열리고 구름이 보입니다. "마음이 날아가는 것을 보았니?" 라는 질문으로 이야기는 시작됩니다. 날아가는 것을 보았냐는 질문의 다음 페이지는 하늘을 나는 새들을 따라 날아가는 화면이 펼쳐지고, 뛰어가는 것을 보았냐고 물어보면 토끼가 뛰어갑니다. 마음은 나비처럼 이리저리 흔들리기도 하고, 바다별과 함께 가라앉기도 합니다. 이처럼 내 마음이지만 여러 마음이 나옵니다. 여기서 제일 마음에 와 닿았던 문장은 "마음이 우는 것을 보았니?" 입니다. 힘들었지만 성훈이와 성훈이 어머니께 진실함 미덕을 보이려고 노력한 결과 그 미덕을 받아들였다는 것이 느껴졌습니다. 저의 진실함의 미덕이 반짝이도록 마음을 열어준 성훈이와 성훈이어머니께 감사드립니다. "진실함의 미덕은 우리 안에 있습니다" 남의 마음을 얻기 위한 말보다 마음이 하는 말을 하도록 하세요. 말과 행동이 일치가 되도록 노력하고, 나의 잘못이나 실수를 받아들이면 진실함의 미덕은 깨어납니다. 저 역시 마음의 눈으로 성훈에게서 진실을 보려고 했습니다. 공부를 잘 하고 싶은 마음, 공부를 해야 하는 이유, 그리고 무엇보다 성훈이 스스로 멋진 사람이라는 것을 성훈이 자신이 빠른 시기에 알아차렸으면 좋겠습니다.

**그림책을 보며 궁금했던 점을 질문해 보아요**

- 지금 여러분의 마음은 어떤가요?
- 새장에 갇혀 있던 마음이 날아갑니다. 여러분의 마음은 어디로 날아가고 싶은가요?
- 또 마음이 뛰어가는 것을 보았나요?
- 어떤 모습으로 뛰어가고 있나요?
- 마음이 흔들릴 때는 어떻게 하시나요?
- 코끼리가 깊은 바다 속으로 가라앉고 있습니다. 코끼리는 왜 가라앉고 있는 걸까요?
- 아무도 없는 빈 집에 작은 곰 인형만 있어요. 이 곰 인형의 주인은 누구일까요?

주인은 어디로 가고 곰 인형만 덩그러니 있을까요?

– 벽에 걸려 있는 액자 속엔 무지개가 떠 있고 행복한 모습의 가족사진이 우릴 반겨 주네요. 여러분의 가족사진은 어떤 모습인가요?

– 마음을 보고 난 지금 여러분의 마음은 어떤 컬러인가요?

– 성훈에게 꼭 필요한 미덕은 무엇일까요?

– 성훈이가 어떤 미덕을 깨우면 좋을까요?

– 성훈이 어머님께 드리고 싶은 미덕이 있나요? 왜 그 미덕을 주고 싶은가요?

**함께 보면 좋은 그림책**

**『마음을 보았니?』**

## 4. 네 잘못이 아니야

"이 책 소리 내어 읽어볼까?"

"아니요."

"이건 무엇을 나타내는 걸까?"

"몰라요."

"이 상황에서 이 친구는 왜 이렇게 행동했을까?"

"몰라요."

"친구 중에 이걸 잘하는 친구가 있니?"

"네. 은비요."

"은비가 이걸 잘해? 은비가 가장 친한 친구야?"

"아니요? 은비는 내가 카톡 보냈는데 답도 안하고 여러 번 전화했는데도 전화도 안 받아요."

"속상했겠구나. 은비랑 언제 친했는데?"

"2학년 때요. 그땐 나랑 친했는데. 이젠 연락도 안 해요."

"은비가 연락 안 해서 속상했겠네?"

"……."

"혹시 희은이는 잘하고 싶은 거 있어?"

"발레요. 은비가 발레학원에 다녀요."

"은비가 발레학원에 다녀서 희은이도 발레 배우고 싶은가 보구나?"

"네."

"그런데 어떡하니? 은비가 다녔던 발레학원 없어졌던데?"

"그래요? 발레학원 이제 없어요?"

"대신 가까운 곳 문화센터에서 발레강좌 있던데. 거기 다녀보는 건 어때?"

"……."

처음 희은이를 소개받았을 때 5학년 학생이라고 소개를 받았기에 5학년 수업교재를 준비하여 갔지만 희은이를 만나고서 5학년 수업은 어렵겠다는 생각을 하였습니다. 마침 다른 학년 교재도 함께 가지고 있어서 다른 학년의 교재도 함께 보여드리며 의례적인 질문을 드렸습니다.

"혹시 희은이가 이전에 녹서수업을 한 경험이 있으실까요?"

"네. 현재 스토피치 학원을 다니고 있어요."

"스토피치라면 책 읽고 말하는 수업을 진행하는 학원 아닌가요?"

"네 맞아요. 친구와 같이 다니다가 친구는 그만두고 희은이만 다니는 데 희은이가 다니고 싶어 하지 않아서 그만두고 이 독서수업을 하려고 신청했어요."

"네. 저희 교재는 보시면 알겠지만 희은이 학년의 교재는 일반 교재보다 난이도가 있는 편입니다. 여기 2학년 친구들이 하는 교재부터 5학년 친구들까지 하는 교재를 준비했으니 어머님께서 보시고 선택하셔도 됩니다."

"그럼 전 2단계를 할게요. 지금 다니고 있는 학원에서 말한 것처럼 희은이는 2학년 단계를 하면 될 것 같아요. 선생님이 말씀하신 것처럼 교재가 난이도가 있는 편이네요."

"어머님 희은이는 5학년인데 왜 2학년 교재를 선택하려고 하시나요?"

"스토피치 학원에서 독서진단평가를 해보니 2학년 수준이라고 해서요."

그때서야 어머님이 2단계를 선택한 이유를 알게 되었습니다.

"희은아 다음주부터 선생님과 이 책과 교재로 수업을 하려고 하는데 희은이의 생각이 중요해, 선생님과 같이 수업 해 볼까?"

"……."

희은이는 대답대신 고개를 숙이며 끄덕이기만 했습니다. 그리고 어떤 질문에도 대답대신 고개를 가로젓거나 끄덕이는 걸로 자신의 생각을 표현 했습니다. 희은이가 저에게 말로 대답을 하진 않았지만 고개를 끄덕이는 걸로 표현하여 수업을 진행하기로 했습니다.

"알겠습니다. 그럼 다음주부터 희은이와 2단계 교재로 수업 시작하겠습니다."

그렇게 희은이와의 수업을 시작했습니다. 2단계까지의 도서는 선생님과 함께 읽고, 줄거리를 요약하면서 내용을 파악하며 수업을 진행합니다. 제가 진행하는 독서논술 수업은 간간히 문장을 만들어 써보고, 독서록을 작성하거나 그림으로 내용으로 마무리하게 됩니다.

희은이는 제가 읽어주는 책을 읽고 줄거리 요약하는 부분의 단답형은 잘 작성하였습니다. 그런데 글을 쓰는 부분이 나오면 입을 다물고 꼼짝하지 않습니다. 질문을 하면 "몰라요", "아니요" 라고만 하면서 자신의 생각을 말하라고 하면 입을 다물어 버립니다. 수업을 마치고 난 뒤 희은이의 수업상황에 대해 매시간마다 30분정도 어머님과 상담을 했습니다. 보통 집에서 수업을 하다보면 엄마가 계시는 경우가 많기 때문에 수업이 끝나고 엄마와 상담을 매번 하지는 않으나 희은이 어머님의 간절함이 느껴져서 수업상황에 대해 알려드리고 싶었습니다. "어머님 오늘 수업은 관계에 대해서 책을 읽고 교재를 풀었습니다. 희은이가 책을 잘 읽고 내용정리도 잘하는데 자기 생각을 말하라고 하면 입을 다물어 버리고 배운 어휘를 이용해서 문장을 만들어 보라고 하면 고개를 저으면서 안하겠다고 하네요. 그런데 친구 은비에 대해서는 여러 번 이야기하네요. 은비에게 전화를 했으나 전화가 오지 않는다고 하고, 은비를 만나고 싶으냐는 말에는 고개를 저어 버리네요."

"네. 2학년 때까지 친했던 친구였어요. 그런데 그 이후 조금씩 관계가 소원해졌어요."

"그랬군요. 다른 이야기할 때는 입을 다무는데 친구에 관한 이야기와 반려 견 이야기 할 때는 눈빛이 달라져서 여쭈어 봅니다."

"네. 은비와 친했는데 지금은 친하지 않아서 그럴지도 모르겠어요. 그리고 희은이가 저랑 할 때는 말을 잘 하는데 선생님과는 아직 익숙하지 않아서 그런가 봐요. 희은이가 싫어하면 안 해도 괜찮아요. 교재는 제가 집에서도 많이 풀리고 있어요. 저는 교재를 하는 것보다 희은이가 다양하게 많은 책을 읽었으면 좋겠어요. 집에서는 학습만화만 보려고 해서요. 선생님이 괜찮으시면 희은이에게 책을 읽어주시는 것만 해주셔도 됩니다." 굳이 교재를 풀리지 않아도 된다는 말씀에 희은이에게는 책을 읽어주는 것에 중점을 두었습니다. 희은이와 만날 때는 희은이가 관심 있어 하는 반려 견에 관한 책들을 준비하기도 하면서 조금씩 가까워 질 때 쯤 어머님께 문자를 받았습니다.

"선생님. 어제 저녁부터 희은이가 좀 아팠어요. 오늘은 수업을 쉬어야 할 것 같아요. 내일 병원진료도 있으니까 이번 주 컨디션 보고 다시 연락드리겠습니다."

희은이는 종종 수업전날이나 수업 당일 날 아프다고 연락이 오기도 하고 코로나까지 겹쳐 수업을 못할 때가 점점 많아졌습니다. 그러다 다시 만났을 때 희은이의 얼굴은 야위어보였지만 표정은 밝아져 있었습니다.

"오랜만에 보니 우리 희은이 더 예뻐졌네? 이렇게 계속 예뻐지면 곤란한데?"

살포시 미소 짓는 희은이의 표정과 다 읽은 책과 수업에 참여하는 태도에서 나와의 만남을 기다렸음을 알 수 있었습니다. 생각쓰기나 책에 관한 질문을 하면 "싫어요" 라는 말을 하거나 고개를 가로젓는 희은이를 보면서 교사로서의 부족함을 탓하며 자책을 하기도 했었습니다. 그런데 나의 부족함이 아니라 희은이가 준비가 안 되어서 그랬다는 것을 알게 되니 조금은 마음이 가벼워졌습니다. 이렇듯 아이가 조금씩 나아지는 상황이 보이면 교사 입장에선 보람을 느낍니다. 이 기쁨을 부모님과 함께 나누고 싶어서 어머님께 희은이가 수업시간에 보였던 반응들에 대해 말씀을 드렸습니다.

"어머님. 2단계로 수업을 해보니 희은이가 너무 잘합니다. 3단계로 수업해도 될 것 같은데 어머님 생각은 어떠세요? 그런데 3단계로 수업을 하게 되면 책의 내용이 많아서 지금처럼 수업 중에 읽기엔 시간이 부족합니다. 희은이가 책을 미리 읽어야 수업이 가능해 질 수 있음을 말씀드립니다." 희은이는 못하는 게 아니라 안하는 것이라는 생각이 들었습니다. 희은이 책상을 보면 단계별로 어머님이 문제도 풀리기도 하고 학습에 관한 계획을 보면 많은 노력을 기울이고 있었기에 희은이가 마음의 문을 열기를 기다렸습니다.

저녁 늦게 희은이 어머님께서 보낸 장문의 카톡이 도착했습니다.

"선생님께서 단계를 올려도 된다는 말씀 주셔서 기쁘고 감사했습니다. 그런데 희은이는 우선 책의 재미와 친해지는 시간이 더 필요한 것 같아요. 희은이가 학원 다녀오자마자 선생님과 오늘 읽은 책을 찾아서 저한테 내용 이야기를 해 주더라고요. 정말 재미있었다면서요. 희은이가 저랑 독해문제집도 보고 책을 매일은 아니더라도 자기 전에 읽고 잘 때도 있고 해서요. 선생님이 힘드시지 않으시면 쓰는 건 그냥 희은이가 원할 때 해도 되고, 그냥 책 읽어 주시는 것만이라도 해주실 수 있을 지요? 단계를 올리면 희은이가 혼자 읽어야 하고 그게 숙제가 되면 또 제가 신경을 써야 해서……. 지금도 나름 신경을 써서 해주는 부분이 있는데 더 늘어나는 게 좀 부담이 됩니다. 단계는 지금도 괜찮고 상관은 없어요. 제가 시간을 정해놓고 독서를 해주고 싶은데 그게 규칙적이기가 힘들더라고요. 다른 거 하다보면 책 읽기를 건너 뛸 때도 있어요. 오늘 너무 재미있다고 해서 밤에 한 번 더 읽고 자기로 했어요. 희은이가 너무 좋아하네요. 감사합니다."

장문의 문자에서는 어머님의 애절함이 느껴졌습니다. 이렇게 노력하는 어머님께 더 이상 무엇을 하라고 말씀 드리는 것을 보면서 많이 안타까웠으며 어떤 도움이 어머님과 희은이에게 도움이 될지 생각해보았지만 쉽게 답을 찾지 못했습니다.

"선생님 희은이가 만나는 모든 사람들이 희은이에게 맞춰주려고 하기 때문에 엄마인 저는 희은이를 위해서라도 악역을 자처하려고 합니다." 여리고 착한 엄마가 아이를 위해 악역을 맡는 것 역시 엄마에겐 가혹할 것 같다는 생각이 들었습니다. 하지만 어머님은 그렇게라도 해서 희은이가 단단해지기를 바라는 것 같았습니다. 희은이 또래 아이들은 자기 자신이 무엇을 좋아하고, 무엇을 하고 싶은지 잘 모르기 때문에 몸과 마음에서 혼란을 느끼는 시기입니다. 희은이 역시 춘기에 접어들고 있어서 감정이 왔다갔다하고 혼란에 빠지다 보니 엄마도 같이 감정의 기류에 휘말리기도 하지요. 저 또한 아이의 눈빛이 달라졌을 때, 엄마 말에 잘 따랐던 아이의 말투가 달라졌을 때 힘이 들었습니다. 희은이 어머님 역시 그런 과정에 놓여있어서 더 힘들지도 모릅니다. 희은이와 성훈이는 이런 점에서 같은 상황에 놓여있었습니다. 자신이 해야 할 모든 것들을 지금까지 부모님이 해 주셨기에 그런 것들은 당연하게 받아들이면서 부모님이 말씀하시는 것들에서는 무조건 반기를 드는 시기, 자유와 책임이 함께 온다는 걸 모른 채 이제 알아서 할 수 있으니 잔소리는 하지 말라며 부모님과 갈등을 빚고 있습니다. 몸은 성인에 가까워질 만큼 크고 있는데 아직 생각은 어린아이에 불과하기 때문이지요.

희은이와 성훈이가 자기 자신을 사랑하고 아낀다면 얼마나 좋을까 생각해 봅니다. 유난히 강아지를 좋아하는 희은이를 보면서 『메리』와 『나는 퍼그』 책이 떠오릅니다. 어떤 질문을 해도 반응을 보이지 않던 희은이는 제가 준비한 이 두 그림책을 통해 저에게 조금씩, 천천히 마음을 열기 시작했습니다. 책을 함께 읽으면서 보여주었던 희은이의 맑은 미소가 생각납니다. 그리고 희은이 어머님을 생각하면 왠지 모르게 마음이 아려옵니다.

책 표지에서부터 따스한 온기가 느껴지고 정겨움이 느껴지는 『메리』 "안녕달 글, 그림 / 사계절" 할머니 손에 들려있는 사료를 보자 반갑게 할머니께 달려가려고 하는 메리의 모습이 마음까지 따스하게 만듭니다. 어린 시절 할머니 댁에서 보여 졌던 풍경이라 더 정겹게 느껴집니다. 표지를 열면 고향 떠난 아들이 자녀들과 할머니 집에 들어갑니다. 온 가족이 모이는 설날 아침, '우리도 강생이 한 마리 키우자'는 할아버지 말씀에 저녁때 쯤 아빠는 하얀 강아지 한 마리를 데리고 옵니다. 바로 메리이지요. 작은 강아지 메리는 집에 처음 온 날 밤, 엄마를 찾느라 밤늦도록 낑낑대지만, 시간이 흐르고 어느새 훌쩍 자랍니다. 집을 잘 지켜야 하는 메리는 '아무나 보고 짖지도 않고 꼬리만 흔들흔들' 합니다. 할아버지를 잃은 슬픔은 메리로 인해 조금은 위로가 되는 듯합니다. 할아버지의 말씀이 아니셨다면 메리가 과연 이 집에 왔을 까? 생각해보니 메리는 할아버지가 떠난 빈자리를 채워주는 소중한 존재입니다. 이제 메리는 더 이상 작은 강아지가 아닙니다. 새끼가 세 마리나 되는 어미 강아지이죠. 할머니는 메리에게 물어보지 않고 정이 필요한 사람들에게 새끼를 나누어 줍니다. 할머니께 새끼 강아지를 받은 사람들도 더 이상 외롭지 않을 것입니다. 마지막 새끼강아지까지 보낸 날 메리가 처음 온 날처럼 밤늦게 까지 낑

낑 거렸지만 다음 날 해맑게 웃어줍니다. 그림책에 나온 인물들에겐 아픔이 있지만 메리로 인해 위로가 될 것입니다. 아무나 보고 반갑다며 꼬리를 흔드는 해맑은 '메리' 처럼, 툭툭 아픔을 털어놓았으면 합니다. 아무런 사심 없이 그저 꼬리 흔들어 반기는 메리의 해맑음이 지금 힘들어하고 있는 사람들에게 쑥 하고 마음속에 들어갔으면 합니다. 메리에 이어 만난 『나는 퍼그』 "카나자와 마유코 글, 그림/ 박종진 옮김 / 키즈엠" 표지만 봐도 웃음이 그려지는 책입니다. 사랑을 찾아 거리를 헤매던 작은 개 퍼그는 사람이 어루만져 주는 개를 보게 됩니다. 그 개는 멋진 목걸이를 하고 있습니다. 퍼그는 자신도 목걸이를 하면 누군가로부터 사랑을 받을 수 있을 거라는 생각을 하게 되어 목걸이를 찾아 여기저기를 헤매기 시작합니다. 그러나 목걸이를 찾기란 쉽지 않습니다. 목걸이처럼 생긴 모습이 보이면 무조건 쫓아갑니다. 그러다 문이 열려 있는 어느 집에 들어가게 되고 목걸이인줄 알았던 그 줄은 목걸이가 아님을 알게 되고 집주인한테 쫓겨나기까지 합니다. 목걸이를 간절히 바라던 퍼그는 빵집에 걸려있는 목걸이 모양을 보고 빵집에 들어가 목에 걸고 나옵니다. 그러나 빵을 목걸이 삼아 목에 둘렀다가 새들한테 콕콕 쪼이게 되지요. 번번이 목걸이 찾기에 실패했지만 퍼그는 포기하지 않습니다. 과연 퍼그는 멋진 목걸이를 찾을 수 있을까요? 그리고 누군가로부터 사랑을 받을 수 있을까요? 『나는 퍼그』를 읽으면서 저는 퍼그의 눈이 잊혀지지 않습니다. 첫눈에 반했던 책이기도 하지요. 『메리』와 『나는 퍼그』 책을 통해 당연하게 여겼던 부모의 사랑, 친구들의 사랑이 얼마나 소중한지를 깨달을 수 있으면 좋겠습니다. 그리고 누군가를 사랑하는 일이 얼마나 가치 있는 일인지를 느꼈으면 합니다. 쉽게 마음을 열지 않는 희은이에게『메리』와 『나는 퍼그』 책은 마음의 거리를 좁히기에 충분했습니다. 책을 읽는 내내 환하게 웃어 주었던 희은이가 생각납니다. 코로나가 심각해져서 못 본지가 꽤 됩니다. 그 시간이 힘들지 않았기를 바라며 "괜찮아. 괜찮아" 라고 말해주고 싶습니다. 희은이가 반려동물에 대한 이야기를 할 때 초롱초롱 했던 눈에서 사려의 미덕을 깨우려고 노력하는 모습을 보았습니다. 지금쯤 희은이는 사려의 보석을 반짝이고 있을 것이라고 생각해 봅니다. "사려의 미덕은 우리 안에 있습니다." 내가 필요로 하는 것만큼 다른 사람에게도 중요할 수 있음을 생각하면서 필요로 하는 대상에게 관심을 보여주세요. 그리고 내 마음이 허락되는 한 다른 사람에게 작은 행복을 준다면 사려의 미덕은 반짝일 것입니다.

### 그림책을 보며 궁금했던 점을 질문해 보아요

- 반려동물을 키우고 계신가요?
- 처음 반려동물을 맞이하게 된 계기는 무엇인가요?
- 반려동물을 키우면서 어떤 점이 달라지셨나요?
- 메리의 새끼를 할머니는 옆집에도 주고, 가게에도 줍니다. 할머니가 그들에게 메리의 새끼를 왜 주었을까요?
- 메리는 아무나 보고 반깁니다. 메리처럼 반겨주는 대상이 있나요?
- 어느 순간 메리는 아무나 보고 짖지 않고 꼬리만 흔들흔들 합니다. 왜 짖지 않았을까요?
- 내가 힘들 때 나에게 위로가 되어주는 대상은 무엇인가요?
- 퍼그는 목걸이가 있으면 행복해질 거라고 믿으며 찾아다닙니다. 나에게도 퍼그의 목걸이처럼 의미 있는 것이 있나요?
- 퍼그는 진정한 가족을 만났을까요?
- 희은이에게 주고 싶은 미덕이 있나요?

- 희은이가 어떤 미덕을 깨우면 마음의 문을 열 수 있을까요?

- 희은이 어머님께 드리고 싶은 미덕이 있나요? 왜 그 미덕을 주고 싶은가요?

희은이에게 자신의 생각을 표현해 보라고 하면 고개를 가로 젓거나 입을 다물어 버릴 때 많이 답답했습니다. 『무슨 생각하니?』 "로랑 모로 글, 그림/ 박정연 옮김 / 로그프레스" 는 제목만으로도 저의 답답한 마음을 읽어주는 듯 했습니나. 이 책은 희은이 뿐만 아니라 제가 만나는 많은 사람들과의 관계에서도 질문해보고 싶을 때가 많습니다. 같은 것을 보고도 다르게 생각하고, 그 다름을 인정하지 않고 나와 생각이 같지 않다는 이유로 오해도 일어납니다. 특히 자녀를 키울 때 물어보고 싶었던 적이 한 두 번이 아닙니다. 이 책은 마을 사람들의 다양한 생각과 감정을 각각 2페이지에 걸쳐 소개하고 있습니다. 왼쪽페이지에는 그 사람의 생각이 텍스트로 적혀있고, 오른쪽에는 플랩을 열면 그 사람의 생각이 보여 지는 형식으로 구성되어 있습니다. 신나는 모험을 떠올리는 친구, 단 것을 먹고 싶은 빨간 머리소녀, 마냥 행복하기만한 주근깨 소년, 질투심에 사로잡힌 여성까지 다양한 연령대의 사람들이 등장합니다. 가족과 친구 등 가까운 사람들일수록 더 많은 오해가 생기기도 하고 그래서 상대가 무슨 생각을 하는지 궁금해지기도 하지요. 새로운 관점에서 재발견하고 그들의 다양한 감정에 대해 배울 수 있는 『무슨 생각하니?』는 우리가 자주 떠올리게 되는 질문이지만 대부분 단순한 질문들은 질문이 아니라고 생각하며 지나쳐 버릴 때가 많지요. 그 답이 명확하지 않고 또 그다지 솔직하지 않을 수 있는 질문들이지만 어찌 보면 일상에서 가볍게 던질 수 있는 질문들을 할 기회를 잃어버려서 점점 질문이란 걸 안하게 되고, 자신의 감정이 어떤지 들여다보지 못하고 지나가 버리기도 합니다. 일상이 소중한 지금 이런 사소한 질문이더라도 서로 궁금해 하고, 관심을 가져준다면 마음이 아파오거나 답답하지 않을 수도 있을 것 같습니다. 또한 이렇게 평범한 질문 속에서 우리의 생각이 반짝거릴 수도 있습니다. 바로 곁에 있으면서 딴청 떨고 있는 상대에게 던져 보지 않을 수 없는, 너무나도 궁금해서 하게 되는 생각. 대체 넌 무슨 생각하니? 가까운 가족, 친구, 지인들. 그리고 아이들의 생각을 맞춰볼 수 있다면? 정말이지 재미있고도 놀랍지 않을까요? 아이들과 감정의 개념에 대해 얘기해 볼 수도 있고, 일상을 변화시키는 주제에 대해 얘기해 볼 수도 있을 것 같습니다."

### 그림책을 보며 궁금했던 점을 질문해 보아요

- 마띠유는 그냥 행복하다고 말해요 여러분은 언제 행복한가요?
- 아나엘은 단 것을 먹고 싶다고 말합니다. 여러분은 지금 무엇을 먹고 싶은가요?
- 안나는 슬퍼요. 무엇이 안나를 슬프게 한 걸까요?
- 가끔 혼자 있고 싶을 때 어디로 가고 싶은가요?
- 로랑은 빨리 여름이 오길 기다립니다. 여러분은 언제를 기다리고 있나요?
- 기욤 아저씨는 화가 났어요. 왜 화가 났을까요?
- 앙뚜완은 무슨 말을 할까 고민하고 있어요. 여러분도 하고 싶은 말이 있는데 고민되어 못하고 있는 말이 있나요?

### 함께 보면 좋은 그림책

**『메리』, 『나는 퍼그』, 『무슨 생각하니?』**

## 5. 조금씩, 천천히, 꾸준히

"오늘 수업 끝, 여기 선생님이 문제집 줄 테니까 집에서 풀어올래?"

"네. 그런데 선생님 2-2는 무슨 표시에요?"

"왜?"

"2-2는 혹시 2학년 2학기 말하는 거 아니에요? 전 3학년인데요. 그럼 3-2를 풀어야 하는 거 아닌가요?"

"넌 3학년이고 이제 곧 4학년 올라가니까 3-2풀고 4단계를 풀어야 한다고 생각하는 네 마음 선생님도 이해해. 그런데 말야. 네가 외출하려고 양말을 신으려고 보니 양말에 작은 구멍이 났어. 그런데 그거 그냥 신고 나가면 구멍은 어떻게 될 것 같아?"

"구멍이 점점 커지겠죠."

"그치? 구멍이 났는데 구멍을 메우지 않고 그냥 두면 구멍은 점점 커지고, 결국 메울 수 없게 되어서 그냥 버리거나 메울 생각을 못하게 되겠지? 공부도 마찬가지야. 네가 지금 3학년인데 1학년 때부터 이 공부를 한 게 아니잖아. 그러다 보니 네가 잘 못하는 부분도 있고, 잘 하는 부분도 있어. 선생님은 네가 잘하는 부분은 넘어가고 못하는 부분을 채워서 네가 더 잘할 수 있게 도와주려고 해. 2-2단계를 상훈이가 잘 풀면 바로 3단계로 넘어가게 되고, 또 4단계까지 금방 할 수 있어. 그런데 안하고 3-2단계 갔는데 모르면 어떻게 할까?

"배워야 해요."

"그래 우리 훈이 똑똑하네. 그런 것처럼 공부에도 혹시나 부족한 부분이 있을까봐 한번 다지고 단단하게 구멍 없이 채워가며 하려고 조금 단계를 낮추었어. 네가 3학년이라서 3학년 단계를 풀었다면 어땠을 것 같아? 지금처럼 재미있게 공부하고, 동그라미 개수가 많을 수 있을까?"

"아니요. 모르는 부분이 나오면 재미없었을 것 같고, 틀린 부분이 많아지다 보면 공부가 재미없었을 거 같아요."

"오~ 우리 훈이 선생님이 하나를 가르쳐주지 두 개를 말해주고 있네. 맞아 몰랐던 내용을 그냥 덮어두고 넘어가다 보면 언젠가는 구멍이 커지고 더 이상 메울 수 없어서 버려버리듯 공부라는 늪에서 헤어 나오기 힘든 날이 올 수도 있어. 그래서 지금은 조금 느린 것 같지만 부족한 부분(구멍)을 메우고 올라가다 보면 네가 4학년이 되었을 때 너무 잘해서 5학년 단계 문제집을 풀 수도 있게 된단다. 어떡할까? 그냥 이거 하지 말고 3학년 2학기 단계 할까?"

"아니요. 열심히 풀어올게요."

"그래."

"선생님! 그런데 진짜로 고등학생 형도 초등학생 과정 공부해요?" "그럼. 선생님이 왜 그런 거짓말을 하겠어. 6학년 형이 4학년 문제집 풀기도 하고, 5학년 누나가 2학년 단계 하기도 해. 물론 고등학생 형도 초등생 과정 공부한단다. 선생님이 수업하는 학생 중엔 5학년인데 2학년 단계 하는 학생도 있고, 6학년인데 4학년 단계 하는 학생도 있어. 그리고 더 놀라운 사실 알려줄까? 고등학생인데 3학년 단계 공부하는 형도 있어. 그런데 그 형은 선생님이 알려 준 대로 열심히 해서 2달 만에 5학년 단계로 올라갔어. 그 형이 그렇게 빨리 단계를 올라갈 수 있었던 비결이 무엇일까? 그 형은 아파서 초등학교 때 공부를 할 수가 없었어. 고등학생이 되니 몸이 많이 건강해져서 늦었다고 생각하지 않고 하나하나 단계별로 공부하겠다고 마음을 먹은 거야. 그러다 보니 열심히 하게 되고, 열심히 하니까 잘하게 되어 지금은 공부에 흥미도 생기고, 나도 할 수 있구나! 라는 자신감도 가지며 열심히 하고 있어. 이처럼 단계를 조금 낮추어 공부에 흥미를 느끼게 되면 좋은 점이 아주 많아.

이거 너한테만 비밀이다. 알았지? 훈이는 문제집 열심히 해야 할까 말아야 할까?"

"열심히 해올게요. 안녕히 계세요."

학생들을 만나기 전까지 저 역시 자신의 학년보다 낮은 학년의 수업을 하게 될 것이라고 생각을 못했습니다. 모든 아이들이 자신의 학년에 맞는 수업을 해야 한다고 생각했습니다. 여러 학생들을 만나다 보니 실제로 고등학생이 초등학생 3학년 수업을 받기도 하고, 5학년 학생이 2학년 수업을 받기도 합니다. 6학년 학생은 4학년 독해와 6학년 수준의 어휘를 번갈아 가며 하기도 합니다. 이렇게 늦었다고 생각할 때라도 수업을 받게 하는 어머님은 현명하십니다. 현재의 상황을 인정하고 늦더라도 조금씩 천천히 가다보면 부족한 부분을 메우고, 더 단단해 질 수 있기 때문이지요.

"선생님~ OO동인데 토요일 수업도 가능하실까요?"

"OO이면 그쪽에 선생님이 계시지 않은가요?"

"네~ 그 선생님은 교회 때문에 토요일 수업이 어렵다고 합니다."

"네~ 조금만 생각해 볼게요."

"선생님~ 학생 어머님이 여러 번 전화하셨는데 어떻게 안 될까요?"

"알겠습니다. 그럼 상담이라도 해 볼게요. 몇 학년인가요?"

"그게요 선생님. 고등학교 1학년이에요."

"네? 고등학생요? 전 고등학생 수업은 자신 없어요."

"고등학생이지만 다른 학원에서 수업 레벨이 6학년이 나왔다고 해요. 선생님이 방문하셔서 독서 진단해 보시고 결정하셔도 됩니다. 어머님이 여러 번 전화 주셨는데 어려웠던 성훈이 마음도 움직였잖아요. 이번에도 선생님이 상담가 주시면 좋을 것 같아요. 선생님밖에 부탁드릴 분이 없어서 그래요."

"알겠습니다. 그럼 상담 해 볼게요."

현우와의 인연은 이렇게 시작되었습니다. 지부장님은 평소 학생을 소개하실 때 문자로 가능하냐고 물어보시는 데 그날은 제가 수업 중에 전화를 주셨습니다. 느낌상 전화로 통화하지 않으면 안 될 상황이라고 생각이 들어서 수업이 끝나는 대로 전화를 드렸습니다.

"그 학생 고등학생이긴 한데 얘기를 들어보니 초등생 수업도 받을 의사가 있다고 해요. 그러니 부담 갖지 마시고 상담 하시면 되세요." 그렇게 지부장님과 통화를 끊고 현우 어머님께 문자를 보내어 전화로 먼저 상담을 하게 되었고, 5학년 독서진단지를 준비해서 아이를 만나러 간 것입니다. 어머니와 상담하는 동안 진우는 독서 진단지를 풀었고, 독서 진단결과는 4학년 수준으로 나왔습니다. 이미 현우의 학습상태를 알고 전화를 하셨기에 현우의 진단결과를 수용하고 받아들이셨습니다. 집안사정으로 어릴 적 아이를 제대로 키우지 못했지만, 지금은 상황도 안정되었고 고등학교 졸업 전에 기초를 다지게 되면 사회에 나와 사람구실 할 수 있을 것 같다고 생각하여 수업을 신청하셨다고 합니다. 해맑게 웃어주는 현우와 어머님의 간절함은 저의 마음을 움직이기에 충분했습니다. 아이의 상태를 주변사람들의 시선이나 평가에 연연해하지 않고 제대로 보기란 쉽지 않습니다. 그렇기에 늦었지만 시도해 보려고 노력하는 어머님이 더 존경스러웠고, 현우 역시 하고자 하는 의지를 보여주었기에 외면할 수가 없었습니다.

상담을 마치고 바로 수업을 시작했습니다. 고등학생이라 나 역시 긴장이 되었고, 시작을 어떻게 하는 게 좋을지 몰라서 존댓말로 시작을 했습니다.

"어머님이 미인이시네요? 현우군은 어머님이 미인이셔서 좋겠네요?"

"네~ 좋아요. 그런데 선생님. 저에게 말 편하게 하셔도 돼요. 선생님이 존댓말을 쓰니까 제가 선생님을 대하기가 어색해요."

"그래요? 그럼 다음 시간부터는 말 편하게 하도록 노력할게요. 선생님이 존댓말을 쓰는 이유는 현우군을 존중하기 때문이에요."

"그래도 말 편하게 하세요. 그래야 제가 선생님과 친해질 수 있을 것 같아서요."

"노력할게요. 그래도 오늘은 첫날이니까 존댓말로 하고 다음 시간부터는 편하게 할게요."

"그래도 저는 선생님이 말을 편하게 했으면 해요."

"다음시간에 만나면 편하게 할게."

"수업 집중력이 정말 좋은데 혹시 계속 학원을 다닌 건가요?"

"아니요. 엄마가 새로 오시면서 공부를 시작하게 된 거에요."

"그렇군요. 현우군이 엄마와 다정해 보여서 그런 생각을 전혀 못했어요."

"전에는 일하는 아줌마가 밥만 챙겨주고 그랬는데 엄마가 오시니까 마음도 안정되고 공부도 재밌어졌어요. 저는 공부하는 것이 제일 좋아요."

현우는 정말 공부하는 것을 좋아할 만큼 1시간30분 동안 집중하여 수업에 참여했고, 아이들이 제일 힘들어하는 글쓰기 역시 만족스러울 때까지 고치고 수정하는 것을 마다하지 않았습니다. 말 그대로 모범적인 학생이었습니다.

"현우야 오늘은 기분이 무척 좋아 보이네? 무슨 좋은 일 있어?"

"아니요. 그냥 기분이 좋아요."

현우는 그냥 기분이 좋다며 계속 웃기만 하고 눈을 피한 채 연필을 만지작거리고 있는데 어머님이 들어오셨습니다.

"현우가 약 먹는 걸 깜빡 잊었네요. 약 먹고 와서 수업하라고 하겠습니다."

"네~"

수업이 끝나고 나서 어머님은 현우가 ADHD라 약을 먹고 있다는 말씀을 하셨습니다. 심한 정도는 아니지만 계속 약을 먹어야 하고, 오늘은 다른 일을 보느라 약 먹는 것을 잊었다고 하셨습니다. 어머님이 말씀하시지 않았다면 현우의 행동을 이해하지 못했고, 어떻게 받아들여야 하나 고민이 되었을 것입니다. 약을 먹은 지 30분이 지나자 집중하는 모습을 보이기 시작하였지만, 갑자기 손을 펴서 얼굴에 갖다 대는 행동이 중간 중간이 나타나기도 하였습니다.

"어머님 수업시간에 현우가 갑자기 손을 갖다 대는 행동을 하길래 제가 하지 말라고 얘기했어요."

"네. 저에게 하는 행동을 선생님께도 했네요. 수업시간에 현우가 이상행동을 하면 저에게 말씀해 주세요. 병원 갈 때 선생님께 말씀드려야 해서요."

"알겠습니다."

매 수업이 끝날 때마다 어머님께 수업시간에 한 내용과 현우의 행동에 대해 말씀을 드리기도 하였습니다.

마음이 받아들이면 그 효과는 훨씬 크게 나타납니다. 1시간 30분 동안 진행되는 수업에서 현우는 꾀 한번 부리지 않고, 과제나 책읽기, 글쓰기를 성실히 해내고 있습니다. 그 결과 독해나 어휘과정은 3개월 만에 2단계를 넘어설 만큼 실력이 향상되기도 하였습니다. 만약 어머님이나 현우가 자신의 부족한 점을 알았지만 그 자체를 인정하지 않고 고1학생이라고 생각하며 고등학교 2학년 수업을 받게 하였다면 어땠을까요? 하나도 모르는 공부를 하느라고 시간과 돈을 소비하면서 아이는 아이대로 힘들고 엄마는 엄마대로 힘들게 보냈을 것입니다. 거북이가 느리지만 자신의 보폭대로 꾸준히 가다 보니 토끼를 이긴 것처럼 꾸준히 가는 모습에서 현우와 어머님은 결의의 미덕을 깨워 실천하고 있다는 것이 느껴졌습니다. 결의란 어떤 일을 이룰 때까지 자신의 모든 노력을 집중하겠다고 굳게 마음먹는 것입니다. 쉽지 않은 일일지라도 혼신의 힘을 다하겠다고 다짐하는 것입니다. 결의의 미덕을 깨우고 실천한다는 것이 결코 쉽지 않았기에 더더욱 현우와 현우어머님을 보며 저도 다짐해 보고 싶은 미덕입니다. "결의의 미덕은 우리 안에 있습니다" 때로는 힘들 수도 있겠지만 나아가도록 하세요. 그리고 시도했던 처음의 마음을 생각하며 마무리 하세요. 힘겨울 땐 혼자서만 고민하지 말고 같이 나누어보세요. 저는 현우와 현우 어머니께서 도움이 필요하실 때 기꺼이 도움을 드리려고 합니다. 현우와의 수업이 끝나면 어머님께 최대한 현우의 상태를 알려드리려고 하고, 미덕카드를 뽑게 함으로써 현우가 존중받아야 하는 소중한 사람임을 말해주고 있습니다. 매 시간 현우의 자존감이 상승하고 있는 것이 느껴져서 현우와의 수업에 보람을 느끼고 있으며 현우와의 수업을 선택한 저를 칭찬해주려 합니다.

풀밭위에 여기저기 책이 있고 책을 지붕삼아 누워있습니다. 바로 이 책의 주인공인 『완두』 "다비드 칼리 글/ 세바스티앙 무랭 그림/ 이주영 옮김 / 진선아이" 입니다. 태어날 때부터 몸집이 완두콩처럼 작아서 완두라고 붙여졌습니다. 완두는 인형친구들의 신발을 빌려 신고, 세면대가 완두의 수영장이 되었으며, 장난감들이 완두의 친구들이었죠. 그러다 학교에 가면서 자신이 너무 작다는 것을 깨닫게 됩니다. 혼자일 때 는 자신이 작다고 생각하지 못했지만 다른 사람들과 함께 하면서 자신이 작다는 것을 알게 되고 일반화된 책상이나 의자 악기, 공, 그리고 급식을 먹을 때도 모든 것들이 너무 커서 완두는 힘들어 합니다. 그래서 친구들과 어울리지 못하고 늘 혼자 지내야 했습니다. 종일 그림을 그리면서 시간을 보내게 되지요. "가엾은 완두, 이렇게 작으니 나중에 무엇이 될까?" 걱정해주는 선생님이 계셨지만 완두는 남들처럼 계속학교를 다니지 못하게 됩니다. 어른이 된 완두는 여전히 작지만 직접 지은 아주 예쁜 집에 살고, 정원에서 토마토도 기릅니다. 매일 아침, 장난감 자동차를 타고 일도 하러가지요. 회사 안의 모든 것은 완두에게 딱 맞게 만들어져 있습니다. 완두는 자신이 잘 할 수 있는 일을 합니다. 자신만 보면 자신이 부족하지도, 못나지도, 작지도 않습니다. 그런데 우리는 온전히 나를 있는 그대로 보지 않고 자꾸만 남과 비교해서 그것에 맞추어 스스로를 자책하기도 하고, 그러면서 힘들어 하지요. 완두는 작지만 자신이 작아서 남들이 하는 일을 못한다고 생각하지 않습니다. 각자 자신의 상황에서 조금씩, 천천히, 꾸준히 하다 보니 자신에게 꼭 맞는 일을 찾고, 행복해 합니다. "작으면 어때! 난 뭐든지 할 수 있어!" 작으면 어떤가요? 작다고 못하는 건 아니지요. 완두는 과감하게 큰 꿈을 꾸고 변화를 추구하며 그것이 가능하다는 믿음을 가졌습니다. 완두는 이미 이상품기의 미덕을 깨웠고, 그 미덕을 우리에게 보여주고 있었습니다. "이상품기의 미덕은 우리 안에 있습니다" 미래에 대한 비전을 가지고, 이상이 현실이 되도록 계획을 세워 보세요. 꿈을 실현시키기 위해 행동하면 이상품기의 미덕이 반짝거릴 것입니다. 작지만 강한 완두를 보며 저 역시 이상품기의 미덕을 깨웠고, 저의 꿈을 실현시키기 위해 행동한 결과 이렇게 글을 쓰고 있습니다. 또한 저의 삶에서 참으로 가치 있다고 생각하는 것을 위해 노력하다보니 현우와 같은 귀한 인연을 만나게 된 것 같습니다. 현우를 통해 제가 가치 있는 사람이 된 것 같아 현우와 현우 어머님께 감사드립니다.

### 그림책을 보며 궁금했던 점을 질문해 보아요

- 어릴 때 어떤 성격의 아이였나요?

- 완두는 학교에 가면서 자신이 작다는 걸 알게 됩니다. 여러분은 언제 자신의 부족한 점을 느끼게 되나요?
- 친구들과 어울려 놀지 못하고 혼자 있게 되지만 그림을 그리면서 시간을 보냅니다. 여러분은 혼자 있을 때 무엇을 하며 시간을 보내나요?
- 완두처럼 어울리지 못하고 혼자 놀지만 그림을 그림으로써 자신이 잘 할 수 있는 점을 찾게 되고 그 일을 직업으로 갖게 됩니다. 여러분도 우연히 찾게 된 자신의 장점이 있으신가요?
- 자신의 성장미덕(부족하다고 생각하는 점)은 무엇인가요?
- "못하면 어때! 넌 뭐든지 할 수 있어!" 라고 용기를 주었던 사람이 있었나요?
- 자신의 부족한 점 때문에 하고 싶었던 일을 못했던 경험이 있나요?
- 완두가 보여준 미덕은 무엇인가요?
- 현우의 사례를 보면서 현우 어머님께 드리고 싶은 미덕이 있나요?
- 훈이의 이야기를 보며 훈이에게 어떤 미덕을 주면 더 잘 할 수 있을까요?

**함께 보면 좋은 그림책**

**『완두』**

제3장

# 사랑을 만나다

## 1. 결혼과 출산

"올 해는 꼭 결혼할 거야!"

"만나는 사람 있어?"

"아니."

사귀던 사람도, 소개를 받은 사람도 없는데 스스로 최면을 걸고 친구들에게 선언을 했습니다. 서른이 넘어가고 해놓은 것도 없고, 회사 상황이 좋지도 않아서 여러가지로 마음이 불안했었기에 무엇이라도 해야겠다고 생각했습니다. 이런 상황을 이겨내고 싶어서 남자친구가 없음에도 결혼하겠다고 선언을 한 것입니다. 그 확언이 이루어진 것인지 남편을 처음 본 날부터 '이 사람이라면 결혼해도 되겠어.' 라는 생각이 들었습니다. 그렇게 운명처럼 남편을 만났고, 만난 지 7개월 만에 결혼을 했습니다. 기대를 하지 않고 만났던 남편은 평소 제가 생각한 이상형이었습니다. 남편은 연애기간동안 제게 잘해 주지 않았습니다. 그럼에도 저는 남편이 괜찮았습니다. 전화도 하루에 한번, 만남도 일주일에 한번, 평소의 저라면 자주 통화하고 관심 가져주는 사람을 좋아했는데 이 사람은 무엇이든 적당히 하는 사람이었습니다. 그 적당함과 취미, 자기계발, 가치관 등이 제가 추구하던 것들과 같았기에 자주 전화하지 않아도, 자주 만나지 않아도 괜찮았습니다. 나중에 안 사실이지만 남편은 제가 그다지 마음에 들지 않았다고 합니다. 다만 결혼 적령기이기도 하고 자기에게 관심을 갖고 있는 것 같아 3번만 만나볼 생각에 만났다고 합니다. 저에게는 이상형이라 교제하는 동안 남편이 내게 잘해주지 않았어도 원래 성격이라고 생각하며 크게 서운해 하지 않았습니다. 오히려 결혼을 약속하고부터 더 잘해주기에 역시 나의 선택이 괜찮았다고 생각하였습니다. 늦게 결혼하였기에 남편은 아이를 빨리 갖고 싶다고 생각하며 먼저 병원에 가서 검사하고 저에게도 아이를 갖기 위한 노력을 함께 하자고 할 정도로 잘 하는 사람이었습니다. 결혼도 그렇고, 아이도 계획적으로 준비한 덕분에 결혼과 출산이 순탄했습니다. 이상형이 배우자가 되는 건 어렵다고 말하기도 하고 첫사랑이 이루어지기 힘들다고 하는데 저는 예외라고 생각했습니다. 너무도 순조로워서 오히려 주변에서 걱정을 할 정도였으니까요. 그렇게 모든 것이 완벽할 거라 믿었던 콩깍지는 아이를 임신하면서 벗겨졌습니다.

드라마를 너무 많이 봤나 봅니다. 드라마 속에선 기다리던 아이가 부부에게 오면 남편은 아내가 원하는 것을 다해 주고 공주, 아니 왕비 대하듯 대접하는 모습들이 많이 그려집니다. 저 역시 그런 대접을 기대 했으나 친정에서도, 시댁에서도, 심지어 남편까지도 그저 축하한다는 말 한마디만 하고 그 어떤 대우도 없었습니다. 다들 처음이라 그런가? 저 역시 정말 임신이 맞는 건가? 시댁도, 친정도 처음 임신 소식을 들은 거라 어떻게 해야 할지 몰라서 그런 건가? 등등 서운했지만 이해해보려고 노력했습니다. 그런데 그 이해는 점점 오해로 변해갔습니다. 처음 해보는 입덧은 너무 괴로웠고, 변해가는 내 모습을 받아들이기도 힘들었기에 양가 부모님들께 서운하기만 했습니다. 그리고 모든 게 좋아보였던 남편에게 원망이 들기 시작했습니다. 저는 이렇게 고생하는데 남편은 아무렇지 않고 자기 먹고 싶은 것 다 먹고 편안한 것이 화도 나고 속상하면서 미워지기 시작한 것입니다. 누구나 다 하는 임신이라며 아무렇지 않게 대하는 것도, 먹고 싶은 것은 무엇이든 사주겠다던 남편은 전화해서 "먹고 싶은 거 없어?" "아니." "그럼 그냥 간다. 남들은 먹고 싶은 게 많다는 데 당신은 없네?" 라며 말할 때는 얄밉기까지 했습니다.

“오렌지 주스 먹고 싶어.”

“그럼 아까 말하지 집에 들어오니까 말해?”

“지금 먹고 싶은 걸 어떡해?”

“내일 사다 줄게.”

“지금 먹고 싶어! 언제는 먹고 싶은 거 다 사준다며?”

“그건 집에 들어오기 전이지….”

서운했습니다. 멀지도 않은 집 앞 슈퍼에 나가서 잠깐 사오면 되는데 그걸 그렇게 얘기하나 싶어서 내가 직접 나가버렸습니다. 남편은 겁이 난건지 가까운 거리를 차를 몰고 쫓아오면서 타라고 합니다. 저는 너무 화가 나서 그냥 걸어가서 사와 버렸습니다. 이러기를 여러 번…. 전화했을 때는 말하지 않고 집에 오면 사달라고 하는 저를 오히려 귀찮아하고, 한 달에 한번 정기 검진도 혼자 가라고 했습니다. 바쁜 것 같아 그냥 혼자 병원에 다녔습니다. 병원을 가보니 저만 혼자이고 다른 사람들은 남편이 함께 오는 것입니다. 그러면서 점점 미움이 커졌습니다.

‘이러려고 아이를 갖자고 한 건가?’

‘왜 나만 이렇게 고생해야 하는 거지?’ 7개월이 지나서 초음파로 얼굴사진 보여준다고 했을 때 몇 번만 함께 했고, 기다리는데도 왜 이리 오래 걸리느냐며 짜증을 내기도 했습니다. 남편에 대한 콩깍지는 이렇게 벗겨지고 그 때부터 남편에 대한 서운함은 불만으로 표출되었습니다. 아이가 제 마음을 알았을까요? 아이의 얼굴이 잘 보이지 않는다고 선생님이 말하셨습니다. 아이 얼굴 주변에 혹이 있어서 보이지 않는다고 합니다. 다른 곳에 가서 초음파로 아이 얼굴을 보고 싶었지만 결국 제대로 보지는 못했습니다. 저는 불안한 마음을 갖고 아이와 만날 때까지 기다려야 했습니다. 감사하게도 아이는 건강하게 태어났고, 아이와 함께 있었던 혹도 크기가 줄어들어 큰 걱정을 하지 않아도 되었습니다. 건강하게 태어나 준 아이는 『한밤의 선물』 "홍순미 글, 그림/ 봄봄" 처럼 제게 많은 것을 가져다주었습니다. 기쁨, 환희, 신비, 책임감, 초인적인 힘까지……. 엄마가 되어보지 않았다면 이런 선물은 없었겠지요? 아이를 낳기 전까지 신생아가 예쁜 줄 몰랐고, 우는 아이마저도 사랑스럽다는 걸 몰랐습니다. 엄마가 되고 나서야 아이를 울리는 엄마의 마음도 이해가 되었습니다. 아이가 삐딱하게 나오는 데는 이유가 있고, 엄마가 아이에게 화를 내는데도 이유가 있다는 것도 알게 되었지요. 아이가 있는 세상은 아름답습니다. 아이의 웃음소리가 있는 곳은 생기가 있다는 어른들의 말씀도 알 것 같습니다.

시간이 흐르면서 아이의 커가는 모습도 시시각각 모습을 달리합니다. 자연이 하루24시간, 1년 사계절동안 계속해서 변화하듯 선물 같은 나의 아이도 자신이 가진 그 아름다움을 이 세상에 나누어 주고 있습니다. 『한밤의 선물』은 시간과 자연이 주는 아름다운 선물과 나눔에 감사하는 마음을 담은 그림책입니다. 빛과 어둠의 아이들 새벽, 아침, 한낮, 저녁은 시간에게 멋진 선물을 받았지요. 하지만 한밤에게는 아무것도 없었습니다. 슬퍼하는 한밤에게 새벽, 아침, 한낮, 저녁이 다가와 자신이 가진 것을 하나씩 선물합니다. 그렇게 한밤의 세상은 점점 더 아름다워지고, 한밤도 친구들에게 자신의 일부분을 선물하게 됩니다. 우리 아이들 역시 한밤의 선물처럼 많은 사람들에게 선물 같은 존재입니다. 그렇기에 우리의 마음광산에서 잠들어 있는 많은 미덕들을 깨웠으면 합니다. 한밤이 우리에게 선물을 주었는데 제가 감사의 미덕을 깨우지 않았다면 선물 같은 아이를 만나고도 감사의 마음을 갖지 못했을지도 모릅니다. "감사의 미덕은 우리 안에 있습니다" 당연한 것은 없습니다. 그렇기에 우리에게 온 모든 것들을 선물로 생각하고 내안에 잠들어 있는 감수성을 깨워보세요. 그리고 주어지기 전 없었던 것들을 생각해보면 감사의 미덕은 깨어납니다.

### 그림책을 보며 궁금했던 점을 질문해 보아요

- 자연은 계속 변화하고 있습니다. 결혼하고 달라진 점은 무엇인가요?
- 새벽에 눈이 떠졌을 때 들었던 생각 중 기억에 남는 것이 있나요?
- 슬퍼하는 한밤에게 새벽, 아침, 한낮, 저녁이 다가와 자신이 가진 것을 하나씩 선물하지요? 내가 슬플 때 나를 위로해주고 기쁨을 주었던 대상이 있나요?
- 나누면서 행복해진 경험이 있나요?
- 내가 가진 것을 아낌없이 줄 수 있는 대상은 누구인가요?
- 그 대상으로 인해 어떤 변화가 일어났나요?
- 처음 아이가 나에게 왔다는 걸 알았을 때 어떤 마음이 들었나요?
- 아이가 처음 세상으로 나왔던 때를 기억 하시나요? 제일 먼저 어떤 마음이 들었나요?
- 아이로 인해 가장 큰 변화는 무엇이었나요?
- 선물 같은 아이가 언제나 기쁨만 주지는 않지요. 힘들게 할 땐 어떻게 마음을 다스리나요?
- 남편에게 필요했던 미덕은 무엇이었을까요?
- 남편에게 서운했던 나에게 어떤 미덕을 주면 위로가 될까요?
- 나에게 필요한 미덕은 무엇이라고 생각하나요?
- 누군가 나에게 미덕카드를 건넨다면 어떤 미덕을 받고 싶은가요?

여러분에게 집은 어떤 의미인가요? 결혼을 하기 전 부모님을 떠나 어떻게 살아갈 수 있을까? 부모님 없는 집은 생각할 수도 없었습니다. 결혼을 하고보니 이젠 부모님집이 낯설고 불편하게 느껴집니다. 결혼을 하면서 제가 가꾸어 가야 하는 집이 생겼습니다. 신혼집으로 살 집을 찾아 알아보는 동안 내가 가꾸어야 하는 집을 만나기란 쉽지 않았지요. 그렇게 여러 곳을 찾아서 보금자리로 가꾸게 된 신혼집은 오랜 된 아파트였습니다. 화려하고 고층아파트가 많던 그곳에 아주 낡은 집에서 시작하게 되리라고 생각지도 못했었지요. 지어진지 30년이 다 되는 아파트를 계약하고 도배를 하면서도 정말 나의 집일까? 라며 어색해 했습니다. 낡고 허름한 오래된 집이었지만 새 가구로 채우고 새로운 사람과 새 가정을 이루고 보니 그곳은 조금씩 안락한 집으로 변해갈 수 있었습니다. 오래된 아파트라 실망이 더 컸지만 좋았던 점도 많았습니다. 나무들이 꽃들이 계절에 따라 다른 빛으로 풍요롭게 해 주었으며, 멀리가지 않아도 자연과 함께 할 수 있었습니다. 그 곳에서 꿈의 씨앗인 두 아이들을 선물로 받기도 했습니다. 처음 살던 집에서 5년을 살고 주인가족이 들어오게 되어 새로운 집을 찾아야 했습니다. 고민하며 골랐던 집은 주변 집보다 깨끗하여 좋았습니다. 그것이 시련의 시작일 거라는 걸 그때는 몰랐습니다. 계약을 하고 이사를 했지만 무언가 개운치 않은 느낌은 지워지지 않았고, 그 사건 피해자로 전세금을 날릴 위기를 맞이했었지요. 감사하게도 남편의 빠른 판단과 대처로 재판을 통해 전세금을 찾을 수 있었습니다.

누구에게나 힘든 시간이 있습니다. 그러나 계절에 따라 빛이 변하듯 힘든 시기를 지나고 나면 또 다른 빛이 우리를 비추어 줍니다. 하나의 여름이 지난 다음 여름은 또 찾아옵니다. 계절이 바뀌듯 어려움도 계속 되지는 않았습니다. 세 번째 집에서 저희 가족은 안정을 찾게 되고 희망과 행복을 더 크게 맞이할 수 있었습니다. 시련의 시간을 견뎌낸 후 가족의 유대감은 더 커졌고 행복이 진행 중입니다. 『여름 가을 겨울 봄 그리고… 다시여름』 "아르기로 피피니 글

/ 사마르치 그림 / 신유나 옮김 / 옐로스톤" 은 집을 잃었거나 사람을 잃었거나 또는 첫 번째 기회를 떠나보내고 슬픔에 빠진 사람들에게 풍요로웠던 여름은 반드시 돌아온다는 희망의 메시지를 전하는 그림책입니다. 버려진 집은 새로운 가족을 만나 다시 여름을 맞이하게 됩니다. 이 책에서 저는 평온함의 미덕이 느껴집니다. 아픔을 겪은 많은 분들이 여름이 지나 다시 여름이 올 때쯤엔 평온함의 미덕이 깨어나 희망을 주었을 거라고 생각해 봅니다. "평온함의 미덕은 우리 안에 있습니다" 내가 상처 받고 싶지 않을 만큼 상대를 대하고, 가족이 모두 건강하다는 것을 생각해보세요. 같은 것은 없습니다. 다르기 때문에 우리의 삶이 더 풍요롭다는 것을 생각해보는 것만으로도 평온함의 미덕은 깨어납니다. 시련을 이겨낸 여러분의 가족에게도 평온함의 미덕 함께하길 바래봅니다.

## 그림책을 보며 궁금했던 점을 질문해 보아요

- 행복은 영원하지 않습니다. 그래서 우리는 힘들다고 느끼게 되죠. 혼자라고 느낄 때 누가 제일 먼저 떠오를까요?
- 나에게 집은 어떤 공간인가요?
- 내가 가장 좋아하는 계절은 언제인가요? 그 계절이 좋은 이유도 말해보아요
- 결혼을 하고나서 어떤 점이 가장 행복했나요?
- 무엇이 가장 힘들었나요?
- 결혼은 남과 여, 서로 다른 가정에서 자라다가 만나지요. 여름에서 다시 여름이 오기까지 어떤 변화가 있었을까요? 현재 나의 생활을 생각해보며 얘기해도 좋습니다.
- 누구에게나 힘든 시기가 있습니다. 그 시기를 잘 이겨낼 수 있도록 도와준 사람이 있나요?

- 힘든 과정을 이겨내고 다시 꽃을 피워본 경험이 있나요?
- 지금 이 순간 어떤 미덕이 필요할까요?
- 주고 싶은 미덕은 무엇인가요? 그 미덕을 주고 싶다고 생각한 이유는 무엇인가요?
- 어떤 미덕을 주면 행복해 할까요?
- 나에게 필요한 미덕은 무엇이라고 생각하나요?
- 누군가 나에게 미덕카드를 건넨다면 어떤 미덕을 받고 싶은가요?

**함께 보면 좋은 그림책**

**『한밤의 선물』, 『여름 가을 겨울 봄 그리고… 다시여름』**

## 2. 남편과 아이들을 사랑하기

장갑 한 짝이 땅에 떨어진 후, 남은 한 짝이 느끼는 감정을 섬세하게 그려 낸 『작은 사랑 이야기』 "티아 나비 글/ 카디 쿠레마 그림 / 웅진주니어" 의지하던 존재가 사라졌다는 상실감, 혼자 남았다는 두려움은 관계의 의미에 대한 깨달음으로 이어집니다. 장갑은 왼쪽과 오른쪽이 모여 한 켤레를 이루었을 때 온전한 하나가 됩니다. 왼쪽이나 오른쪽만 있다면 쓸모를 잃게 되지요. 사람 사이도 마찬가지입니다. 단짝 친구, 연인, 아이와 부모 등 소중한 관계는 결코 혼자 맺을 수 없습니다. 남편 없이 저 혼자였다면 여전히 제가 가지고 있는 새로운 모습을 발견하지 못했을 것입니다.

세상 밖으로 나와서 누구의 아내, 누구의 엄마로 살기보다 주체적으로 살라고 채찍을 하였고, 그 채찍은 잠들어 있는 보석들과 숨어있는 보석들을 발견하게 했습니다. 글을 쓰게 하였고, 끊임없이 공부를 하게 하였습니다. 그 결과 사람들 앞에서 강의도 할 수 있게 되었습니다. 남편과 아이들이 아니었다면 여전히 저는 잠들어 있는 보석들을 깨우지 못한 채 방황하고 불만으로 살아가고 있을지 모릅니다. 부족하지만 저의 부족함을 채워주고, 저의 능력을 깨워주어 각자 자신이 잘 할 수 있도록 격려하는 따뜻한 가족이 될 수 있었습니다.

"싫어! 싫다고~"

"애 좀 내버려 둬! 싫다고 하면 그만 해야지 왜 자꾸만 애를 건드려?"

"난 린이와 노는 게 재밌어. 어느새 린이가 이만큼이나 커버려서 아쉽네. 쪼그마한 꼬마였는데 벌써 숙녀가 다 되었다니."

"그러니까 린이가 싫다고 하면 그만 좀 해! 조용하다가도 당신만 오면 시끄러워. 평소 린이가 소리 지를 일도 없고 순한데 점점 성격이 달라지는 것 같아. 제발 린이가 싫다고 하면 건드리지 말아줘! 성격 나빠지면 당신이 책임져!"

"그럼 나야 좋지! 우리 딸이랑 평생 살 수 있으니까."

아이가 싫다고 해도 남편은 그런 모습마저 사랑스러운지 계속 장난을 치며 놉니다.

"누가 아빠랑 산데 난 아빠랑 안 살 거야!"

"그럼 아빠는 네 옆에 꼭 붙어 다닐 거지롱~"

"싫어 싫단 말이야. 난 강아지 키우면서 살 거라고!"

코로나가 가져다 준 일상은 가족과 지내는 시간이 많아졌습니다. 각자의 생활에 바빴던 시간들을 보상이라도 하듯 함께 하는 시간이 길어지면서 투덕거림도 많아졌지만 그 투덕거림은 사랑의 또 다른 표현이었습니다. 퇴근 후 집에 와서 함께 저녁 먹는 시간이 많아지고 다른 사람과의 만남보다 가족끼리의 외출과 여행이 많아졌습니다. 아이가 싫다고 하는데도 계속 건드리는 것 역시 자신만의 사랑 방식이었습니다. 그러나 저는 그 사랑방식이 견디기 힘들 때가 많습니다. 아이가 싫다고 말하는 데도 계속 하는 것이 마치 나에게 하는 것 같아서 더 싫다고 느껴졌을지도 모릅니다. 퇴근하고 집에 오면 보고 있던 TV채널을 돌려 버리고, 숙제하고 있는 아이 불러서 앞에 있는 휴지 달라고 하고, 아이 몫으로 남겨놓은 간식은 나눠 먹자고 하면서 크게 한입 베어 물어 먹을 게 없이 만들기나 하는 남편을 보며 『우리아빠는 내 맘대로 대마왕』을 그리고 썼습니다. 『내 동생 오똥예』를 쓰고 나니 가족의 일상을 관찰하고 기록으로 남겨놓는 것이 익숙해졌고 그러면서 남편과 아이들을 더 사랑하게 된 것 같습니다. 1년 가까이 코로나로 모두가 힘든 상황에서 가족과의 관계가 좋지 않았다면 이겨낼 수 있었을까? 라는 생각을 해봅니다. 모든 게 봉쇄된 시점에서 24시간을 오롯이 함께한다는 것이 힘들 때도 있었고 사소한 일로 싸우기도 했었지요. 그럼에도 힘들었던 기억보다 잘 이겨내고 있고, 크게 어려움 없이 지낼 수 있었던 이유는 소중한 관계를 잘 유지하고 있기 때문인 것 같습니다.

동창회를 다녀온 아내가 기분이 안 좋아서 들어옵니다. 눈치를 보면 저녁을 먹고 설거지를 하는 아내가 계속 혼잣말로 중얼거리기에 남편이 물어봅니다.

"오늘 동창회에서 무슨 일 있었어? 왜 이리 기분이 안 좋아?"

"나만 남편이 있다고!"

"그게 무슨 말이야?"

"글쎄, 나만 남편이 있어서 다른 친구들 2차로 놀러 가는데 못 갔잖아."

"당신도 가지 그랬어?"

"내 말 아직도 못 알아들었어?"

"다른 친구들은 다 혼자라서 갔던 거고, 나는 당신 저녁 챙겨줘야 해서 들어온 거라고!"

지인이 우스갯소리로 들려준 이야기지만 참 씁쓸했습니다. 남편이 있어서 좋은 게 아니라 챙겨주어야 할 남편 때문에 놀지 못하고 들어와 짜증내는 부인을 보며 남편은 무슨 생각을 했을까요? 저 역시 남편 저녁 차려주기를 부담스러워 하기에 살짝 찔리는 부분도 있었습니다. 그런데 친한 친구 2명이 갑자기 남편을 하늘나라로 보내고 나니 남편이 옆에 있다는 것만으로도 감사하기로 마음을 바꾸게 되었습니다. 가까운 지인의 안타까운 소식을 접하고 나서 정신을 차렸습니다. '왜 나 스스로 힘들게 하는 거지? 객관적으로 네 모습을 봐봐, 너는 지금 행복을 행복으로 받아들이지 못하고 있어!'라는 생각이 들었습니다. 남편이 가족들을 위해 애쓰고 있으며, 우리 가족이 행복하기 위해 노력하는 모든 일들, 그리고 아이들 역시 건강하게 잘 자라주고 있음에 감사한 마음을 갖게 되었습니다. 옆에 있어서 고마운 남편, 그리고 그 아이들이 있기에 제가 당당할 수 있었다는 걸 이제는 압니다. 남편과 아이들이 없었다면 제가 지금처럼 이렇게 단단해질 수 있었을까요?

사람 마음이 참 이상합니다. 밉다고 생각하면 모든 것들이 밉기만 했는데 감사한 부분을 찾으니 감사한 것들이 많더라고요. 그리고 다시 남편의 입장에서 아내인 저를 생각해보았습니다. 제가 생각해도 별로인 모습들이 많았습니다. 늘 찌푸린 인상, 힘들다고 투덜대는 말과 행동을 보면서 남편도 제가 마음에 들지 않는 부분이 있어도 잘 참아줬구나 라는 생각을 하니 미안한 마음이 듭니다. 고마운 마음, 감사한 마음이 제 몸에 깊이 스며듭니다. 아이들의 환한 미소, 바른 생각들이 저를 더 채우게 만들었습니다. 『작은 사랑 이야기』는 이처럼 세상에서 가장 가까운 관계에 대한 이야기를 들려주고 있습니다. 저에게 가장 가치 있는 것이 무엇인지를 잊지 않고 그에 따라 살아가도록 해준 "한결같음"의 미덕을 생각해 봅니다. 그리고 한결같은 사랑을 보내준 가족들에게 잠들어 있는 상냥함의 미덕을 꺼내어 보려고 합니다. "한결같음의 미덕은 우리 안에 있습니다" 말과 행동이 일치하고 다름을 받아들여주는 사람에게 감사를 느낀다면 이미 한결같음의 미덕을 깨운 것입니다. 자신의 목소리를 내기보다 함께 가려고 노력해주세요. 실수를 했을 때 털어버린다면 성장할 수 있는 기회라고 생각할 것입니다. "상냥함의 미덕도 우리 안에 있습니다" 따뜻한 마음의 목소리로 말하고, 자신의 감정을 평안해질 때 표현한다면 상냥함의 미덕을 깨운 것입니다. 다만 내 마음이 허락할 때까지 기다려야합니다. 저의 남편과 아이들은 불만이 많고, 짜증을 내는 저에게 어렵더라도 저를 위해 끊임없이 웃어주고 긍정의 메시지와 함께 미소를 보내주었기에 우리가족이 행복할 수 있는 것 같습니다.

### 그림책을 보며 궁금했던 점을 질문해 보아요

- 작은 사랑은 어떤 사랑일까요?

- 표지 속 여자아이에게 사랑은 무엇일까요?

- 아이에게 풍선은 어떤 의미일까요?

- 여러분에게도 작은 사랑이 있었나요? 어떤 사랑이었나요?

- 나에게도 오른쪽 장갑 같은 사람이 있나요? 누구인가요?

혼자 남게 된 왼쪽 장갑은 더럭 겁이 났습니다. 여러분도 혼자 남겨진 적이 있나요?

- 혼자 남겨졌을 때 어떤 기분이었나요?

- 난로의 열기로 힘들어하는 장갑 두 짝은 왜 웃고 있을까요?

- 여러분은 트리누처럼 자기물건을 소중하게 여기나요?

- 장갑 두 짝을 모두 잃어버렸다면 트리누는 어떤 기분이었을까요?

- 상대방은 나를 위해 한 행동이었지만 나는 장갑 두 짝처럼 힘들었던 적이 있나요?

- 상대방을 위해 한 행동이었지만 상대방이 힘들어했던 적은 있나요?- 왼쪽 장갑은 오른쪽 장갑을 위해 주머니에서 빠져나오기로 마음먹었습니다. 만약 나라면 어떤 선택을 했을까요?

- 오른쪽 장갑을 다시 만나자 왼쪽 장갑은 마음이 놓였습니다. 나에게도 함께 있으면 편안하고 소중한 사람이 있나요?

- 혼자 남게 된 왼쪽장갑에게 어떤 미덕이 필요할까요?

- 트리누에게 주고 싶은 미덕은 무엇인가요? 그 미덕을 주고 싶다고 생각한 이유는 무엇인가요?

- 왼쪽장갑에게 어떤 미덕을 주면 행복해 할까요?

- 오른쪽 장갑에게 필요한 미덕은 무엇이라고 생각하나요?

- 누군가 나에게 미덕카드를 건넨다면 어떤 미덕을 받고 싶은가요?

**함께 보면 좋은 그림책**

**『작은 사랑 이야기』**

## 3. 사랑에 서툰 아내, 그리고 엄마

"아……악!"

"엄마!, 엄마!"

잠깐 화장실에 간 사이 둘째아이의 자지러지는 울음소리, 큰 아이의 다급한 목소리가 들려왔습니다

"왜! 무슨 일인데?"

택이가 대답하기도 전에 상황은 눈에 들어왔습니다. 둘째가 자기 다리위에 침구용 스팀다리미를 올려놓은 것입니다. 이러지도 저러지도 못한 채 아이는 울고만 있습니다.

"아……악!"

"왜 그랬어?"

저 또한 상황을 수습할 생각은 못한 채 소리만 지르고 있었습니다.

"왜 이렇게 시끄러워!"

"아니 왜 그래?"

"몰라! 어떡해…….흑. 흑. 흑."

침구용 청소기로 침대 위 청소를 하다가 화장실이 급해서 전원을 끌 생각도 못한 채 간 것입니다. 그 사이 4살이었던 린이가 청소기가 신기해서 이것저것 눌러보다가 아무 생각 없이 자기 다리위에 올려놓은 것입니다. 다리미를 치우고 아이 다리를 보니 살갗이 벗겨지고 빨개진 사이 아이는 여전히 아파서 울고 있었습니다.

'일단 열을 식혀야해!'

아무 생각 없이 아이를 들어다가 흐르는 물에 다리를 씻기고 감자를 깎아서 아이 다리위에 올려놓고는 정신없이 왔다 갔다 하고 있지요. 남편역시 어쩔 줄 몰라서 왔다 갔다 하고만 있었습니다. 아이는 울다가 지쳐서 품에 안겨 잠들었고, 날 새기만 기다리다 저도 잠이 들었습니다.

"병원 다녀와서 전화 줘!"

남편은 그 말만 남기고는 아무렇지 않게 출근해버렸습니다.

'가까운 피부과가 어디 있지?'

'다 버스를 타고 가야 하는 곳이네?'

'아냐! 그냥 가까운 소아과가 나을까?'

'택시를 타고 가는 게 나을까?'

'출근시간이라 막히겠지?'

'일단 집 앞 소아과에 가보자! 치료가 우선이니까…….'

빨리 병원에 데리고 가는 게 나을 거라는 판단에 일단 가까운 소아과로 린이를 데리고 갔습니다.

"에고! 살갗이 다 까져서 고생 좀 했겠네! 쯧쯧!"

"열은 제대로 식힌 거예요?"

"화상은 초기 열을 빼는 게 관건인데!"

"바로 병원에 데리고 갔어야지! 왜 밤새 기다린 거예요!"

"흉터 생기겠네!"

"흉터가 많이 남을까요?"

"글쎄! 장담을 못하겠네? 그래도 하는 데까지 해봅시다. 드레싱 좀 준비해줘요!"

"당분간 매일 와서 소독하고 상처 치료하도록 해요!"

"네……."

아뿔싸! 왜 아이를 데리고 바로 응급실로 뛰어가지 않은 걸까? 남편은 내가 허둥대고 있을 때 왜 응급실로 가자는 말을 안했던 걸까? 나는 왜 아이만 놔두고 청소기를 그대로 둔 채 화장실을 간 걸까?

뒤늦게 후회와 자책이 밀려왔지만 이미 일은 벌어졌기에 수습하기로 했습니다.

"일단 데려 와 보세요. 하지만 흉터는 장담 못해요!"

"정……. 걱정되면 아이가 크면 그때 레이저로 치료하는 방법도 있어요!" 라는 말만 들었습니다. 상처 치료할 때 아파서 울어 댈 때면 저의 잘못이라는 생각에 같이 울었습니다.

'린아 미안해. 엄마가 미안해.'

'엄마 머리가 어떻게 되었었나봐!'

저도 제가 왜 그랬는지 이해가 되지 않았습니다. 어떻게 아이가 있는데 다리미를 정리도 안한 채 화장실을 갔던 것일까요? 다행히 소아과에서 치료를 잘 받은 덕분에 아이의 상태는 호전되었고, 흉터도 점점 옅어지기 시작했습니다. 무엇보다 아이가 잘 견뎌준 덕분이었지요. 그 일이 있은 후부터 아이도 조심하고 저도 조심하여 지금까지 무탈하게 잘 자라주고 있습니다.

다림질을 하다 잠깐 딴 생각을 하는 사이 생긴 커다란 다리미 자국을 바라보며 걱정하는 마음에 이런저런 방법을 찾는 상황을 흥미롭게 그리고 있는 『문제가 생겼어요』 "이보나 흐미엘레프스카 글, 그림 / 논장" 그림책을 보면 둘째 린이의 아픈 상처가 생각나기도 합니다. 하지만 그 일을 저는 상처라고만 생각하지 않고 오히려 조심하는 계기가 되었습니다. 아이의 마음을 더 신경 쓰려고 노력했고, 아이를 더 사랑할 수 있었기에 아이와의 관계가 좋아졌습니다. '엄마가 원하는 것을 다 해주어 스트레스가 없다'고 말하는 두 아이들은 서툴렀던 저를 제가 인정하고 아이들과 고민하며 좋은 엄마가 되도록 성장시키게 해주기도 하고 소통하는 엄마가 될 수 있게도 해 주는 것 같습니다.

할머니가 수를 놓은, 엄마가 가장 아끼는 소중한 식탁보에 그만 다리미 얼룩이 생겨 버려서 아이는 당황합니다. 어떡하지? 무슨 방법이 없을까? 눈앞의 얼룩을 없애고 싶은 마음은 삼각형 다리미 자국을 따라 온갖 상황을 만들어 갑니다. 가장 비싼 세제로도 지울 수 없고, 인터넷에서 여러가지 방법을 찾아보지만 소용이 없습니다. 기도해도 안 됩니다. 아무리 궁리해도 그럴듯한 방법이 떠오르지 않아서, 동생이, 할아버지가 그랬다고 말할까? 라며 이래저래 고민만 해 봅니다. 그런데도 마음이 편하지 않자 땅속 깊숙이 숨어버리고 싶다는 생각을 합니다. 마치 제가 어릴 적 잘못 했을 때 생각해 냈던 방법으로 이 아이도 혼날 것이 두려워서 여러가지 방법을 생각해봅니다. 하지만 갈 곳은 아무데도 없고, 내 잘못이라는 건 누가 봐도 확신할 것 같습니다. 이제는 잘못을 털어놓고 용서를 비는 방법밖에 없습니다. 엄마를 마주하기가 두려워하는 아이를 보며 어릴 적 엄마가 소중하게 아끼는 것을 망가뜨리고 혼날까봐 숨었다가 잠이 든 적이 있었는데 그런 제가 없어진 줄 알고 동네를 이곳저곳 헤매다 지쳐서 돌아오셨던 엄마가 걱정했다는 말씀만 하시고 무사히 넘어갔던 생각이 떠올랐습니다. 저는 혼날까봐 무서워서 누워 있다가 잠이 들었던 건데 그걸 몰랐던 것이지요. 잃어버린 줄 알았던 제가 다행히 다락방에서 잠들었다가 깨어 왔다는 것에 무사히 넘어갔던 것 같습니다. 드디어 엄마가 식탁보를 보았습니다. 그런데 엄마는 야단을 치기보다 다리미를 달구더니 여러 모습을 찍어냅니다. 다림질 세모 자국은 떨어지는 로켓 폭탄이 되고, 다시 힘 센 남자의 역삼각형 몸통이 되고, 세제 통이 되고, 인터넷 마우스가 되고, 교회 건물이 되고, 할아버지 담뱃대가 되고, 울타리 쳐진 새장이 되고, 엄마의 눈이 됩니다. 야단맞을 줄 알았던 엄마에게 오히려 더 많은 상상력을 선물 받게 된 아이는 그제 서야 마음이 놓입니다. 아이가 실수로 낸 다리미 모양을 본 엄마는 야단을 치기보다 세모난 얼룩이 각각의 상황에 따라 다양한 그림으로 표현되는 모습을 보며 아이는 위안이 되었겠지요. 로켓이 되었다가 세제 통이 되고, 인터넷 마우스가 되었다가 교회 건물이 되는 등, 재치 있는 그림이 상상력을 자극합니다. 하늘에서 떨어진 로켓처럼 이처럼 갑작스럽게 당한 큰일에는 어떤 힘 센 사람이라도 맞설 수 없을 것입니다. 아이의 마음을 읽기라도 한 듯 엄마가 보여준 유연성의 미덕을 보며 저 역시 아이들이 실수했을 때 유연성의 미덕을 발휘하도록 노력하려고 합니다. "유연성의 미덕은 우리 안에 있습니다" 다르게 생각할 수 있다는 것을 인정해주세요. 새로운 시각, 새로운 생각으로 표현할 수 있도록 해 준다면 모든 것이 이해가 됩니다. 때로 생각한 대로 되지 않을 수 있다는 것도 받아들인다면 유연성의 미덕은 반짝거릴 것입니다.

### 그림책을 보며 궁금했던 점을 질문해 보아요

- (표지를 보며) 어떤 문제가 생긴 걸까요?
- 이 그림을 보면서 어떤 것이 떠올랐나요?
- 식탁보는 누가 만들어 준건가요?
- 식탁보에 무엇이 생겼나요?
- 엄마가 돌아와서 식탁보를 보고 어떻게 말씀하셨나요?
- 나라면 아이가 이렇게 문제를 일으켰을 때 어떻게 했었을 것 같나요?
- 부모님이 가장 아끼는 물건을 망가뜨린 경험이 있었나요?
- 실수로 물건을 망가트린 적이 있나요?

- 실수를 했을 때 어떤 마음이 드나요?
- 용기를 내서 잘못을 말한 적이 있나요?
- 실수를 했을 때 용기를 낼 수 있는 나만의 특별한 방법이 있나요?
- 실수를 했을 때 누군가에게 용기를 준 경험이 있나요?
- 실수를 했을 때 누군가에게 위로 받았던 적이 있나요?
- 지금 이 순간 어떤 미덕이 필요할까요?
- 엄마에게 주고 싶은 미덕은 무엇인가요?
- 그 미덕을 주고 싶다고 생각한 이유는 무엇인가요?
- 엄마가 아이에게 보여준 미덕은 무엇인가요?
- 나에게 필요한 미덕은 무엇이라고 생각하나요?
- 누군가 나에게 미덕카드를 건넨다면 어떤 미덕을 받고 싶은가요?

워킹 맘이 아니라 아이들과 함께 하는 시간이 많지만 저는 잘 못하는 게 많습니다. 그건 바로 놀아주는 것! 어릴 때 잘 놀아본 기억이 없는 건지, 노는 것에 흥미를 느끼지 못하는 건지 잘 모르겠습니다. 잘 놀아주는 엄마에게 물어보면 놀아주는 게 아니라 같이 논다고 말을 합니다. 그래서 그런지 큰 아이는 초등 5학년이 될 때까지 밖에서 놀지 않았습니다. 남자 아이가 너무 놀지 않아서 걱정할 정도였으니까요. 아이에게 물어보니 놀아본 경험이 없어서 못 놀았다고 합니다. 그 말이 너무 미안했습니다. 둘째와 4살 터울이던 큰 아이에게 피곤하다는 이유로, 동생 때문이라는 이유로 밖에 자주 나가지 못했고, 집에서도 잘 놀아주지 못했습니다. 다행히 6학년 때 성격 좋은 친구들을 만나 지금은 너무 놀아서 걱정일 정도로 잘 놀고 있습니다. 첫 아이와는 달리 둘째도 잘 놀아주지는 못하지만 대신 밖에 나가고 싶어 할 때는 특별한 일이 있지 않고서는 늘 함께 나가 있었습니다. 놀아주지 못하는 대신 놀 수 있는 여건을 만들어 주었더니 둘째는 밖에 못 나가면 병이 날 정도입니다. 그런 아이가 지금 코로나로 인해 집에만 있으니 전자기기와 친구가 될 수밖에 없었을 것입니다. 엄마 자판기 책을 보면서 우리 아이가 바라는 엄마는 어떤 엄마일까 궁금해져서 물어봤습니다.

"엄마 자판기가 있으면 어떤 엄마를 뽑고 싶어?"

"특별히 바라는 엄마 없는데?"

"왜?"

"엄마는 내가 원하는 것 웬만하면 다 해주니까. 아, 한 가지 있다. 최신 핸드폰."

다행입니다. 엄마로서 부족하고 잘 놀아주지 못해서 미안했는데 감사하게도 엄마에게 큰 불만을 가지고 있지 않다고 말해주어 너무 감사합니다. 『엄마자판기』는 늘 바빴던 엄마가 어느 날, 엄마 자판기가 나를 찾아오게 되는 이야기입니다. 아이들에게는 엄마와 노는 것이 가장 행복한 일 중 하나이지요. 엄마가 늘 집에 있었으면 좋겠고, 쉬는 날이면 엄마와 놀이공원도 가고 싶어 합니다. 엄마가 온통 내 차지가 되면 좋겠지만 그 시간을 온전히 아이와 보내지 못하는 엄마도 있습니다. 『엄마 자판기』 "조경희 글. 그림 / 노란돼지"에 나오는 엄마처럼!. 놀이공원에 데리고 가겠다는 딸과의 약속을 지키지 못할 만큼 엄마는 바쁩니다. 토요일도 일해야 하는 엄마 때문에 신우는 심심하고 속상하기만 합니다. 식탁 가득 싸놓은 김밥도 그리 반갑지는 않습니다. 그래도 신우는 엄마 없는 시간을 꿋꿋하게 견뎌 내지요. 하지만 일을 하고 들어온 엄마는 신우에게 핸드폰만 한다고 혼을 내고, 얼른 씻으라고 재촉합니다. 그런 엄마가 신우는 야속하기만 합니다. 엄마가 너무 미워서 없어졌으면 좋겠다고 생각하며 잠이 드는데 일어나 보니 정말로 엄마가 보이지를 않습니다. 엄마가 미워서 없어졌으면 좋겠다고 생각해서 엄마가 없어진 줄 알았던 신우는 겁이 납니다. 그래서 정신없이 엄마를 찾지요. 정말 엄마가 없어진 건 아닐까? 라며 불안한 마음으로 여기저기 찾다가 혹시 하는 마음으로 엄마 방의 문을 열었는데, 엄마는 없고 어마어마한 엄마 자판기가 놓여있는 것을 발견하게 됩니다. 자신을 눌러 달라고 하면서 말이에요. 신우는 걱정했던 마음도 잠시 엄마 자판기를 보면서 신기해 합니다. 엄마 자판기는 바로 신우의 바람을 담아 구현된 기계입니다. 평소 엄마와 해 보고 싶었던 놀이를 모두 함께 해 볼 수 있는 자판기이지요. 자판기에서 나온 엄마들은 신우와 함께 피자 만들기, 공주 놀이, 공 놀이, 셀 카 찍기 놀이 등을 같이 합니다. 마지막으로 자유 맘과 함께 업기 놀이까지 끝낸 신우는 기분이 정말 좋습니다. 그동안의 외로움을 보상받기라도 한 듯 행복합니다. 엄마 자판기에서 나온 엄마들과 함께한 놀이가 전부 진짜 엄마와 했던 일이라는 것을 신우는 알게 됩니다. 엄마는 신우를 그만큼 사랑하고 있다는 것을. 아이의 마음을 어루만져 주는 따뜻한 그림책이라 함께 보는 저도 흐뭇해집니다. 엄마자판기를 생각해 낸 신우 엄마의 창의성이 반짝이는 것 같아 창의성의 미덕을 함께 꺼내봅니다. "창의성의 미덕은 우리 안에 있습니다" 잠들어 있는 재능을 깨우고, 상상력을 동원해 보세요. 창의성의 미덕이 반짝거릴 것입니다. 창의성의 미덕은 미래를 꿈꾸며 새로움을 찾아볼 수 있게도 함을 기억하시기 바랍니다.

### 질문해 보아요

- 아이들에게 나는 어떤 엄마인가요?
- 아이와 잘 놀아주고 있나요?

- 아이가 원하는 것들을 함께 할 때가 많은가요?
- 함께 하지 못할 때는 아이에게 이유를 설명하는 편인가요?
- 자판기에서 아이들은 어떤 엄마를 뽑고 싶을까요?
- 아이에게 지금 이 순간 어떤 미덕이 필요할까요?
- 엄마에게 주고 싶은 미덕은 무엇인가요?
- 그 미덕을 주고 싶다고 생각한 이유는 무엇인가요?
- 아이에게 어떤 미덕을 주면 행복해 할까요?
- 엄마가 아이에게 보여준 미덕은 무엇이라고 생각하나요?
- 누군가 나에게 미덕카드를 건넨다면 어떤 미덕을 받고 싶은가요?

**함께 보면 좋은 그림책**

**『문제가 생겼어요!』, 『엄마자판기』**

## 4. 변화를 위한 시작

"요즘 왜 이렇게 피곤해 보여요?"

"그림책을 만들고 있는데 시간이 촉박해서요."

"그림책 작가였어요?"

"아니요. 도서관에서 그림책 만들기 강좌를 듣고 있는데 늦게 시작하는 바람에 글 쓰고 그림에 맞게 인형 만드느라 그래요"

"와~ 멋지네요. 글 잘 쓰는 사람 부러워요!"

"다음에도 2기 모집한다는데 그때 알려줄까요?"

"네~ 꼭 알려주세요."

아이가 다니는 문화센터에서 매주 두 번 만났던 지인은 딸 셋을 둔 엄마인데 인형도 만들고 강의도 하면서 보성에 있는 공립 대안중학교를 다니는 딸에게도 다녀옵니다. 알겠지만 보성과 서울은 그리 가까운 거리가 아닙니다. 그런데도 매월 두 번씩 아이를 위해 다니는 것은 쉽지 않지요. 일과, 교육, 자기계발 그 어느 것에도 소홀히 하지 않는 듯한 지인을 보면서 저를 돌아보게 되었습니다.

"도서관에서 그림책 2기 과정 모집한다고 해요. 지난번에 공고 올렸는데 바로 마감돼서 이번엔 공고 올리기 전 관장님께서 알려주셨는데 등록하실래요?"

"정말요? 그런데 저도 할 수 있을까요?"

"시도하지 않으면 아무것도 할 수 없어요!"

지인의 양손엔 언제나 큰 장바구니가 들려있습니다. 그 장바구니는 다름 아닌 아이들 책이지요. 엄마가 빌리기도 하지만 대부분 딸 아이가 골라온 책들입니다. 아이는 엄마들이 잠깐의 수다 타임 중에도 책을 읽습니다. 그런 모습을 보며 저희 집은 어떤 부분이 문제일까 생각해보았습니다. 아이들에게 책을 읽히고 싶다는 생각만 했지 의무감이 아닌 좋아서 책을 읽어 준적은 있는지, 또 엄마인 제가 먼저 책을 읽는 모습을 보여준 적이 있는지 등. 그리고 엄마인 나는 나를 위해 어떤 노력을 하는가? 라는 질문에 약간 망설이기도 했습니다.

그림책 만들기 과정에 등록하고 나서 차를 마실 기회를 가졌습니다. 이런 저런 이야기를 나누다 보니 나이가 같다는 걸 알았습니다. 나이가 같음을 알았을 때 반갑기도 하고 창피하기도 했습니다. 그래도 저는 창피함을 무릅쓰고 도전해 보기로 결정을 합니다.

강의 시작하던 날 도서관에 갔을 때는 그림책 출판사로도 유명한 봄봄 출판사 사장님도 와 계셨습니다. 저는 그때 정말 어리석은 질문을 했습니다. 그런데 그 어리석은 질문에서 저의 변화는 시작이 되었지요. 지금 생각해보면 너무 창피한 질문이었던 질문을 했지만 봄봄 사장님은 제 질문에 답변을 하지는 않았습니다.

아이들에게 저는 가끔 당연한 걸 왜 물어보냐고 생각할 때가 있습니다. 다 알 거라고, 또는 배웠을 거라고 생각하며 당연한 것들을 못할 때 답답해하며 핀잔을 주었던 것이 생각납니다. 저 역시 어이없는 질문이었지만 정말 몰랐었기에 질문했는데 그 질문에 답을 안 해주시더라고요. 그렇게 저는 그림책에 무지한 사람이었습니다. 그림책을 좋아하는 사람이라면, 아니 조금만 관심 있는 사람이라면 누구나 다 알고 있는 내용을 저는 몰랐고 그때부터 그림책에 대한 공부를 시작했습니다. 그때 제가 했던 질문이 얼마나 어이가 없었으면 말을 못하셨을까 생각하니 지금 생각해도 창피합니다. 아마도 함께 있었던 사람들 역시 제가 과연 책을 읽기나 하는 걸까? 그림책을 만들겠다고 생각했던 사람이 그런 기본상식도 모르냐는 듯 쳐다보았던 기억이 납니다. 그렇게 6개월 동안 강의를 들으면서 기의, 기표, 플롯, 작가가 원하는 내용은 무엇인지에 대해 설명하는데 하나도 모르겠더라고요. 그림책도, 글쓰기도 이론으로 배운 것이 처음이었기에 열심히 다녔습니다. 저의 장점은 제가 배우겠다고 하는 것들은 잘 하지는 못해도 성실하게 다닌 다는 것입니다. 글쓰기에 대해 수업을 듣게 된지 4개월째가 되었을 때

"쓰고 싶은 이야기를 글로 써오세요."

"이제 부터는 글을 써야 그림책도 만들 수 있습니다."

순간 머리가 멍해졌습니다. 그림책을 만들어보겠다고 도전한 것이 무모했던 것일까? 기초공사도 안했는데 건물을 세우라는 말처럼 들려서 그림책 만들기를 그만 둘까? 라는 생각을 해 보게 되었습니다. 수업을 마치고 같이 수업 듣던 선생님과 집으로 가면서 "다음시간엔 아마도 저는 참여하지 않을 수도 있을 것 같아요."

"그건 저도 마찬가지에요." 라며 헤어졌습니다.

"얘들아! 엄마가 그림책 만들기 수업을 듣는데 이제부터 쓰고 싶은 글을 써오래."

"엄마! 진짜 그림책 만드는 거예요?"

"어. 그런데 엄마가 글을 안 쓰면 그림책은 못 만들겠지?"

"엄마 해봐요. 엄마가 만든 그림책 저도 보고 싶어요!"

그림책 만들기 수업을 듣는다고 했을 때 남편은 시큰 둥 했지만 아이들은 엄마가 그림책을 만든다고 하니 기대가 된 모양입니다.

"야! 오똥예~ 오빠 물 좀 갖다 줘~" 라며 택이가 동생을 부르는 소리가 들렸

습니다. 린이는 오빠가 늘 부르는 별명이기에 아무렇지 않게 물을 갖다 주는 모습을 보며 아이들 이야기로 그림책을 쓰면 아이들과 저에게 소중한 의미가 될 것이라는 생각에 써 보겠다는 생각을 갖고 노트북을 켰습니다. 처음 써보는 글, 어떻게 시작해야 하지? 시작은 느닷없이 쓰면 된다는 말을 듣고 생각나는 대로 적어 내려갔습니다. 4개월 동안 재미있게 수업을 들었지만 글 쓰는 건 별개더라고요. 알려준다고 되는 것은 아니었기에 한참을 단어 나열로 시작하다가 느닷없이 시작하라는 말에서 용기를 내었습니다. 글을 쓰고 보니 '그림은 어떡하지?' 라는 생각에 또 한 번 걱정이 앞섰습니다. 마침 두 아이가 미술학원에 다니고 있으니 그림은 택이에게 부탁하면 되겠다고 생각하고 아이를 설득했습니다. 처음엔 안하겠다고 했지만 엄마의 간곡한 부탁에 마지못해 허락을 했습니다.

『내 동생 오똥예』 책을 써 보면서 생활 글 쓰는 것에 자신감을 얻게 되었습니다. 옷을 살 때 우리는 각자 자신에게 맞는 옷을 찾기 위해 이것저것 입어보지요? 글도 마찬가지였습니다. 평소 제가 글쓰기는 어렵다고 생각하며 시도조차 안했던 건 창작소설을 쓰는 것이 어려웠기에 그렇게 생각했던 것 같습니다. 하지만 저는 경험에 대한 이야기에는 재능이 있나봅니다. 글을 써보니 각자 자신에게 맞는 글이 있다는 걸 알게 되었습니다.

처음 그림책 만들기 강좌 듣기를 주저하고 시도하지 않았다면 지금의 저는 없었을 것입니다. 그렇기에 『내 동생 오똥예』는 저에게 터닝 포인트이자 잠들어 있는 보석을 깨워준 소중한 보물이지요. 되든 안 되든 관심이 있고 하고 싶다면 시도해보길 권합니다. 저 역시 시도하지 않았다면 저에게 이런 숨은 재능이 있을 줄 몰랐을 것입니다.

생활 속에서 있을 법한 이야기, 내 아이들의 이야기를 써보면서 아이와의 관계도 좋아지고 잠들어 있는 숨은 재능을 꺼내게 된 저는 자신감을 얻어 6권의 그림책까지 만들었습니다. 변화를 위한 한 걸음은 사춘기 아이와 싸우지 않고 잘 지내고 있게 해 주었고, 부모도 공부해야 한다는 걸 알게 해주었으며, 무엇보다 책과 친해지는 계기가 되었지요. 자기 계발서만 읽던 제가 그림책을 만들어 보면서 그림책에 관심을 갖게 되었고, 질문에 관심을 갖게 되었습니다. 그 결과 저는 그림책 아트코치로 활동하면서 아이들과도 독서논술지도 및 그림책 마음치유선생님으로 만나고 있습니다. 우연히 시작했던 그림책 만들기는 그림책에 관심을 갖게 하였고, 많은 사람들과 인연을 만들어 주었습니다. 도전하고 싶은데 용기가 없는 사람, 주저하는 사람, 변화를 주고 싶은 사람들에게 저처럼 용기를 내어서 두드리라고 하고 싶습니다. 알아서 하는 게 아닌 모르니까 시작해 보는 거지요. 그 시작은 많은 것들을 가져다줍니다. 변화의 시작에 당당하게 문을 두드리고 싶은 여러분에게 『소피는 할 수 있어, 진짜 진짜 할 수 있어』 "몰리 뱅 글, 그림 / 최나야 역 / 책읽는곰" 책을 소개하고 싶습니다. 저 역시 변화를 두려워하고 싫어하는 사람이었지요. 이사 가는 것도 두려워하고, 무언가를 하라고 던져주면 머리가 하얘지기도 했습니다. 예상하지 않았던 일들이 생기면 일단 화를 내기도 했어요. 그런데 그런 행동들, 마음은 나에게 어떠한 것도 도움이 되지 않았습니다. 무언가를 하고 싶다면, 변화를 주고 싶다면 과감함이 필요합니다. 아무것도 보지 않고 앞만 보고 달리는 것도 필요합니다. 돌아서서 창피한 일들이 있을지라도 말입니다. 시도하지 않으면 얻을 수 없다고 했던 지인의 말은 저에게 변화의 시작이었고, 그 시작이 지금의 저를 만들었습니다. 저 역시 '난 못 해!'라며, 주저했었지요. 하지만 우리가 모든 것을 못하지는 않는다는 것을 알았으면 좋겠습니다.

소피는 그림 그리기도 좋아하고, 축구도 잘하고, 채소밭도 잘 가꾸지만, 수학

만은 영 자신이 없습니다. 언니는 칠교 조각을 요리조리 움직여 금세 정사각형을 완성하는데, 소피는 몇 시간을 끙끙대도 제자리걸음입니다. "난 똑똑하지 못 해!" 소피는 앞으로도 수학은 절대 못 할 거라며 스스로를 한정짓게 되지요. 이런 소피 마음도 모르고 어김없이 수학 시간이 돌아왔습니다. 하필이면 도형 문제를 내주십니다. "난 못 해!" 소피는 금세 포기하려 했지만, 각자의 방식으로 노력하는 친구들을 보며 함께 힘껏 머리를 굴려 보려고 하지요. 끝없는 실패로 좌절하는 소피와 친구들에게 선생님은 '아직'이라는 마법의 주문을 알려줍니다. '아직' 풀지 못했을 뿐, 꾸준히 노력하면 해낼 수 있다는 것을 알려주고 있지요. 운동을 꾸준히 하면 근육이 튼튼해지는 것처럼, 생각을 열심히 해서 뇌 운동을 하면 뇌도 더 튼튼해진다며 계속 도전해 보라고 자신감을 북돋아 줍니다. 저에게도 이런 선생님이 계셨다면 수학을 포기하지 않았을 것 같습니다.

실패하는 걸 좋아하는 사람은 없습니다. 하지만 실패는 우리가 더 나아가기 위해 반드시 필요한 성장의 한 부분입니다. 실패를 함에도 우리는 큰 꿈을 꾸고 변화를 추구하지요. 그 꿈을 실현시키기 위해 이상품기의 미덕을 꺼내봅니다. "이상품기의 미덕은 우리 안에 있습니다" 이루고 싶은 것들이 이루어도록 계획을 세우고 꿈을 실현시키기 위해 노력해보세요. 희망을 가져보는 것만으로도 이상품기의 미덕을 깨운 것입니다.

### 그림책을 보며 궁금했던 점을 질문해 보아요

- 하고 싶지만 용기내지 못했던 일은 무엇이었나요?
- 스스로에게 어떻게 용기를 주나요?
- 할 수 있다고 생각하며 이뤄낸 일들 중 기억나는 일은 무엇인가요?
- 무언가를 하지 못하고 있을 때 '아직' 이라고 말해주며 용기를 주었던 사람이 있

었나요?

- 스스로 못한다고 생각하는 것은 무엇인가요?

- 못하지만 포기하지 않고 이루어 냈던 것 중 기억에 나는 일은 무엇인가요?

- 다른 사람과 비교하다 보면 나의 못하는 부분만 보이게 됩니다. 남들과의 비교가 아닌 스스로가 잘 했다고 생각한 것이 있나요?

- 지금 이 순간 소피에게 어떤 미덕이 필요할까요?

- 소피에게 주고 싶은 미덕이 있나요? 그 미덕을 주고 싶다고 생각한 이유는 무엇인가요?

- 소피가 어떤 미덕을 받으면 행복해 할까요?

- 나에게 필요한 미덕은 무엇이라고 생각하나요?

- 누군가 나에게 미덕카드를 건넨다면 어떤 미덕을 받고 싶은가요?

**함께 보면 좋은 그림책**

**『소피는 할 수 있어, 진짜 진짜 할 수 있어』**

## 5. 토마토는 토마토

누구나 한 번쯤 자신이 누구인지 고민해 본 적이 있을 것입니다. 과일과 야채 사이에서 고민한 토마토 역시 자신의 장점을 알아가고 찾는 과정에서 채소냐 과일이냐가 중요한 것이 아닌 토마토는 토마토 자체로서 소중하다는 것을 알게 되는 이야기를 써 보았습니다.

저는 제가 무얼 잘하는지 무얼 좋아하는지 잘 모르고 지내왔습니다. 누구나 잘하는 게 있다고 말하는데도 저는 제가 무엇을 잘 하는지 모르겠더라고요. 그러다 보니 남들이 하는 것을 따라 하기도 하고, '왜 나는 잘하는 게 없을까?' 라며 자책만하면서 '나는 역시 잘하는 게 없어!' 하면서 못하는 아이, 부족한 아이라고만 생각하며 살았습니다. 그런 제가 그림책을 만나고부터 달라졌습니다. 글을 쓰겠다고 도전을 했고, 글을 쓰기도 하였습니다. 그러면서 점점 '어, 나에게 이런 재능이 있었어?' 하며 저 스스로 놀라게 되었지요. 그동안 몰라봤던 저의 모습, 그리고 저의 속마음을 알게 되었습니다. 남들이 바라봐주었으면 하는 마음과 칭찬받고 싶은 마음 등, 저는 사람들에게 인정받고 싶은 욕구가 강했지만 칭찬에서 멀어질수록 자신감도 잃어 갔지요. 이제는 다른 사람의 말로 저에게 상처 주지 않으려고 합니다. 부족하면 부족한 대로, 잘하는 것은 잘한다고 제가 저를 인정하니까 마음이 위로가 되었습니다.

토마토는 과일과 채소의 두 가지 특성을 갖추고 있는 좋은 식품이지만, 한때는 과일이냐 채소냐 하는 시비가 있었기도 했습니다. 과일이 아닌 채소로 정해지고 나서도 토마토에 함유되어있는 좋은 영양소들 때문에 많은 사람들에게 인기 있는 식품이 되었지요. 이처럼 자신의 강점을 계발하고 노력하다 보면 어느 순간 많은 사람들에게 인정받을 수 있을 것이라고 생각합니다. 자신을 소중하게 생각하고 자신이 잘하는 것을 찾다 보면 무엇이든 할 수 있고 무엇이든 될 수 있다는 것을 말하고 싶습니다.

예쁘게 빨간 옷을 입은 나는 누구일까?
과일? 채소?
맛도 좋고 건강에도 좋은 나는
바로바로 멋쟁이 토마토!
가끔 달지 않은 나보고 뭐라 하는 사람들도 있어
그럼 어때?
달게 먹고 싶으면 설탕을 뿌리면 되지~
토마토잖아?
여긴 달콤한 과일들끼리 어울리는 곳이야!
너, 과일 맞아?
토마토잖아?
여긴 채소만 어울리는 곳인데!
너, 과일 아니었어?
과일들도 외면하고
채소들도 외면하네
나는 누구일까?
과일이어도 좋고~♪
채소여도 좋아~♬

저는 저의 모습이 마음에 들지 않아서 외면하려고 했습니다. 있는 그대로의 저를 받아들이기 쉽지 않았고, 마주하기가 두려웠던 다 자라지 못한 어른이었습니다. 그런데 어느 순간 왜? 라는 질문을 던졌습니다. '다 자라지 못하고, 부족한 사람은 늘 그렇게 살아야 하는 거야? 왜? 그럼 네가 너를 일으켜 세우면 되잖아.' 라고 내면에 있는 나가 말하더라고요. 그래서 용기를 내었습니다. 더 이상 저를 방치하지 않고, 저를 사랑해야겠다고 생각했지요. 『토마토는 토마토』는 있는 그대로의 나, 거울에 비친 나, 어떤 모습이든 나를 받아들이기까지의 과정을 표현한 그림책입니다. 앞으로 불러도 토마토 뒤로 불러도 토마토입니다. 어느 쪽으로 불러도 토마토라는 것은 겉과 속이 똑같다는 것을 의미한다고 생각했습니다. 토마토에 마음이 갔던 이유는 모습도 매끄러운 모습만이 아닌 울퉁불퉁한 모습도 가지고 있어서, 토마토를 보며 저와 많이 닮아 있었기에 마음에 들어왔습니다. 과일인지 채소인지 몰랐을 때 '과일이 왜 이렇게 맛없어?' 라며 외면한 적도 많았지요. 어쩜 그리도 저와 많이 닮았는지. 닮았다고 생각하니 전에는 더 가까이 하고 싶지 않았지만 이제는 달리 보였습니다. 그리고 토마토 그림책을 쓰면서 토마토도 그리고 나도 점점 더 좋아졌습니다. 저처럼 자신에게 있는 냄비를 떼어버리고 싶은 아이가 있네요. 『아나톨의 작은 냄비』 "이자벨 카리에 글, 그림 / 권지현 옮김 / 씨드북" 언제인지도 모를 어느 순간 냄비가 떨어지면서 모든 게 달라졌습니다. 왜 떨어졌는지, 무슨 이유로 떨어지게 되었는지 아무도 그 까닭을 모릅니다. 그래서 더 답답하지요. 냄비는 어디에나 끼어들며, 앞으로 나아가지도 못하게 하고 자꾸만 방해만 됩니다. 더 이상 냄비가 참을 수 없어진 아나톨은 숨어버리기로 합니다. 그런데 숨고 싶다고 숨을 수 없나봅니다. 쥐구멍이라도 있으면 들어가고 싶은데 그럴 수도 없습니다.

"이제 나보고 어떡하라고…."

아나톨은 혼자 외롭게 터덜터덜 길을 걸어갑니다.

"나에게도 똑같은 냄비가 있어."

어디선가 목소리가 들려옵니다. 주위를 두리 번 거리며 살피다가 자신과 같은 냄비가 있다며 말을 걸어오는 아주머니를 만나게 됩니다.

"냄비와 친해지면 되지 왜 그걸 힘들게 애써 떼어내려고 해?"

"아하! 그런 방법이 있구나!"

라고 생각하며 더 이상 냄비 때문에 자신을 괴롭히지 않고 받아들이게 됩니다.

우리는 누구나 결점을 가지고 있습니다. 그 결점을 받아들이기까지 많은 어려움이 있지요. 아나톨의 냄비처럼 떼어 버리려고 하기도 하고, 결점을 못 보도록 숨겨버리기도 합니다. 그럴수록 결점을 더 드러나기만 하지요. 냄비를 장애라고 생각하는 사람도 있겠지만 제가 바라본 아나톨의 작은 냄비는 결점이라고 생각했습니다. 그 결점을 인정하고 받아들이는 순간 더욱 나다워지고, 있는 그대로의 나를 사랑할 수 있을 것입니다. 아나톨에게 "나를 사랑하면 무엇이든 할 수 있어!" 라고 말해 주고 싶어요. 나는 나 자체로 소중하니까요.

완벽한 사람은 없습니다. 그러나 완벽하려고 노력하는 사람은 많습니다. 흔히 우리가 결점 없는 사람들을 보면 완벽한사람이라며 부러워하기도 하지요. 하지만 완벽한 사람에게는 가까이 가기가 어렵기도 한 것 같습니다. 그렇기에 우리가 자신의 결점을 보완하기 위해 노력하는 것이 아닐까요? 누구나 크든 작든 결점이 있다고 생각합니다. 우리는 자신의 결점으로 인해 의기소침해지고 심지어 절망하는 상황까지 이르는 경우가 많기도 하지요. 결점이란 녀석이 아주 고약해서 자신이 가진 좋은 점보다는 결점만 들여다보게 만들어 내 결점을 점점 더 부풀리는 성향이 있기 때문이라고 생각합니다. 『고약한 결점』 "안느-가엘 발프 글 / 크실 그림 / 파랑새" 는 이런 결점을 어떻게 다스려야 하는지를 한 아이의 이야기를 통해 생각해 보게 합니다. 자신의 결점으로 인해 고민에 빠진 어린이들에게 어떻게 하면 결점을 제대로 다스릴 수 있는지 그 해결의 실마리를 찾아가보아요. 저 역시 "토마토는 토마토"를 쓰고 그리며 나의 결점을 조금씩 해결해 가고 있는 중입니다. 있는 그대로의 나와 마주하고, 부족한 점, 잘하는 점을 찾아가는 것, 그리고 누가 뭐래도 나는 나이고, 내가 나를 사랑해야 당당해 질수 있으며, 다른 사람에게도 사랑을 받을 수 있다고 생각합니다. 계속해서 한 걸음씩 앞으로 내딛다 보면 시간이 얼마가 걸리든 그것을 극복해 나갈 수 있습니다. 이미 끈기의 미덕을 깨우고 있으니까요. "끈기의 미덕은 우리 안에 있습니다" 목표를 정하고 그곳에 도달할 때까지 서두르지 말고 한걸음씩 나아가면서 노력한다면 끈기의 미덕은 반짝거릴 것입니다.

## 그림책을 보며 궁금했던 점을 질문해 보아요

### 『아나톨의 작은냄비』를 읽고

- …아나톨의 작은 냄비에서 (…) 는 무슨 의미일까요?
- 아이는 무엇 때문에 빨간 냄비를 끌고 가는 걸까요?
- 어느 날 갑자기 냄비가 하늘에서 떨어지는 장면이 나와요. 여러분에게 아나톨처럼 냄비가 떨어진다면 어떨 것 같으세요?
- 냄비를 끌고 다니는 아나톨을 본 사람들은 아나톨을 보지 않고 냄비를 보면서 어떤 생각을 할까요?
- 냄비 때문에 힘들어진 아나톨을 사람들이 외면했을 때 아나톨의 마음은 어땠을까요?

- 아나톨은 생각대로 되지 않아 화를 냅니다. 소리도 지르고, 나쁜 말도 하고, 친구들을 때리기도 하지요. 이런 아나톨에게 해주고 싶은 이야기가 있을까요?
- 절대로 떨어지지 않는 냄비를 가진 아나톨은 결국 숨어 버리기로 합니다. 아나톨은 처음에 어떤 아이였을까요?
- 그리고 냄비 속에 숨어 어떤 생각을 하고 있을까요?
- 꽃무늬 아줌마는 아나톨을 만나 자신의 이야기를 해주지요, 그때 아나톨은 어떤 마음이었을까요?
- 아나톨에게 지금 이 순간 어떤 미덕이 필요할까요?
- 아나톨에게 주고 싶은 미덕은 무엇인가요?
- 그 미덕을 주고 싶다고 생각한 이유는 무엇인가요?
- 아나톨이 어떤 미덕을 받으면 행복해 할까요?
- 나에게 필요한 미덕은 무엇이라고 생각하나요?
- 누군가 나에게 미덕카드를 건넨다면 어떤 미덕을 받고 싶은가요?

**『고약한 결점』을 읽고**

- (표지를 보며) 아이가 옆을 보고 있네요. 아이는 무엇을 보고 있을까요?
- (표지 제목을 가리고) 표지를 보며 제목을 짓는 다면 어떤 제목으로 하고 싶은가요?
- 내가 생각하는 결점이 있나요?
- 그 결점 때문에 힘든 점은 무엇인가요?
- 결점을 없애기 위해 했던 노력은 무엇인가요?
- 결점을 장점으로 바꾼 경험이 있나요?
- 결점이 오히려 나의 트레이드마크가 된 적이 있나요?
- 남들과 다른 점이 있나요?

- 남들은 모르는데 나만 보이는 결점이 있나요?

- 의사선생님을 만나고 나서 결점을 신경 쓰지 않을 만큼 강해졌어요. 과연 무엇이 강해지게 한 걸까요?

- 지금 이 순간 어떤 미덕이 필요할까요?

- 결점이 있는 친구에게 주고 싶은 미덕은 무엇인가요?

- 그 미덕을 주고 싶다고 생각한 이유는 무엇인가요?

- 고약한 결점이 있는 친구에게 어떤 미덕을 주면 행복해 할까요?

- 나에게 필요한 미덕은 무엇이라고 생각하나요?

- 누군가 나에게 미덕카드를 건넨다면 어떤 미덕을 받고 싶은가요?

**함께 보면 좋은 그림책**

**『아나톨의 작은 냄비』, 『고약한 결점』**

제4장

# 사랑학 개론

## 1. 내 소중한 가족

"내가 생명을 느끼는 순간."

아이의 웃음소리는 시원하게 퍼지는 파랑색으로 느껴지고.
아이의 잠든 모습은 따뜻하게 안아주고픈 노란색으로 느껴지고,
힘들고 지쳐도 군소리 없이 학원에 가는 모습은 열정적이지 않지만 이겨내는 주황색으로 느껴지고. 조금은 무뚝뚝하게, 조금은 싱겁게, 조금은 즐거움을 주려는 우리가족의 모습은 초록색으로 느껴집니다.
이 모든 모습이 나의 가족입니다.
이 모든 모습이 내가 생명을 느끼는 순간들을 만들어 냅니다.

여러분은 어떨 때 생명을 느끼시나요? 저는 아이의 웃음소리, 아이의 잠든 모습, 저와는 전혀 다른 성향을 가진 남편에게 생명을 느끼고 있습니다. 생명을 느낀 다기 보다는 살아있음을 느낀다는 게 더 정확할 것 같습니다. 처음 생명을 느끼는 순간을 여러가지 컬러로 표현해보라는 미션이 주어졌을 때 어떻게 표현하면 좋을까? 고민하다가 우연히 모델이 입은 니트를 보고 그 컬러가 마음으로 들어왔습니다. 마치 저에게 생명력을 불어넣어주는 것 같았거든요. 누군가는 뱃속에 있는 아이에게서 생명을 느끼기도 하고, 누군가는 길가에 피어있는 꽃을 보며 생명을 느낀다고도 합니다. 이 미션을 하고 나니 저 역시 그렇게 생각되지만 이미 저는 미션을 수행했고, 저 만의 방식으로 생명을 느꼈으니 된 거 아닌가 하며 저의 생각을 존중하기로 했습니다. 사실 매일 미션을

실천하는 데 10분만 사용하는 건 생각보다 힘들었습니다. 미션은 매일 달랐고, 다른 사람과 비교하지 않으려고 저는 일찍 미션을 수행하려고 노력했습니다. 모델이 입은 컬러를 보면서 또 저는 저만의 색깔로 생명을 표현하기도 했지요. 다음은 제가 단상에 적은 글입니다.

"우리가족은 각자 자신의 색이 강하다. 너무도 다르기 때문에 호감을 느꼈는지 모르겠지만 영화제목이기도 한 우리는 "B형남자, A형여자"가 부부가 되었으니 얼마나 많이 부딪히며 살았는지는 짐작할 수 있을 것으로 생각된다. 이렇게 만난 부부에게서 태어난 아이들은 둘다 AB형 혈액형으로 태어났다. 첫 아이가 태어났을 때 남편이 제일 궁금해 했던 것이 혈액형이었는데 둘째도 똑같이 AB형이니 개성들이 강하다. 피는 물보다 진하다고 하더니 우리 집 두 아이는 성격이나 외모도 반반 닮았다. 각자의 성향이 두드러지는 우리 가족이지만 중요한 순간엔 서로를 챙긴다." 한 가족이지만 이렇게나 색이 강한 가족들이 한데 어우러져 가는게 가끔은 힘들기도 하지만 이 가족들이 자신의 색깔을 가끔은 드러내지 않고 하모니를 이루며 살아가는 것에서 생명을 느끼게 된 것 같습니다. 가족얘기 하면 형제간의 갈등도 나오겠지요? 저는 둘째라 오빠의 심정을 잘 모릅니다. 『내 동생 싸게 팔아요』 "임정자 글 /김영수 그림 / 아이세움" 는 말썽꾸러기 동생을 시장에 팔러가는 '짱짱이'의 이야기를 담아낸 그림책입니다. 팔아버리고 싶을 정도로 얄밉다가도, 예쁘고 사랑스러운 존재인 동생을 향한 언니, 누나나 오빠, 형의 마음이 들어 있습니다. 익살맞은 그림도 곁들여 읽는 재미는 물론, 보는 즐거움을 안겨주지요. 저의 큰 아이 역시 동생이 없었으면 할 때가 있을지도 모릅니다. 엄마, 아빠가 동생 편을 들어준다고 생각하며 동생에게 더 짓궂게 행동하기도 합니다. 그럼에도 중요한 순간에는 동생을 챙기는 조금은 츤데레 같은 모습을 보이기도 합니다.

"짱짱이가 꽃집 할아버지를 만나 동생이 고자질쟁이라서 팔려고 왔어요." 라고 말합니다. 꽃집 할아버지는 꽃은 바라볼 수 있지만 동생은 쓸데가 없으니 싫다고 말합니다. 이어서 만난 빵집 아줌마에게 동생이 욕심꾸러기라서 팔려고 왔다고 말합니다. 빵집 아줌마역시 빵은 먹을 수 있지만 동생은 쓸데가 없으니 싫다고 대답하지요. 그러다 친구 순이를 만납니다. 동생이 고자질쟁이에다가 욕심꾸러기라서 팔려고 왔다고 하면서 거저 주겠다고 덧붙이기도 합니다. 그래도 순이는 동생을 사려고 하지 않습니다. 그러자 짱짱이는 동생의 예쁜 모습을 설명하게 됩니다. 동생의 예쁜 모습을 설명하면서 동생의 소중함을 알게 되지요. 놀아가는 길에 그동안 만났던 꽃집할아버지, 빵집 아줌마, 순이가 동생을 팔라고 하지만 이제는 짱짱이가 동생을 팔 수 없다고 말합니다. 자신의 동생이 얼마나 예쁘고 소중한지 알기 때문입니다. 옆에 있을 땐 얄밉고 귀찮은 동생이지만 막상 다른 곳으로 가거나 위험해 처하면 제일 먼저 달려가는 게 가족입니다. 우리가족 역시 함께 있을 땐 서로 너무 맞지 않는다며 투탁거리지만 떨어져서 생각하면 너무도 괜찮은 남편, 아들, 딸입니다. 그리고 너무도 감사한 가족입니다.

『터널』"엔서니 브라운 글, 그림 / 논장" 책 역시 티격태격하던 오누이가 서로를 안아 주는 특별한 관계로 성장하는 이야기입니다. 너무나 다른 성격의 남매가 지나가는 이상하고 기이한 터널, 나와는 정반대의 타인과, 내 안의 모순과 화해하는 시간! 극적인 구성, 불가사의한 분위기, 자연스럽고 화려한 그림이 매혹적인 판타지 그림책. 오빠와 여동생은 비슷한 데가 하나도 없습니다. 저는 이 책을 보며 저와 비슷한 데가 하나도 없는 남편이 연상되었습니다. 남편은 흥얼흥얼 노래 부르기를 좋아하지만 저는 조용한 걸 좋아하고, 남편은 왔다 갔다 하며 생각하지만, 저는 조용히 있어야 집중이 됩니다. 남편이 퇴근하고 들어오는 순간 조용했던 우리 집은 떠들썩해집니다. 얼굴만 마주치면 티격태격 다투었던 남매가 터널 속으로 들어간 뒤 모든 것이 바뀌게 되지요. 둘은 모든 게 딴판이었습니다. 동생은 방에 틀어박히기를 좋아하고, 오빠는 밖에 나가서 뛰어놀기를 좋아했습니다. 동생이 밤에 잠을 못 자고 깨어 있으면, 오빠가 살금살금 들어와 놀래 키기도 하면서 둘은 자주 티격태격 싸웠습니다. 날마다 말마다. 보다 못한 엄마가 화를 냅니다. "같이 나가서 사이좋게 놀다 와!" 남매는 쓰레기장으로 갔습니다. 오빠는 투덜거리고 동생은 무서워했지요. 그러다, 터널을 발견하게 됩니다. 동생은 말렸지만 호기심 많은 오빠는 기어코 터널 안으로 들어갑니다. 아무리 기다려도 오빠가 나오지 않자, 동생도 터널로 들어가 봅니다. 터널은 축축하고, 미끈거리고, 으스스했다! 어려운 순간, 세상에 둘 밖에 없다고 생각하는 순간, 서로의 소중함을 발견하게 됩니다. 가족에 대한 이야기를 보며 가족이라는 이유로 놓치고 가는 부분이 많음을 생각해 보게 되었습니다. 너무 가까워서 배려를 하지 않게 되면 오히려 서로가 멀어질 수 있게 되기에 배려의 미덕을 꺼내 보고 싶어졌습니다. 배려하는 마음으로 가족을 대하면 서로에게 주의를 기울이고 최선을 다 하게 됩니다. 그러다 보면 더 행복해 지겠지요? "배려의 미덕은 우리 안에 있습니다" 나와 가족들에게 관심과 사랑을 표현하는 것은 어렵지 않습니다. 부드럽게 대하고, 이야기할 때는 눈을 보고, 하는 말을 경청하면 됩니다. 그러면 배려의 미덕은 반짝거리겠지요?

### 그림책을 보며 궁금했던 점을 질문해 보아요

- 형제가 있나요? 어릴 적 형제 관계는 어땠나요?
- 짱이는 동생을 팔려다가 동생이 사랑스럽고 소중한 존재임을 느낍니다. 내가 생각하는 나의 형제는 어떤가요?

- 짱이처럼 내 동생(형,언니)을 팔아보고 싶다고 생각한 적 있나요?
- 형제 때문에 속상했던 경험이 있나요?
- 형제 때문에 행복했던 추억이 있나요?
- 형제와의 특별한 추억을 얘기해주세요
- 짱이에게 (남매에게)지금 이 순간 어떤 미덕이 필요할까요?
- 사이가 안 좋은 형제에게 주고 싶은 미덕은 무엇인가요?
- 그 미덕을 주고 싶다고 생각한 이유는 무엇인가요?
- 사이가 안 좋은 형제들에게 어떤 미덕을 주면 행복해 할까요?
- 나에게 필요한 미덕은 무엇이라고 생각하나요?
- 누군가 나에게 미덕카드를 건넨다면 어떤 미덕을 받고 싶은가요?

**함께 보면 좋은 그림책**

**『내 동생 싸게 팔아요』, 『터널』**

## 2. 사랑 연습

"엄마 배고파요."

"알았어, 그런데 엄마 이거 마저먹고 줄게."

"그럼 엄마 먹는 거 한입만 주세요."

"이거 별로 맛 없어. 그래도 괜찮겠어? 맛 없어서 엄마가 먹은거야. 이거 먹고 바로 챙겨줄게."

보통 엄마들은 때가 되면 아이들 밥을 먼저 차려주지요? 그런데 저는 제가 먼저 먹습니다. 제 배가 든든해야 아이들을 챙길 수 있는 에너지가 생기기 때문입니다. 그렇다고 제가 좋은 것을 먹거나 아이들에게 줄 것을 먹진 않습니다. 저는 밥을 제때 챙겨먹지 못하기 때문에 에너지가 바닥날 쯤 급하게 먹고 아이들을 챙기는 게 습관이 되어버렸습니다.

큰 아이 어릴 때 동네 엄마들과 함께 있었을 때의 일입니다. 아이들끼리 놀게 하고 엄마들은 먹을 것을 챙길 때 저는 제가 먼저 먹고 있는데 다른 엄마가 말합니다.

"언니, 택이는 안 줘도 돼요?"

"어, 우리 택이는 나 먹고 챙겨주면 돼."

"그럼 배고프지 않을까?"

"배고프면 자기가 와서 밥 달라고 하니까 괜찮아."

아이먼저 챙기지 않고 제가 먼저 먹는 것에 다른 엄마들이 이해하지 못하겠다는 얼굴로 저를 바라보곤 했습니다. 제가 그렇게 할 수 있었던 건 감사하게도 택이는 또래보다 키도 크고 건강했기 때문입니다. 딱히 밥투정을 하지도 않았고, 잘 놀았기 때문이지요. 아이들을 먼저 챙겼던 엄마들이 그럴 수밖에 없었던 건 아이들이 잘 먹지 않아서 키도 작고, 체격도 작았기 때문에 엄마들은 한술이라도 더 먹이려고 안간힘을 썼던 것입니다. 그랬던 엄마들이 시간이 지나 그 때의 제 나이가 되고 보니 얘기합니다.

"언니! 그 때 언니가 왜 먼저 먹었는지 이제 좀 이해가 돼요. 사실 그 때 언니를 보며 이해하지 못했는데 지금 보니 내가 먼저 에너지가 있어야 아이를 보겠더라고요."

먹는 것 말고 다른 것들은 조금 다릅니다. 쇼핑을 하면 아이 옷을 먼저 사게 되고, 서점에 가면 아이를 위한 책들을 사게 되며, 놀이동산에 가면 아이를 위해 긴 시간동안 기다려 주기도 합니다. 이 모든 것들은 자녀가 있는 엄마들이라면 다 그렇게 하겠지요? 그런데 요즘은 좀 다릅니다. 아이들이 어느 정도 커서 자기 앞가림을 하게 되다 보니 이제는 아이를 위한 물건 살 때 제 것을 사오기도 합니다. 제가 행복해야 아이에게도 더 다정한 엄마가 될 수 있음을 이제는 알았기 때문이지요.

『삐약이 엄마』 "백희나 글, 그림 / 책읽는 곰" 는 악명 높은 고양이 '니양이'가 작고 귀여운 병아리 '삐약이'를 낳으면서 벌어지는 황당하지만 가슴 따뜻한 이야기가 담긴 그림책입니다. 어느 봄날 갓 낳은 달걀을 한 입에 꿀꺽한 니양이. 그 후 니양이의 배는 점점 불러왔고, 결국 노란 병아리 한 마리를 낳게 된다. 놀랍고 당황스러웠지만 내 배 속으로 배 아파 낳은 내 자식임을 거부하지 못한 니양이는 갓 태어난 병아리가 어기적어기적 다가와서 품속으로 파고 들어버리자 삐약이를 위해 좋은 엄마가 되기로 결심합니다. 자기만 알고 있던 니양이가 삐약이를 위해 이리저리 고군분투하는 모습은 여느 엄마들과 닮아 있습니다. 비록 삐약이를 낳기 전엔 악명 높았을지라도 자신이 배 아파 낳은 삐약이에게 만큼은 세상 그 누구보다 위대한 엄마입니다. 저 역시 아이를 낳기 전엔 엄마들이 왜 저렇게 아이를 위해 고군분투 하는지 이해하지 못했습니다. 그래서 아이도 한 명만 낳으려고 생각했고, 직장도 다니며 저 하고 싶은 것을 하면서 살겠다고 생각하기도 했습니다. 그런데 아이를 낳고 보니 제 아이는 제가 키워야겠다는 생각만 들더라고요. 아이들이 놀 때 다른 엄마 편에 보내도 되는데 저는 굳이 제가 함께 하려고 했습니다. 제 아이가 엄마가 곁에 없어서 서운하거나 속상한 일이 없도록 하기 위해서였지요. 그렇기 때문에 다른 엄마들과 함께 하는 것이 불편할 때가 많았기도 했지요. 조금 더 자신의 욕구를 내 세우는 아이 앞에서 우리 아이가 양보해야만 하는 상황도 만들지 않기 위해 노력했던 결과 아이들은 저에게 충분한 사랑을 받았기에 스트레스나 불만이 없다고도 말해줍니다. 여러모로 아이들에게 부족하고 서툰 엄마여서 미안했지만 제 방식대로 아이들을 사랑했다는 것을 아이들이 알아주어 아이들에게 감사하답니다.

생명의 소중함과 엄마의 무한한 사랑을 재미있고 감동적으로 그려낸 이 작품은 '가족'의 의미를 다시금 되새겨보게 하는 것 같습니다. 함께 모여 서로를 아끼고 사랑하는 마음만 있다면 그것만으로도 하나의 가족이 될 수 있음을 자연스럽게 깨달을 수 있을 것입니다. 50년 가까이 삶을 살아왔어도, 엄마로써는 이제 15살이기에 오늘도 사랑연습 중입니다. 아이들이 커가는 만큼 같이 커갑니다. 사랑도 연습하다 보면 더 무르익을 날이 오겠지요? 오늘도 저는 사랑 연습중입니다. 제가 좀 더 무르익기 위해 열정의 미덕을 꺼내보려 합니다. "열정의 미덕은 우리 안에 있습니다" 힘들어도 자신이 하고자 하는 것에 노력하는 모습, 긍정적인 태도와 미소, 세상의 경이로움으로부터 영감을 얻는 모든 분들에게 있습니다. 긍정적인 태도를 갖고 열정의 미덕을 깨우려고 노력하다 보면 우리에게 행복함을 가져다 줄 것입니다. 우리 함께 열정의 미덕을 깨워보아요?

**그림책을 보며 궁금했던 점을 질문해 보아요**

- 니양이는 삐약이를 낳고나서 달라졌습니다. 니양이를 달라지게 한 이유는 무엇일까요?
- 삐약이는 니양이의 새끼가 아니지요. 그럼에도 니양이는 삐약이 엄마가 되기로 결심합니다. 혹시 나에게 이런 일이 생기게 된다면 어떨 것 같으세요?
- 사람도 쉽게 변하지 않지요. 어떤 사건으로 인해 관계가 달라진 경험이 있나요?
- 갓 낳은 달걀을 한 입에 꿀꺽하는 니양이에게 어떤 미덕이 필요할까요?
- 악명 높았던 니양이에게 주고 싶은 미덕은 무엇인가요?
- 그 미덕을 주고 싶다고 생각한 이유는 무엇인가요?
- 삐약이를 낳고서 달리진 니양이를 보면서 어떤 미덕이 생각났나요?
- 삐약이 엄마가 된 니양이에게 어떤 미덕을 주고 싶나요?
- 삐약이에게 어떤 미덕을 주면 행복해 할까요?
- 나에게 필요한 미덕은 무엇이라고 생각하나요?
- 누군가 나에게 미덕카드를 건넨다면 어떤 미덕을 받고 싶은가요?

**함께 보면 좋은 그림책**

**『삐약이 엄마』**

## 3. 표현하고, 안아주고, 바라보기

"사랑에 관한 책을 쓴다면 나는 앞표지와 뒤표지 중 어디에 위치하고 싶나요?" 라는 질문을 받았습니다.

"뒤표지에 위치하고 싶어요?"

"왜 뒤표지에 위치하고 싶다고 생각했나요?"

"저는 사랑을 받고 싶은데 사람들에게 관심을 받진 못했어요. 그래서 제가 주면 저도 받을 수 있을 거라고 생각하며 먼저 관심을 보내기도 했습니다. 하지만 제가 관심을 보였던 사람들은 제게 눈길 한번 준 적이 없었던 것 같습니다. 초,중,고,대학까지 친구들과 잘 지내고 싶어서 끊임없이 노력했지만 친구들과 잘 지내지 못했고, 지금은 그 친구들과 연락도 되지 않습니다. 언제나 저만 관심을 주었네요. 그래서 이젠 저도 사랑을 받고 싶어서 뒤표지에 있으면 좋겠어요."

어릴 적 친구와의 관계를 생각하니 갑자기 화가 올라옵니다. 왜 그렇게 바보 같은 짓을 했을까? 그것 때문에 나의 학창시절에 정말 해야 할 것들을 놓쳐버린 제 자신에게 화가 납니다. 어릴 적엔 많이 안겨보지도 사랑한다는 말을 들은 기억이 별로 없습니다. 그래서 그런지 저는 사람들에게 사랑받고 싶어서 관계에 집착했을지도 모릅니다. 제가 태어나기 전 아빠는 오빠가 태어나자 아낌없이 사랑을 표현하려고 했다고 합니다. 그런데 "남자가 애를 너무 예뻐하면 못 쓴다" 라며 오빠를 안아보지도 못하게 했다고 합니다. 결국 아빠는 할머니의 말씀 때문에 엄마에게도 오빠에게도 사랑표현을 제대로 하지 못하게 된 것 같습니다. 할머니는 엄마를 좋아하지 않으셔서 그런지 아빠가 따스한 미소로 바라보는 것도 싫어하셨고 아이를 안고 있는 것도 싫어하셨습니다. 그러다가 엄마, 아빠가 밖에 나가고 안계시면 누워있는 오빠를 살짝 데려와 아이를 보곤 하셨다고 합니다. 할머니는 왜 그렇게 자신의 감정을 감추셨을까요? 첫 손자라 예뻐하실 만도 하신데 그걸 숨기셨는지 이해가 되지 않습니다. 엄마가 마음에 들지 않아서 아빠도 싫어하고, 손자인 오빠도 엄마, 아빠 없을 때만 바라본 할머니가 이해되지 않습니다. 사랑은 표현할수록 커지는 것인데 할머니는 표현하면 버릇 나빠진다고 왜곡된 생각으로 엄마의 마음까지도 춥게 만든 것 같습니다. 그 이후로 아빠는 할머니가 돌아가실 때 까지 오빠를 안아보지 않았고, 분가를 하고 난 뒤에야 안아주었다고 합니다. 태어나지 않았을 때의 일이지만 할머니의 차가운 기운이 제게 전달되는 것 같아 마음이 추워집니다. 저는 많이 안겨본 기억이 별로 없습니다. 그런데 엄마는 "아빠가 너를 얼마나 생각하는지 아니?" 라고 말씀하시곤 했습니다. 지금은 엄마, 아빠가 저를 정말 많이 사랑해 주셨다는 것을 압니다. 그리고 제가 그동안 사랑을 받지 못했다고 생각했던 것이 사랑그릇의 차이 때문이라는 것을 알고 나니 이해가 됩니다. 저의 사랑그릇은 냉면그릇 만큼이나 크고 "사랑한다" 라고 말해주고, 많이 앉아주는 것에서 사랑받고 있다고 생각하는 사람이더라고요. 그런데 저희 부모님은 말로 표현하지 않았고, 저를 위한 특별한 이벤트가 없어서 사랑받지 못한다고 생각했던 것 같습니다. 그래서 다른 가족들이 생일파티, 생일선물, 가족과의 외식, 소풍을 가는 것을 보며 많이 부러워했습니다. 중학교 때 서울로 이사를 왔고, 1년 정도는 시골에서의 정리가 되지 않아서 부모님과 함께 살수 없는 상황이었습니다. 엄마 아빠가 번갈아 가며 올라 오셨고, 부모님이 서울로 이사 왔을 때는 엄마가 일하시느라 바빠서 함께 할 시간이 부족했습니다. 사춘기로 예민했을 때라 부모님과 함께 하지 못한 것들에 대한 서운함이 생각보다 많이 컸던 것 같습니다.

"야~ 너희 집에 피아노 있구나! 내 소원이 피아노 갖는 것인데. 정말 부럽다야."

"그래? 난 피아노 치는 거 정말 싫은데 엄마가 억지로 배우라고 해서 배웠어. 그리고 저 피아노 잘 치지도 않아. 내가 좋아하지 않는데 피아노 배운다고 사 주신거지!"

그토록 가지고 싶었던 피아노가 친구에게는 의미가 없으며 장식품이라고 말하는 걸 보면서 속상했던 기억이 납니다. 나중에 안 사실이지만 엄마도 저에게 피아노를 선물해 주기 위해 열심히 일했지만 그럴 여유를 갖기 힘들었다고 말씀하셨을 때는 속상하기도 했습니다. 피아노를 꼭 사주고 싶었는데 삼촌과 고모를 챙기고 가르치느라 여유가 없어서 못 그랬다고 하니 더 화가 나기도 했습니다. 삼촌은 내게 씻을 수 없는 상처를 주었던 사람인데 그 사람 때문에 엄마가 그 고생을 하고, 나 역시 가지고 싶은 것들 을 가지지 못했다고 생각하니 다시 미움이 올라옵니다.

고릴라를 무척 좋아하는 한나도 아빠와 동물원에 가고 싶어 합니다. 그러나 늘 바쁜 아빠는 한나의 생일 선물로 고릴라 인형을 사주기만 하지요. 한나는 아빠와 함께 하고 싶은 것인데 한나의 마음을 모른채 아빠는 고릴라 인형을 선물하는 것으로 사랑을 대신하려고 했으니 얼마나 속상했을지 이해가 됩니다. 한나의 마음을 몰라주는 아빠에게 서운하고 외로워 하면서 잠이 듭니다. 그리고 한나는 아빠에게서 고릴라를 선물 받은 날 꿈속에서 아빠만큼 큰 고릴라가 한나에게 오지요. 고릴라는 한나를 데리고 동물원에 가서 수많은 고릴라와 오랑우탄을 만나게 해주고 같이 영화를 보러가기도 합니다. 고릴라를 실컷 구경하고 돌아온 날 한나는 기분 좋게 잠이 듭니다. 다음날 아빠는 일찍 나가지 않고 "생일 축하해 한나" 하면서 고릴라를 보러 가자고 합니다. 늘 아빠가 그리웠던 한나에게 소원이 이루어진 셈이죠. 한나는 자신이 간절하게 바라는 마음이 전해져서 고릴라 인형이 아빠를 대신해 고릴라를 보러 갔다고 생각했습니다. 아빠와 함께 하지 못해 속상하고 서운했던 기분은 고릴라로 인해 조금 풀리고, 다음 날 아빠와 같이 고릴라를 보러 갔을 때 한나가 얼마나 행복했을지 짐작이 갑니다.

부모님의 사랑을 갈구했지만 사랑을 못 받았다고 생각했던 이유도 부모님이 마음이 없어서 사랑을 안주신 것이 아니고 먹고 사는 것에 바빠서, 우리를 잘 키워보셨다고 애쓰느라 감정까지 헤아리지 못했다는 것을『고릴라』"앤서니 브라운 글, 그림 / 장은수 옮김 / 비룡소" 책을 통해 다시 생각해보게 되었습니다.

『고릴라』는 가족 간에도 사랑은 표현해야 알 수 있다는 걸 말해줍니다. 알아주겠지 하는 사랑은 알아채지 못합니다. 표현하고, 안아주고, 서로 바라봐야 사랑받고 있음을 알게 됩니다. 사랑한다면 사랑한다고 표현해 주세요. 많은 사람들이 사랑의 미덕을 깨운다면 더 많이 행복해 질 거라고 확신합니다. "사랑의 미덕은 우리 안에 있습니다" 당신이 대접 받고 싶은 대로 다른 사람을 대접하고 친절하고 따스한 말을 건네주세요. 그리고 자신의 물건이나 시간 혹은 느낌을 다른 사람과 함께 나눠보세요. 그러면 상대는 사랑을 느끼게 될 것입니다. 혹시 사랑의 미덕이 상대에게 가지 못해도 너무 낙담하지 마세요. 사랑의 미덕을 깨운 당신은 이미 사랑의 미덕이 반짝거리니까요. 사랑은 받을 때 더 행복하다는 것을 생각해 보는 건 어떨까요? 저는 상처받았지만 끊임없이 사랑의 미덕을 발휘하니 제일 소중한 저의 아이들이 지금까지 상처받았던 마음까지도 채워주네요. 사랑의 미덕을 깨우면 행복하다는 것을 확신하기에 확신의 미덕도 깨워보려고 합니다. "확신의 미덕 역시 우리 안에 있습니다" 당신 자신이 소중한 사람임을 믿고, 두려움, 의심 혹은 걱정이 자신의 발목을 잡지 않도록 하세요. 모든 일이 결국은 올바른 방향으로 돌아온답니다.

소소한 일상을 담은 『오늘은 마라카스의 날』 "히까스 도모미 글, 그림 / 고향옥 옮김 / 길벗스쿨"의 쿠네쿠네 씨는 마라카스를 아주 좋아합니다. 오늘은 친구 파마 씨와 후와후와 씨와 셋이서 마라카스 발표회를 하는 날이라 무척 바쁩니다. 쿠네쿠네 씨는 아침 일찍 일어나 빨래를 하고, 다 같이 먹을 빵을 굽고, 마라카스 무대를 준비합니다. 그리고 마음에 드는 타이츠로 갈아입고 초록색 스카프를 매고 친구들을 맞이하지요. 친구들과 모여 우선 '? ? 챠? ? ? 챠하~' 하고 박자를 맞추어 봅니다. 이제 마라카스의 공연이 시작됩니다. 친구가 공연을 할 때 쿠네쿠네씨는 열과 성의를 다해 박수를 치고, 흥겹게 두 친구의 무대가 끝난 뒤 쿠네쿠네씨가 구워놓은 빵과 과자를 먹고 나서 다시 쿠네쿠네씨가 마라카스 연주를 시작하지요. 그러나 친구들은 졸고 있습니다. 자신이 실수한 것도 모르고 졸고 있는 친구들을 보면서 쿠네쿠네씨는 속상해서 침대로 돌아와 널브러져 웁니다. 잠이 깬 친구들은 그런 쿠네쿠네씨가 얼마나 속상한 마음이었는지를 알게 되고 위로해줍니다. 진정한 위로를 받고 쿠네쿠네씨는 다시 연주를 시작합니다. 이번에는 틀리지 않고 완벽하게 연주하면서 마무리가 되지요. 이 책에서는 상대의 감정을 얼마나 이해하는지, 그리고 그 감정에 대한 자신의 실수를 인정하고 진정한 위로를 받게 되면서 속상했던 마음이 풀어집니다. 사랑도 그렇습니다. 자신이 주고 싶은 사랑을 주고서 상대가 받아들이지 못했다고 오해하게 되는 건 상대가 바라는 사랑방식으로 표현하고, 안아주고, 바라보지 않아서입니다. 내가 사랑을 주었으니 상대가 알아줄 것을 기대하게 되면 서로의 갈등은 더 깊어질 수 있습니다. 이때 우의의 미덕을 깨워

보면 어떨까요? 다른 사람에게 관심을 보이고 그들에게 편안한 느낌을 줄 때 당신은 그들의 친구가 될 수 있습니다. 우의는 외로움을 치료하는 명약이므로 가까운 사람이 외로움을 느끼지 않는지 살펴보며 우의의 미덕을 건네주면 좋겠습니다. "우의의 미덕은 우리 안에 있습니다" 친구가 바라는 것이 무엇인지 생각해보고, 친구가 당신을 필요로 할 때 응해 주세요. 나 역시 친구에게 바라는 점을 표현 하세요. 표현하지 않으면 친구는 모를 수도 있습니다. 서로에게 힘이 되어주는 우의의 미덕을 우리 같이 빛내보았으면 합니다.

### 그림책을 보며 궁금했던 점을 질문해 보아요

**『고릴라 그림책』을 읽고**

- 한나는 아빠가 바쁘다는 걸 알고 있습니다. 그렇기 때문에 생일날 아빠와 고릴라를 보러 가는 걸 기다립니다. 아빠와의 추억 중 기억에 남는 추억은 어떤 추억이 있나요?
- 여러분의 아버지는 어떻게 사랑을 표현하시나요?
- 생일날 받은 선물 중 기억이 남는 선물이 있나요? 그 선물은 무엇인가요?
- 한나는 왜 동물원에 가고 싶었을까요?
- 한나에게 고릴라는 어떤 의미일까요?
- 한나에게 아빠는 어떤 존재일까요?
- 가족이란 무엇일까요?
- 바쁜 아빠에게 어떤 미덕이 필요할까요?
- 한나에게 주고 싶은 미덕은 무엇인가요?
- 그 미덕을 주고 싶다고 생각한 이유는 무엇인가요?
- 꿈속에서 고릴라를 만나 행복해진 한나를 보며 어떤 미덕이 생각났나요?

- 늘 혼자 있는 한나에게 어떤 미덕을 주고 싶나요?

- 한나에게 어떤 미덕을 주면 행복해 할까요?

- 나에게 필요한 미덕은 무엇이라고 생각하나요?

- 누군가 나에게 미덕카드를 건넨다면 어떤 미덕을 받고 싶은가요?

**『오늘은 마라카스의 날』을 읽고**

- 쿠네쿠네씨는 어떤 공연을 보여줄까요?

- 쿠네쿠네씨는 왜 고개를 갸웃하고 있을까요?

- 쿠네쿠네씨의 바지는 몇 벌일까요?

- 쿠네쿠네씨에게 옷을 선물한다면 어떤 옷을 선물하고 싶은가요?

- 나는 어떤 취미를 가지고 있나요?

- 우울할 때 나만의 스트레스 해결법은?

- 다음에는 누구의 집에서 연주회를 하게 될까요?

- 상처받았을 때 위로가 되었던 경험이 있다면 말해보세요.

- 쿠네쿠네씨가 다른 악기를 연주한다면 어떤 악기가 어울릴까요?

- 열심히 준비했는데 기대만큼 축하받지 못했던 경험이 있었나요 그때 나의 감정은?

그리고 나를 위로해준 말 중 기억에 남은 것은?

- 열심히 공연했는데 친구들이 졸고 있는 모습을 본다면 나의 기분은 어떨 거 같은가요?

- 마라카스와 잘 어울리는 악기는 무엇일까요?

- 친구들이 졸지 않고 공연을 봤을 때 실수를 했다면 쿠네쿠네씨의 기분은 어땠을까요?

- 쿠네쿠네씨에게 어떤 미덕이 필요할까요?

- 쿠네쿠네씨에게 주고 싶은 미덕은 무엇인가요?

- 그 미덕을 주고 싶다고 생각한 이유는 무엇인가요?

- 잠에선 깬 쿠네쿠네씨가 침대에 엎드려서 울고 있는 모습을 보게 됩니다. 친구들이 어떤 미덕을 보여주었나요?

- 슬퍼하고 있는 친구를 위해 진심을 다해 사과하는 친구들에게 어떤 미덕을 주고 싶나요?

- 나에게 필요한 미덕은 무엇이라고 생각하나요?

- 누군가 나에게 미덕카드를 건넨다면 어떤 미덕을 받고 싶은가요?

**함께 보면 좋은 그림책**

**『고릴라』, 『오늘은 마라카스의 날』**

## 4. 사랑도 배워야 안다

1986년 봄 오빠가 먼저 서울로 전학을 가게 되고 1학기가 지나고 여름방학 때 저도 서울로 전학을 왔습니다. 부모님이 서울로 이사를 하게 된 배경에는 여러가지 사정이 있었지요. 부안에서 운영하고 있던 시계점자리가 도로 확장으로 철거될 위기에 놓여서 어디로든 이사를 가야했습니다. 교육을 중요하게 생각했던 아빠는 오빠의 고등학교 진학, 막내삼촌의 대학진학을 고려해서 서울로 이사를 결정하셨습니다. 우리만 생각했다면 전주로 이사를 했을 수도 있었을 텐데 할아버지의 간곡한 부탁이 있었기에 거절할 수 없었던 것 같습니다. 시골에서의 살림이 넉넉하지 않았을 텐데 고생을 하면서도 삼촌을 챙겼고 부족한 돈으로 구할 수 있던 곳은 버스정류장에서 내려 10분 이상을 등산하듯이 올라와야 있는 곳이었습니다. 다들 힘겨운 서울 살이를 하는 곳이라 한 집에 여러 가족이 살아도 다른 가족들과 어울리지는 못했던 것 같습니다. 가진 돈은 없지 식구는 여럿이지 부모님은 많은 고민이 있었을 것 같습니다. 서울로 이사 오면서 큰 고모도 함께 살게 되었습니다. 우리 가족만으로도 벅차고, 삼촌도 벅찼는데 고모까지 살다보니 생활비에 대한 부담이 컸을 것입니다. 서울로 이사 후 변화가 있었습니다. 부안에 살 때는 학교 마치고 집에 가면 엄마, 아빠가 항상 계셨고, 우리 집은 동네 아지트처럼 손님들이 와서 이런저런 이야기를 나누어 외롭지 않았는데 서울로 이사 와서부터는 학교 마치고 집에 와도 반겨주는 사람이 없었으며 심지어 엄마, 아빠 얼굴 보기는 잠들기 직전일 경우가 많았습니다. 엄마는 돈을 조금이라도 더 벌기 위해 숙식이 해결되는 곳에서 일하기도 하셨지요. 엄마는 식당에서, 아빠는 작은 석탄회사에서 일하셨습니다. 부안에서는 풍족하지는 않았지만 엄마, 아빠가 언제나 계셨기에 집이 낯설지 않았는데 서울로 이사 오면서는 집도 낯설고, 동네도 낯설고, 학교도 낯설었습니다. 모든 것들이 낯선 환경에서 엄마를 만나는 시간은 잠깐이었고, 그래서 늘 엄마가 그리웠습니다. 아빠 역시 직장이 멀어 일찍 나가셨고 밤이 늦어서야 들어오셨습니다. 무섭고 냉정한 삼촌과 고모는 함께 있었지만 오히려 더 외롭게 느끼게 했습니다. 삼촌과 같이 살지 않았더라면, 우리가족끼리만 살았더라면 엄마 아빠는 우리에게 더 많은 사랑을 주셨을 지도 모른다는 생각을 해 봅니다. 우리가족만 살았다면 부모님이 덜 힘드셨을 테고, 저에게 씻을 수 없는 상처는 아예 생기지도 않았을 테니까요. 그래서 저에게 많은 상처를 준 삼촌과 할아버지가 원망스러워지기도 합니다. 삼촌과 함께 살게 되면 많은 혜택을 주겠다고 하던 할아버지의 약속은 결국 물거품처럼 사라졌습니다. 할아버지가 주겠다고 했던 혜택은 벼농사를 지을 수 있는 논 이었지만 그 땅은 힘든 고모나 삼촌들을 위해 은행에 담보로 맡겨지고 허울만 남은 땅이 되어버렸습니다. 그 땅은 결국 부모님께 돌아오지도 못했습니다.

제가 결혼하고도 엄마는 힘든 일을 계속 하셔야 했습니다. 가게 빚은 줄지 않았고 그 빚을 갚기 위해 엄마는 예순이 넘은 나이에도 식당일을 하셔야 했습니다. 누구의 도움 없이, 그러면서도 힘든 내색 없이 일만 하시다 결국 무릎관절에 무리가 가서 수술하기에 이르렀고, 그 수술도 잘 못되어 지금은 잘 걷지도 못하십니다. 그렇게 엄마가 힘들게 고생하시며 가족과 형제들에게 희생했음에도 삼촌 고모는 고마워하기보다 당연하게 생각하는 것 같아 속상합니다. 엄마가 가족을 지키기 위해 몸을 돌보지 못했음은 물론이거니와 저에게 사랑이 필요할 때 사랑을 줄 시간을 갖기가 힘들었습니다. 그렇기에 저는 늘 사랑에 굶주렸고, 사랑받고 싶다는 말은 사치라고 생각하며 성장했습니다.

제가 만약 리디아처럼 긍정적인 성격을 가졌다면 부모님이 먹고 살기 바빠서 표현하지 못했어도 부모님의 사랑을 알았을 것이고, 사랑받지 못했다고 생각하지 않았을 것입니다. 또, 엄마가 나를 임신했을 때 엄마가 마음고생을 하지 않았다면 이렇게 마음이 모나지 않았을 것이라고 생각해봅니다.

사랑도 배워야 아는 것 같습니다. 엄마가, 아빠가 사랑을 많이 받고 자라서 사랑을 배울 수 있었다면 저에게 사랑을 표현하셨을 것입니다. 묵묵히 사랑한다고 해서 누구나 사랑을 아는 건 아닌 것 같습니다. 저처럼 나약하고, 상처 잘 받는 사람에게는 특히나 사랑한다고 표현해줘야 아는 것 같습니다. 표현하지 않으니까 사랑받지 못했다고 생각하고 40여년을 오해하며 살아왔으니까요. 그래서 저는 사랑을 표현하려고 합니다. 아이들이 학교를 가거나, 전화로 통화할 때, 학원갈 때도 저는 사랑한다고 말합니다. 사랑은 표현해야 더 커지는 것도 제가 아이들에게 표현하면서 알게 되었습니다. 제가 이렇게 사랑에 관한 이야기를 쓰는 것도 사랑의 목마름이 얼마나 외롭게 하는지 아니까요. 그래서 저는 제가 받고 싶었던 사랑을 가족들에게 주려고 노력하고 있습니다. 저의 아이들에게 사랑한다고 표현하니까 더 사랑스럽고 예쁘고, 감사하게 되는 것 같습니다. 이렇게 사랑을 아낌없이 표현하려는 엄마에게서 사랑을 배운 아이들은 다른 사람에게도 사랑을 전해 줄 거라고 믿기 때문입니다. 그런데 돌이켜 생각해보니 아이들에게 사랑한다고, 표현하는 것, 남편에게 사랑을 표현하는 것은 바로 부모님이 저에게 주셨던 사랑 이라는 것을 이제야 깨닫게 됩니다. 제가 사랑을 배우지 않았다면 지금처럼 사랑을 표현할 수 있었을까요? 앞으로도 더 많이 사랑해 주고 더 표현해 주어야겠습니다.

『리디아의 정원』 "사라 스튜어트 글 / 데이비드 스몰 그림 / 이복희 옮김 / 시공주니어" 의 주인공 리디아는 사랑이 많은 아이입니다. 아버지의 실직과 가

난으로 부모와 떨어져 대도시의 외삼촌 집에서 더부살이하기 위해 떠나면서도 엄마의 마음, 할머니의 마음을 헤아리며 매주 편지를 보냅니다. 그리고 편지 말미에는 언제나 사랑한다고 표현하지요. 역경 속에서도 순수한 마음과 희망을 잃지 않는 주인공은 꽃을 사랑하고, 삭막한 도시 생활 속에서도 틈틈이 옥상에 멋진 꽃밭을 가꿉니다. 옥상을 뒤덮은 세상에서 가장 아름다운 꽃밭은 무뚝뚝하기만 하던 외삼촌의 마음을 움직이기도 하지요. 리디아를 만난다면 어떤 상황에서도 꿈을 잃지 않는 초 긍정 마인드를 가지고 있기에 행복바이러스가 전달 될 것입니다. 리디아는 가족들과 떨어지는 상황에서도 미소를 잃지 않으며 무뚝뚝한 외삼촌에게도 항상 웃으며 인사하지요. 그리고 하나 둘 씨앗을 심으면서 많은 사람들에게 행복을 전달해 줍니다. 지금 힘들어 하는 분들에게 유연성의 미덕을 전해 드리고 싶습니다. 유연성은 자신의 방식만을 고집하지 않으며 다른 사람의 생각과 의견을 존중합니다. 유연성을 가지고 일을 추진하면 창조적인 길이 새롭게 열립니다. 리디아가 변화의 흐름과 함께 하지 않았다면 처음 보는 외삼촌과 잘 지내기란 쉽지 않았을 것입니다. 리디아는 외삼촌 가족뿐만 아니라 주변사람들에게도 행복을 전도사가 되었지요. 리디아가 힘들었던 상황에서도 상상력을 발휘했던 것처럼 새로운 방법을 찾아보는 건 어떨까요? 잠들어 있는 유연성의 미덕을 깨워주세요. 유연성의 미덕을 깨우려고 시도하기만 해도 이미 유연성의 미덕이 반짝거릴 것입니다.

"유연성의 미덕은 우리 안에 있습니다" 변화의 흐름과 함께 하면서 상상력을 발휘해 새로운 방법을 찾아보세요. 예상치 않은 일이 일어날 수 있다는 사실을 기억하며 대처한다면 유연성의 미덕은 반짝거릴 것입니다. 유연성의 미덕을 발휘하는 순간 이해, 존중, 배려의 미덕도 함께 깨울 수 있습니다.

**"그림책을 보며 궁금했던 점을 질문해 보아요"**

- (표지그림)소녀가 한 손엔 화분을 한 손엔 삽을 들고 서 있네요. 무엇을 하고 온 걸까요?
- 해바라기 꽃은 무엇을 의미할까요?
- 정원 하면 어떤 생각이 먼저 떠오르나요?
- 꽃을 좋아하나요? 어떤 꽃을 좋아하나요? 좋아하게 된 계기는?
- 꽃을 가꾼다면 어떤 꽃으로 정원을 만들고 싶은가요?
- 갑자기 형편이 어려워져서 가족과 떨어져 지낸 적이 있었나요? 그때의 기분이 어땠나요?
- 한 번도 보지 못한 친척 집에서 살면 어떻겠냐고 했을 때 어떤 마음이었을 것 같나요?
- 혼자서 기차를 타고 떠난 적이 있나요? 리디아는 어떤 생각을 할 것 같은가요?
- 외삼촌 집에 도착해서 리디아가 제일 먼저 무엇을 찾은 걸까요?
- 리디아는 삭막한 공간에서도 긍정적인 마음을 잃지 않으려고 애썼어요. 여러분은 힘들 때 자신에게 위로가 되는 것이 있다면 무엇인가요?
- 나만의 비밀장소가 있나요? 비밀장소가 있다면 그곳에서 무엇을 하고 싶은가요?
- 내가 좋아하고 잘 할 수 있는 일은 무엇인가요?
- 현재 원하는 일을 하고 있지 않아도 계획하고 있는 일이 있나요?
- 여러분은 누군가에게 긍정의, 선한 영향을 미치고 있나요?
- 가장 작은 일부터 실천한다면 무엇을 할 수 있을까요?
- 누군가로부터 선한 영향을 받고 있다면 그는 누구인가요?
- 10년 후에 나는 무엇을 하고 있을 것 같은가요?
- 리디아가 삼촌에게 보여준 미덕은 무엇인가요?

- 삼촌은 리디아에게 어떤 미덕을 보여주었나요?
- 리디아가 우리에게 보여준 미덕은 무엇인가요?
- 리디아에겐 어떤 미덕이 있었기에 많은 사람들이 행복해 한 걸까요?

**함께 보면 좋은 그림책**

**『리디아의 정원』**

## 5. 서툴러도 괜찮아

잘하고 싶은데 자꾸만 실수하는 내 모습이 싫어서 뒤로 물러섰습니다. 소심하고 자신감부족인 나에겐 실수가 치명적이었기에 실수하지 않으려고 노력했습니다. 잘 지내고 싶은 마음이 들어 노력하면 오히려 관계가 어긋나 버리기도 하였습니다. 관계지향적인 저는 초등학교부터 대학 다닐 때 까지 한 친구가 마음에 들면 그 친구에게 지극 정성을 들였습니다. 그 한 친구의 마음에 들기 위해 노력하다 보니 주변 친구들을 보지 못했고, 자연스레 여러 친구들을 사귀지 못했습니다. 여러 친구들과 잘 지내면 좋았을 텐데 그러지 못했던 저는 정성을 쏟았던 친구와는 한 번도 제대로 친하게 지내지 못했습니다. 저는 정성을 다해 그 친구에게 잘 해주었지만 그 친구는 제게 마음을 열어주지 않았습니다. 무엇이 문제였을까요? 왜 저는 많은 친구들과 고루 사귀지 못하고 마음에 드는 친구 한 명만 보았던 것이며, 그 친구와는 오히려 멀어지게 되었고, 결국 주변에 친구가 없다고 느꼈던 걸까요? 그래서 그런지 지금도 관계가 어렵습니다. 그 중에서도 고등학교 때의 친구가 생각납니다.

사람에게 관심을 가지려면 그 사람이 허용하는 범위에서만 가능한 가 봅니다. 자신의 영역을 침범 받게 되면 그 사람이 싫어질 수도 있다는 걸 수정이를 통해 알게 되었습니다. 관심을 보이는 쪽에선 단순한 호기심이지만 관심을 받는 쪽에선 부담이 될 수도 있음을 알게 해준 친구입니다.

수정이는 고등학교 들어가서 처음으로 마음에 들었던 친구입니다. 처음엔 친했지만 점점 제가 보이는 관심을 부담스러워 했습니다. 그땐 저의 행동이 그 친구와 멀어질 수 있다는 것을 몰랐습니다.

"2주일간 배운 내용으로 쪽지시험을 볼 거니까 준비하도록!"

쪽지시험을 보고 짝과 바꾸어 채점을 하게 되었습니다.

"수정이 점수 몇 점이야?"

"87점?"

수정인 공부도 잘하는 구나. 나도 열심히 해야겠다며 화장실에 다녀온 수정이를 보며 아는 척을 하려고 하는데 수정이 표정이 좋아 보이지 않았습니다.

"태영이가 너에게 무슨 말 했어?"

"네 점수 궁금하다 길래 알려줬어."

"그래?"

"응."

"수정아 너 시험 잘 봤더라?"

"난 잘 못 봤는데……."

"넌 몇 점인데?"

"나? 너보다 못 봤어 80점."

"그렇구나."

그때부터 수정이가 대하는 태도가 달라졌습니다. 웃지도 않고 표정이 싸늘하게 굳어 있는게 분명 무슨 일이 있다고 생각했습니다. '내일이면 괜찮을까?' 집에 가는 길에 전화를 걸었습니다.

"안녕하세요. 수정이 친구 태영인데요~ 수정이와 통화할 수 있을까요?"

"잠깐만 기다려라. 수정아! 전화 왔다." 수정이를 부르는 소리가 들렸습니다.

"수정이 지금 화장실에 있어 전화 못 받을 거 같다. 전화 왔었다고 전해줄게."

이상했습니다. 왠지 수정이가 저를 피하고 있다는 느낌이 들었습니다. 분명 그 일이 있기전까지 저와 친했고, 제가 전화하면 기분 좋게 받아주었는데 갑자기 낯선 느낌이 들어서 다음날 수정이를 보자마자 사과를 했습니다.

"수정아 미안해~ 나 때문에 기분 상했으면 기분 풀어~ 네가 좋아서 그랬어."

"너 때문에 화 난거 아니니까 신경 쓰지마."

말로는 나 때문에 화가 나지 않았다고 했지만 다른 친구들과는 즐겁게 이야기 하곤 했는데 나에게만 싸늘합니다. 그때부터 수정이와는 점점 어색해지기 시작했습니다. 쪽지도 보내고 편지도 보냈지만 반응이 없었습니다. 그렇게 2개월이 지나갔고, 그 시간동안 저는 수정이 마음을 돌리려고 매일 편지에 쪽지에 정성을 들였습니다. 수정이가 어떻게 하면 다시 예전처럼 친해질 수 있을까만 생각하느라고 수업시간에 집중도 하지 못했습니다. 드디어 기회가 왔습니다. 곧 수정이 생일이기에 그때 선물하면 다시 친해질 수 있는 좋은 기회라 생각하면서 정성스레 선물을 준비했습니다. 그리고 쪽지와 함께 책상위에 올려놓고 기다렸습니다. 그러나 반응이 없었습니다. 이미 수정이 책상엔 많은 친구들에게 받은 선물들이 있었고, 저에겐 눈길 한번 주지 않았습니다. 그렇게 여러 날이 지나고 방학식날 편지도 아닌 쪽지를 받았습니다. 그동안 수많은 편지를 보냈지만 한통의 답장도 없었던지라 쪽지만으로도 반가웠습니다.

"방학 잘 보내."

더 이상의 어떤 말도 없이 그저 그 말 한마디로 수정이는 나와의 어색한 관계를 정리하고 싶었나 봅니다. 그런 뜻을 모른 채 저는 또 다시 화해의 뜻으로 잘못 받아들이고 방학동안 여러 번 전화를 했으나 역시 수정이와 통화는 하지 못한 채 끝났습니다.

수정이 때문에 저는 다른 친구들과도 편하게 지내지 못했습니다. 수정이와의 불편한 관계가 마음 한편에 자리 잡아서 다른 친구들이 마음에 들어오기가 쉽지 않았습니다. 결국 수정이와는 졸업할 때 까지도 친해지지 못했습니다.

졸업하고 1년이 지난 뒤에 수정이에게 연락을 했습니다.

"오랜만이네. 잘 지냈어?"

"여전히 내가 먼저 연락해야 통화가 되는 구나. 그래도 그게 어디냐. 전화라도 받은 게."

"내가 좀 그렇지?

"이제 나 백수니까 밥은 네가 사라."

"알았어."

"그런데 너 회사 옮겼더라? 전에 회사 연락하니 니 그만 뒀냐고 하던데. 옮긴 회사는 좋아?"

"응. 이제야 네가 좀 편해졌다."

"뭐가?"

"아니. 그냥. 네가 좀 달라져서."

"아. 나도 좀 변했지?"

수정이는 내가 편하게 대해주길 바랬나 봅니다. 그런데 저는 제 방식대로 수정이와 잘 지내고 싶어서 관심을 가졌고, 수정이는 그 관심이 부담스러워서 오히려 저를 멀리했습니다.

수정이는 친구들의 관심 받는 게 너무 불편해서 숨고 싶었다고 이제야 제게 말을 했습니다. 그때는 관심을 어떻게 내려놓아야 하는지를 몰랐기에 계속 나아가기만 했습니다. 관심을 내려놓으면 빨리 친해질 수 있었을지도 모릅니다. 그리고 그 친구도 저에게 부담스러움을 느끼지 않았겠지요. 미리 알았다면 그렇게 서로 다른 곳을 바라보지 않고 잘 지냈을 것이라고 생각하니 아쉬움이 남습니다. 그리고 제가 보인 관심이 오히려 수정이를 힘들게 했다는 걸 알고 나니 미안해졌습니다. 저는 다만 관심 받고 싶어서 관심을 보였는데…….

수정이와 잘 지냈다면 학교생활은 어땠을까요? 나는 왜 수정이에 대한 미련을 버리지 못하고 다른 친구들과도 잘 지내지 못했던 것일까요?

수정이가 나의 관심이 부담스러워서 친해지지 못했음을 졸업을 하고 다시 만나고 나서야 알게 되었습니다. 관심도 조절이 필요하다고 생각합니다. 상대가 필요로 하는 만큼의 관심을 보여야 관계가 유지되는데 어린 시절 친구와의 관계 조절을 잘 못해서 오히려 친구와 더 멀어졌기 때문에 지금도 내 아이에게 관심을 조절 중입니다. 지나친 관심은 아이를 숨 막히게 한다는 걸 가끔은 잊기도 합니다. 하지만 친구에 대해 알고 싶은 호기심으로 시작했던 관심이 나의 고등학교 생활을 엉망으로 만들어 버린 경험으로 지금은 예전처럼 사람들에게 관심은 있으나 깊이 들어가지 않습니다. 이 부분에도 역효과는 있습니다. 친한 사람이 별로 없답니다. 다들 친하게 지내는 관계가 있는 데 저는 어디에도 잘 끼지 못합니다. 그래도 괜찮습니다. 지금은 제가 원하기만 하면 언제든 옆에 있어줄 그림책이 있으니까요. 그래서 혼자인 것이 편할 때도 있고, 불편할 때도 있습니다.

고등학교 시절 수정이의 마음을 열고자 노력하는데 에너지를 쏟느라고 정작 다른 친구들에게 관심을 돌리지 못했던 것이 많이 아쉽습니다. 그런데 또 그때의 기억을 잊고 아이들에게 지나친 관심을 보이려고 했습니다. 다행히 관계가 틀어질 위험이 있다는 것을 인지하였습니다. 아이와의 관계맺음과 저를 성장시키고자 두드렸던 하브루타 부모교육연구소에서 부모교육을 듣고 난 다음부터 달라졌습니다. 질문을 통해 성장했고, 용기를 내었습니다. 지금은 아이들이 스스로 할 수 있도록 기다리고 있습니다.

주변에 사람들과 여전히 잘 지내고 있는 사람들을 보면 부럽습니다. 지나친 관심이 누군가에는 독이 되고 부담이 될 수 있는데 잘 지내고 있는 사람들은 부담되지 않게 어울리고 있으니까요. 저는 주변 사람들과 관계맺음이 여전히 서툴지만 아이와는 잘 하고 있는 것 같아 다행입니다. 고등학교 때 친구관계를 생각하면 속상하기도 하고 화도 납니다. 그래서 아이들만큼은 저와 같은 실수를 하지 않기를 바래봅니다. 그리고 "네 잘못이 아니야" 라고 저의 내면아이에게 말하며 다독여 주어야겠습니다. 지금이라도 그 때는 알아차리지 못했지만 지금이라도 관심도 조절이 필요했음을 알게 된 것이 어디인가요?

자그만 실수가 어떻게 최고의 영감을 불러일으키는 씨앗이 될 수 있는지를 보여 주는 『아름다운 실수』 "코리나 루이켄 글, 그림 / 김세실 옮김 / 나는별" 책은, 자그만 실수로 인해 우리가 세상과 자기 자신을 바라보는 방식을 끊임없이 개선시켜 나아갈 수 있다는 사실을 다시금 확인해 주고 있지요. 작은 얼룩, 점, 알 수 없는 물체를 자신의 작품에 접목시키고, 기이하고 예기치 못한 방식으로 변형시켜 독자가 작품 속을 함께 여행하게 합니다. 이 이야기는 가장 큰 '실수'조차도 가장 위대한 '아이디어'의 원천이 될 수 있다는 사실을 보여 주고 있습니다. 결국, 우리는 모두 진행 중인 미완의 작품임을 말해 주는 것 같습니다. 더불어 우리가 인생의 장애물과 마주쳤을 때, 좌절하지 않고 끊임없이 새로운 도전을 해보라는 긍정적인 전망까지 선사받게 됩니다. 저 역시 매번 새로운 도전을 할 수 있었던 것은 부족함, 서툼이 있었기에 하게 된 것 같습니다. 이제는 실수로 인해 동굴 속으로 들어가지 않을 수 있습니다. 실수는 또 다른 시작임을 이제는 압니다. 여전히 관계는 어렵지만 그 관계가 오히려 나를 단단하게 하고, 혼자 지낼 수 있는 방법과 시간을 어떻게 보내는 게 좋을지를 알게 하는 시간이었습니다. 학창시절에 기지의 미덕을 발휘했다면 더 좋은 관계를 유지하지 않았을까 하는 아쉬움이 남습니다. 그리고 그때의 실수가 지금은 아름다운 실수로 생각하며 제가 더 단단해질 수 있었다고 생각하려

합니다. 기지를 발휘하면 사람들은 당신이 하고자 하는 말에 귀를 더 잘 기울이게 됩니다."기지의 미덕은 우리 안에 있습니다" 상처받은 사람의 감정을 배려하고, 당황스럽지 않게 주의 하는 미덕을 보여주신다면 많은 분들이 용기의 미덕을 깨우리라고 생각됩니다. 기지의 미덕으로 용기의 미덕을 깨울 수 있도록 함께 노력해 보아요.

### 그림책을 보며 궁금했던 점을 질문해 보아요

- 실수를 했을 때 어떻게 대처했나요?
- 실수가 오히려 나에게 이롭게 된 상황이 있었나요?
- 수정이에게 필요한 미덕은 무엇일까요?
- 친구로 인해 닫힌 마음을 열기 위해서는 어떤 미덕이 필요할까요?
- 잘하고 싶지만 자꾸 실수해서 속상해 하는 사람에게 어떤 미덕을 주고 싶은가요?
- 친구의 정성을 몰라준 친구에게 주고 싶은 미덕은 무엇인가요?
- 그 미덕을 주고 싶다고 생각한 이유는 무엇인가요?
- 지금 이 순간 나에게 어떤 미덕이 필요할까요?
- 나에게 어떤 미덕을 주면 행복해 할까요?
- 나에게 필요한 미덕은 무엇이라고 생각하나요?
- 누군가 나에게 미덕카드를 건넨다면 어떤 미덕을 받고 싶은가요?

### 함께 보면 좋은 그림책

**『아름다운 실수』**

제5장

# 사랑하며 살아가리라

## 1. 번잡한 마음이 삶을 힘들게 한다

오늘의 미션은 싫어하는 사람 그려 보기입니다. 싫어하는 사람을 그리기 어렵다면 싫어하는 사람에게 하고 싶은 말을 적어도 됩니다. 왜 싫은지, 어떤 모습 때문에 싫은지, 그리고 지금도 여전히 싫은지 그려보고 단상을 적어 봅니다."

'왜 하필 싫어하는 사람을 그려보라고 했을까? 싫어하는 사람은 떠올리기도 싫은데.'

누군가를 미워하는 마음이 크면 마음속에 큰 돌덩이를 하나 안고 가는 것과 같았습니다. 그 돌덩이를 해결하지 않으니 번잡한 마음이 되기도 하여 엉켜버리기도 했습니다. 어릴 적 저에게 몸과 마음의 상처를 준 사람! 사랑의 체벌이라고 하기엔 너무 큰 상처였습니다. 상처를 받는 쪽이 어린아이일 때 가까운

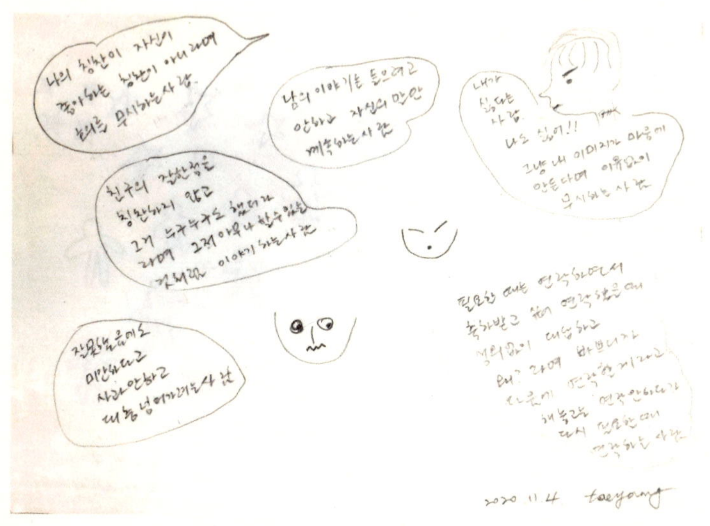

사람에게 받은 상처는 오래가나 봅니다. 그 상처는 제가 남자어른에 대한 공포감을 느끼게 해준 결정적 계기가 되기도 했습니다. 초등학교 2,3학년 때 남자 선생님, 큰 외삼촌에게서 받은 냉대, 그리고 막내 작은 아버지의 이유 없는 체벌과, 잠결에 들었던 '태영이가 싫다'는 말은 잊을 수가 없습니다. 이 상처들은 제가 남자어른에 대한 불편한 감정을 앉고 가기 충분했습니다. 무서웠던 선생님은 시간이 지나서 다시는 보지 않아도 되었기에 괜찮았던 것 같습니다. 하지만 큰 외삼촌과, 막내 작은 아버지의 냉대와 싫어하는 눈빛은 친척이라는 이유로 때가 되면 만나야 했기에 잊혀질 수가 없었습니다. 보고 싶지 않아도 봐야하는 사람. 보고 싶지 않아도 소식을 들어야 하는 사람과 끊을 수 없는 관계라 더 힘들었던 것 같습니다. 남이면 안 봐도 되니까 괜찮았어요. 몸에서 멀어지면 마음도 멀어지듯 상처 주는 사람이 가까이 있지 않다면 상처가 희미해지면서 드러내지 않아도 되니까요. 보고 싶지 않아도 봐야 할 때는 미워하는 마음이 올라와 힘겹습니다.

싫은 사람을 떠올리다 보니 그동안 저에게 상처 준 사람들이 떠올랐습니다. 그 중에서도 오래전 저에게 몸과 마음의 상처를 주었던 작은 아버지가 떠올랐습니다. 할아버지의 부탁으로 같이 살게 된 작은 아버지는 저를 싫어했고, 심지어 자고 있던 저를 보며 오빠에게 "내가 아니라 이웃집 아이가 자기 조카였으면 좋겠다." 라는 말을 했을 정도니까요. 고등학교 입시 때도 5촌에게는 찹쌀떡을 선물했지만 조카인 저에게는 챙기지 않았던 것을 알게 되었을 때는 배신감마저 들기도 하였습니다. 지금은 미국으로 이민을 가서 자주 만나진 않지만 가끔 오게 되어도 서먹합니다. 아이를 키우면서 잊고 지냈습니다. 그런데 이렇게 싫어하는 사람을 떠 올려 보라고 하니 다시 그 마음이 올라옵니다. 저는 잊었다고 생각했나 봅니다. 그런데 다시 떠오르면서 감정이 복받쳐 오르는 걸 보니 잊혀진 것이 아니라 잊고 싶어서 살짝 덮어두었던 것입니다. 드러내면 다시 상처받을 것 같았고, 지워버릴 용기도 없어서 덮어두고 싶었나 봅니다. 아이를 키우다 보니 그 때의 일이 불쑥불쑥 떠오릅니다.

자신의 감정을 주체 하지 못한 채 그렇게 크나큰 상처를 준 사람을 어떻게 잊을 수가 있을까요? 정확히 기억나지 않지만 질문에 대답을 하지 않고 씩씩거리며 짜증난 저를 보며 자신의 감정을 주체하지 못해 각목으로 저를 때렸으니까요. 맞는 게 두려워 도망간 저를 쫓아오며 때렸던 걸 생각해 보면 지금도 무섭습니다. 그리고 화가 납니다. 어떻게 사람을 공사장에서 쓰이는 각목으로 때릴 수 있는지 이해가 가질 않습니다. 한 참 예민할 나이에 그리고 여자인 저에게 어떻게 그렇게 때렸을까를 생각하니 아무래도 제정신이 아니었던 것 같습니다. 말리는 엄마를 밀치기도 했으니까요. 그 일로 작은아버지와는 같이 안 살겠다고 엄마가 그리 말하는데도 한동안 살 수 밖에 없었던 이유가 지금도 이해가 되지 않기도 합니다. 폭력 가해자와 피해자가 같이 살게 한다는 건 지금으로써 이해하지 못할 일이지만 그 때는 그럴 수밖에 없는 사정이 있었을 거라며 위로해 보려고 합니다. 그걸 봐야했던 엄마의 마음은 얼마나 속이 상할까요? 엄마가 되고 보니 엄마의 마음이 어땠을지 생각하게 되었고, 그렇기에 용서하고 싶지 않습니다. 진정한 미움은 아무런 감정도 일어나지 않아서 저와 상관없는 사람으로 살아가면 된다고 하지만 저는 왜 아직도 잊혀지지 않는 걸까요? 어떻게 하면 그 미움을 벗어버릴 수 있으며 용서하게 될까요?

'너 같은 거 꼴도 보기 싫어.' 어느 날 한 아이로부터 듣게 된 그 말. 저 역시 그렇게 직접적으로 들은 건 태어나서 처음 이었죠. 『미움』은 책 제목 그대로 상처받은 마음 때문에 너무도 힘들어 했던 저의 감정을 대변하는 것 같습니다. "도대체 왜, 그런지 말도 안 해주고 가 버린 그 아이가 나오는 장면에선 저도 눈물이 나왔습니다. 어린 시절 작은아버지가 했던 그 말을 또 한 번 듣는 것과 같았으니까요. 그래, "나도 너를 미워하기로 했어. 밥을 먹으면서도, 숙제를 하면서도, 신나게 놀면서도, 목욕을 하면서도, 잠을 자면서도 그 아이를 미워했다." 어쩜 그리도 제 마음과 똑 같을까요? 심지어 꿈속에서도 쉬지 않고 미워했다고 말하는 주인공처럼 저도 미워했습니다. 미움은 점점 자라고 점점 힘도 세지고 커집니다. 그리고 마음은 미움으로 가득 차 버리지요. 그런데도 마음은 편하지가 않습니다. 말로 형용할 수 없는 이 이상한 기분은 뭐라고 설명하면 좋을까요? 주인공은 이상한 기분을 언젠가 팔에 부스럼이 났을 때와 비슷한 기분을 느낀다고 말합니다. 그리고 그 사람을 미워하고 있는 자신의 마음을 찬찬히 들여다보게 되면서 중요한 결심을 합니다. 마음에서 버리기로. 저역시 『미움』 책을 덮으면서 마음에서 버리고 싶어졌습니다.

우리는 흔히 '미움'에 대한 감정을 부정으로 바라봅니다. '누군가를 미워하면 안 된다. 사이좋게 지내는 게 좋다.' 이 말 속에는 미워하는 마음은 안 좋은 거니까 하지 않는 게 좋다, 라고요. 그러나 언제까지 그래야 하는 건가요? '이유도 모른 채 상처를 받았는데', '상처를 준 사람은 기억도 못할지도 모르는데' 라고 생각하면 다시 제 마음 밑바닥에서 불덩이가 튀어 오르려고 합니다. 조카가 마음에 들지 않는다고 어른으로서 해서는 안 되는 행동을 한 사람을 용서하기란 쉽지 않습니다. 용서하지 못하고 살다보니 35년 동안 저를 힘들게 했네요. 이젠 그것을 털어버리고자 합니다. 지금의 가족들이 저에게 그 마음을 토닥여 주었으니까요. 상처 주었던 행동과 말은 용서하지 않지만 사람은 용서하려고 노력중입니다. 이젠 제가 단단해졌고, 충분히 사랑받고 있으니까요. 저를 위해서라도 더 이상 돌덩이를 안고 가고 싶지 않습니다.

『미움』 "조원희 글, 그림 / 만만한 책방" 은 아무런 이유도 모른 채 누군가가 나를 미워한다면 어떤 기분일지, 누군가를 미워하는 마음은 무엇일지, 미워하는 마음이 계속되면 어떤 일이 벌어질지? 라는 질문을 던집니다. 미움이란 감정을 외면하는 것이 아닌 고스란히 받아들이게 하여 미움에 대해 가졌던 감정의 답을 찾아가게 합니다. '저'는 미움을 통해, 미움을 키우며, 미움 속에 갇혀버린 세계를 경험했고 그 감정 때문에 힘들기도 했었습니다. 그래서 저의 마음이 진짜 향하는 곳이 어디인지를 찾아가고 싶었습니다. 그 여정을 찾아가는 길은 어렵지 않더라고요. 자신이 좋아하는 펜을 선택하고 10분 동안 마음이 움직이는 대로 직선으로 표현해 보면 됩니다.

저는 반짝반짝 빛나고 싶은 마음을 담아 골드색을 가진 펜을 선택하였습니다. 다 그리고 보니 미로 같네요. 제 마음속에서 여러 마음이 작용했나봅니다.

마음이 향하는 대로 선을 따라가다 보니 어느 순간 올라갑니다. 그 길을 더 빨리 오르고 싶어서 빠르게 계속 올라갔습니다. 높이 올라갔다고 생각한 순간 다시 한없이 내려감을 느낍니다. 롤러코스터 타듯 갑자기 아래로 떨어지는 기분이었죠. 그런데 내려간 지점에서 갑자기 마음이 복잡해졌습니다. 주변 사람들은 승승장구 하는데 저만 올라가지 못하고 제자리에서 맴돌고 있다고 생각도 들고 날아오르고 싶지만 오르지 못해서 속상했습니다. '오르면 되는데 왜 그래?'라는 말로 용기를 주고 싶지만 그 순간은 아무것도 떠오르지 않고 그저 다시 오르고 싶다는 생각만 들었나봅니다. 그런데 마음과 달리 높은 곳으로 선을 그어보지만 손이 움직여지지 않았습니다. 욕심을 내려놓으라고 마음이 계속해서 말하는 것 같았습니다. 다시 저를 다독거리며 마음이 하라는 대로 천천히 내려갔습니다. 그런데 그 지점에서 다시 마음이 복잡해짐을 느꼈습니다. 나의 삶속의 내가 주인공인건 확실한데 아무도 저를 주인공이라고 생각하지 않는 것 같아 속상한 마음이 올라오기 시작한 것입니다. 주인공이고 싶은 마음, 인정받고 싶은 마음, 반짝반짝 빛이 나고 싶은 마음이 있는데 아무도 인정해주지 않으니까 속상했던 거지요. 5분 동안 저를 들여다보는 시간은 상당히 길게 느껴졌습니다. 직선으로 표현하는 5분도 길었습니다. 무언가를 보고 그릴 때는 5분, 10분이 무척 짧았는데 저를 들여다보는 데는 왜 이리도 길었던 걸까요? 저를 마주 하는 게 쉽지 않고 두려웠던 것 같습니다. 제 마음인데도 잘 안되어 속상했고, 내가 나를 오래도록 생각해주지 않은 채 무언가에 쫓기듯 살아오다 보니 오롯이 마주 하는 것이 어색하고 힘들었습니다. 그럼에도 어루만져주지 못하고 견디라고만 했던 저를 생각하니 미안했고, 꾹 참아냈던 마음을 건드려준다고 느껴져서 1분의 시간이 남았을 때는 울컥하는 마음이 올라왔습니다. 한동안 눈물을 흘리고 나니 후련해집니다. 생각지도 못하게 제 손이 움직여서 의도하지 않는 길로 가버린 것 같았는데 GOD의 '길' 노래가 떠올랐습니다. 직선으로 표현한 선은 지금 제가 가고 있는 길, 가고 싶은 길을 말해주고 있는 듯합니다. 이렇게 제 마음을 담아 선으로 표현해보고 온전하게 받아들이고 나니 마음이 한결 가볍다는 것을 느끼게 되었습니다. 여러분은 지금 어떤 마음인가요? 10분이란 시간을 타이머로 맞추어 놓고 마음이 움직이는 대로 표현해 보세요. 자신이 몰랐던 자신의 마음을 만나게 될 것입니다. 그리고 그렇게 만났던 자신으로 인해 복잡했던 마음이 한결 가벼워질 수 있을 것입니다.

### 그림책을 보며 궁금했던 점을 질문해 보아요

- 누군가를 미워한 적이 있나요?
- 미워할 때 감정은 어떤가요?
- 미워하게 된 이유는 무엇인가요?
- 누군가 나를 미워한다고 생각한 적이 있나요?
- 미워하는 사람이 사과를 한다면 받아줄건 가요?
- 미워하는 사람에게 선물을 준다면 무엇을 선물하고 싶은가요?
- 왜 그 선물을 주고 싶은가요?
- 미워하는 마음을 가진 사람에게 어떤 미덕이 필요할까요?
- 미워하는 마음을 가진 사람에게 어떤 미덕을 주면 좋을까요?
- 상처를 준 작은아버지에게 필요한 미덕은 무엇일까요?
- 상처받았던 사람이 어떤 미덕을 받으면 마음이 편안해질까요?
- 지금 이 순간 나에게 어떤 미덕이 필요할까요?
- 나에게 어떤 미덕을 주면 행복해 할까요?
- 나에게 필요한 미덕은 무엇이라고 생각하나요?

– 누군가 나에게 미덕카드를 건넨다면 어떤 미덕을 받고 싶은가요?

"미워하는 사람, 싫은 사람을 그림으로 표현했다면 이젠 그 사람에게 선물을 주세요." 싫은 사람에게 선물을 준다면 어떤 선물을 주고 싶은지 그려보는 미션이었습니다. 싫어하는 사람 그리기도 힘들지만 싫어하는 사람에게 선물까지 주라는 미션은 당황스러웠습니다. 한참을 고민하던 끝에 '넓은 바다가 보이는 카페에서 커피한잔을.' 그림을 그려보기로 했습니다. 이 그림을 그린 이유는 단순합니다. 그저 "미운 놈 떡 하나 더 주자" 라는 마음이었습니다. 넓은 바다가 보이는 카페에서 커피를 마시다 보면 여유가 생길 것이고, 여유를 갖게 된다면 사람들에게 상처 주는 말과 행동을 하지 않을 것 같아서였습니다. 이 그림을 그리고 나니 제가 괜찮아 보였습니다. 마음 한편엔 '괜히 그렸나?' 싶은 마음도 있었지만, 그림인데 뭐 어때? 하며 스스로 멋지다고 칭찬해주고 나니 한결 마음이 편안해졌습니다. 이제 이 무거운 마음을 내려놓으려 합니

다. 미운감정을 가지고 있을수록 제가 더 많이 힘들다는 것을 알기 때문입니다. 상대는 아무것도 모를 텐데 저만 이렇게 힘들어 하는 건 억울할 것 같기에 저를 위해 용서의 미덕을 꺼내고자 합니다. 용서의 미덕을 깨우고 저에게 상처 주었던 사람에게 나니 한결 마음이 편안해짐을 느낍니다. 용서는 누군가 자신에게 잘못을 저질렀을 때 그에게 다시 기회를 주는 것입니다. 당신이 잘못했을 때도 자신을 용서해 주어야 사랑의 미덕이 깨어납니다. "용서의 미덕은 우리 안에 있습니다" 누구나 잘못할 수 있다는 사실을 기억하고, 사려 깊지 못한 사람으로부터 상처받지 않도록 미리 막기를 바랍니다. 제가 용서의 미덕을 깨운 것은 사려 깊지 못한 사람으로부터 상처받지 않기 위해서입니다. 정작 그 사람은 아무렇지 않은데 저는 너무 힘들었거든요. 혹시 여러분도 누군가를 미워하면서 힘들어 한다면 자기 자신을 위해 용서의 미덕을 깨워보는 건 어떨까요? 용서의 미덕을 깨우기만 해도 마음이 편안해 질 수 있습니다. 그리고 기분 좋게 미워하는 사람에게 선물을 해 보는 것도 권해드립니다. "미운 놈 떡 하나 준다"는 생각으로요.

거울 속에 낯선 여자가 서 있습니다. 내가 생각하는 나의 모습이 아닌 일그러진 모습입니다. 생기 없고, 굳어 있는 나의 모습을 보니 저 역시 낯설고 마주하기 싫어집니다. 내 모습이 싫지만 내 모습을 내가 싫어하면 누가 사랑해 줄까요? 있는 그대로의 제 모습을 찍어보고 왼손으로 그려 보았습니다. 이 모습이 정말 내 모습이었나? 싶을 정도로 낯설었습니다. 입 꼬리가 올라가야 좋은데 입 꼬리가 내려갔다며 남편이 한소리를 합니다. 거울로 내 모습을 보고 사진을 찍어보니 알겠습니다. 남편이 왜 그런 말을 했는지를요. 무엇이 저를 힘들게 하며 살아가게 하고 있는 것일지 궁금해졌습니다. 『거울 속으로』 "이수지 글, 그림 / 비룡소" 책을 펼치면 한 여자 아이가 무릎 사이에 얼굴을 파묻은

채 외롭게 앉아 있습니다. 아이는 거울에 비친 자신의 모습에 깜짝 놀랍니다. 저의 어린모습이 생각납니다. 자기와 똑같은 모습을 하고 있고, 동작을 똑같이 따라하는 거울 속 아이에게 차츰 마음을 열고 다가갑니다. 지금의 나와 어린 나를 마주하라고 말하는 것 같습니다. 어린 나로 돌아가 보았습니다. 어린 나로 돌아가 서로 활짝 웃는 모습으로 춤을 추며 신나게 놀았습니다. 한 마음이 되어 춤을 추는 절정의 순간에는 지금의 나와 내면의 나가 함께 거울 속으로 들어가게 되지요. 그러다 어느 순간부터 거울 속 아이는 더 이상 주인공 아이의 동작을 따라 하지 않게 됩니다. 거울 속 아이는 ‘어린 나’이고 거울 속 아이는 ‘지금의 나’로 생각됩니다. 그런 거울 속 아이에게 삐친 주인공 아이(지금의 나)는 거울을 밀어버리지요. 이 때 거울의 물리적 모양이 화면에 드러나면서 이제까지 거울 속에서 하나였던 둘은 서로 다른 존재임이 명백해집니다. 거울에 비친 아이는 깨진 거울과 함께 사라져 버렸고, 아이는 다시 혼자가 됩니다. 여러분은 ‘지금의 나 이면에 있는 거울 속에 있는 ’어린 나‘에게 얼마나 관심을 가지고 계신가요? 저는 더 이상 ’어린 나‘가 외롭지 않기 바라는 마음으로 인정의 미덕을 깨우려고 합니다. 인정이 있다는 것은 누군가 상처를 입었거나 어려움에 처했을 때, 그의 아픔과 어려움을 이해하여 따뜻하게 마음을 쓰는 것입니다. 그동안 '어린 나'에게 신경써주지 못해 많이 힘들었던 것 같습니다. 인정의 미덕으로 따뜻하게 안아주면 저의 '어린 나'도 괜찮아 지겠지요? "인정의 미덕은 우리 안에 있습니다" 대화가 필요한 사람에게 따뜻한 미소로 참을성 있게 이야기를 들어주고, 상처를 입었는지, 친구를 필요로 하는지 주위를 살펴보면 그들은 당신으로 인해 외롭지 않을 것입니다. 그들의 심정이 어떨지 생각해보며, 차분한 관심을 보여준다면 그들은 여러분에게 받은 인정의 미덕으로 사랑의 미덕을 깨울 것입니다.

### 그림책을 보며 궁금했던 점을 질문해 보아요

- 거울로 보는 나는 어떤 모습인가요?
- 내 모습이 마음에 드나요?
- 요즘 가장 고민하고 있는 것은 무엇인가요?
- 고민하는 내 모습을 거울로 본적이 있나요?
- 자신의 모습을 거울로 보면서 찍어보고 왼손으로 그려 보세요
- 거울 속 나에게 뭐라고 말을 걸고 싶은가요?
- 지금 이 순간 나에게 어떤 미덕이 필요할까요?
- 거울 속 나에게 주고 싶은 미덕은 무엇인가요?
- 그 미덕을 주고 싶다고 생각한 이유는 무엇인가요?
- 나에게 어떤 미덕을 주면 행복해 할까요?
- 나에게 필요한 미덕은 무엇이라고 생각하나요?
- 누군가 나에게 미덕카드를 건넨다면 어떤 미덕을 받고 싶은가요?

미워했던 마음을 글과 그림으로 표현해보고 , 거울 속에 비친 내 모습을 보고 내가 위로해주다 보니 이제는 조금 털어 버릴 수 있을 것 같습니다. 번잡한 마음으로 삶을 힘들게 하기 보단 용서의 미덕을 깨웠던 나를 생각하며 즐겁게 살아가도록 노력하고 싶습니다.

**함께 보면 좋은 그림책**

**『미움』, 『거울 속으로』**

## 2. 욕심과 집착

"패드 좀 그만 봐라! 플레이스테이션 했으면서 또 패드 보니?"

"아이……. 참……. 알겠어요!"

"내가 너 요즘 책 보는 걸 못 봤다. 책으로만 공부해야 하는 건 아니지만 그래도 너무하지 않냐?"

엄마의 화난 목소리를 들은 린이는 책상에 멍하니 있다가 TV 리모컨을 찾아들고 TV를 켰다.

"TV꺼라! 지금까지 패드 본 것도 모자라서 TV 켜는 거야?"

"이것만 보구요!"

"안 돼!"

"그럼 뭐해야 하는데요?"

"할 게 그렇게 없어?"

"네."

"그럼 가만히 있어! 아님 그림이라도 그리든지!"

입을 삐죽 내밀면서 마지못해 책상에 앉습니다. 어느 순간 린이는 집에 오면 자동적으로 TV를 켜기 시작했습니다. 저 역시도 TV보는 것을 좋아했습니다. 드라마도 좋아하고, 예능 프로그램도 좋아했었지요. 그런데 TV를 보다보면 그것에 집중하게 되어 다른 것을 못할 때가 많더라고요. 무엇보다 드라마에 빠져 애들 밥도 대충주고, 공부 봐주는 것도 미루게 되는 경우가 많고, 간혹 아이과제를 못 봐주고 넘어갈 때도 있었습니다. 드라마가 끝나고 나면 그 여운이 남아 헤어 나오는데 시간이 걸리기도 하지요. 드라마와 현실 속 환경을 혼동해서 자괴감에 빠지다 보니 안 보는 걸 선택하였습니다.

TV를 안 봐도 해야 할 것들은 참 많습니다. 예전에도 해야 할 것들은 여전히 많았겠지만 관심이 적거나, 하고 싶은 것이 없었을 때는 TV를 보는 것이 우선 순위가 되었던 것 같습니다. 해야 할 일들이 많다고 생각하니 또 다시 마음이 불안해집니다. 불안한 마음이 들 때는 아이를 더 다그치게 되는 것 같습니다. 코로나로 인해 학교를 안가고 온라인으로 수업을 듣는 것이 일상이 되었고 밖에도 못나가다 보니 갈수록 영상매체에 빠져드는 것 같아 고민이 이만저만 아닙니다. TV가 고장 나면 TV를 없앨 것도 고민하고 있지만 멀쩡한 TV를 없애기도 쉽지 않습니다. 과연 TV가 없다고 해서 아이들이 영상매체에 빠지는 걸 막을 수 있는 걸까요? 이 질문에서 "네" 라는 답을 선뜻 하기가 쉽지 않습니다. 좋은 엄마가 되기 위해 아동상담을 공부했고, 부모에 관련한 책을 수십 권을 읽고, 부모교육을 공부하였지만 아이들에게 아직도 비난의 말, 수치심을 주는 말을 하고 있을 때가 많습니다. 마음에 들지 않는 행동을 하고 있다고 해서 그 행동만 봐야 하는데 아이의 모든 것으로 보고 있습니다. 마음을 가다듬고 생각해 보니 아이에게 화가 난 게 아니고 TV나 패드를 보고 있는 행동에 화가 났음을 인식하게 되었습니다.

"엄마는 하브루타 한다면서 화만내고……. 하브루타가 아니고 화부르타야!"

"엄마는 내가 아플 때만 친절하고. 미덕이라고 말하는 것도 싫어!"

아이들이 번갈아 가면서 한마디씩 하는 순간 아차, 싶었습니다. 아이들이 느낀 엄마의 모습은 말로만 하브루타, 버츄를 한다고 하지 행동에서는 그렇지 못하고 여전히 잔소리하는 엄마로만 보였던 것입니다. 아이를 잘 키우고 싶은 마음, 좋은 엄마이고 싶은 마음뿐이었지, 행동에선 여전히 아이를 위한마음이 아니라 내 감정대로 이랬다저랬다 하고 있는 모습을 돌아봅니다. '왜 이렇게 안

되지?' 나도 제대로 못하고 있으면서 다른 사람들에게 '미덕의 언어로 말해주세요!' '행동에 대해서만 야단치세요!'라고 말하는 게 괜찮은 걸까? 이런 마음으로 사람들 앞에서 버츄를 얘기해도 되는 걸까? 양심이 찔리는데 그만 해야 하나? 고민했습니다. "버츄프로젝트"저자 권영애 선생님은 "아이는 콩나물이 되기 위해 안간힘을 다해 콩에 싹을 틔우고 있는데 부모인 나는 물 몇 번 주고 반응이 없다고 콩나물 안 되는 아이라고 다그치고 있는 경우가 많다." 라고 말합니다. 아이들은 조금씩 성장하고 있고 열심히 뛰고 있는 데도 엄마가 바라는 만큼 뛰지 않는다며 기다려주지 못하고 있는 것이지요. 저 역시 아이가 콩나물로 자랄 때까지 기다려줘야 하는데 물을 주자마자 왜 빨리 자라나지 않고 아직도 어린 콩나물이냐고 재촉하고 있었던 것입니다. 몸에 스며들려면 시간이 필요한데 언제까지 물만 계속 주어야 하느냐며 아까워하고 있었던 모습을 들킨 것 같아 미안하고 창피했습니다. 저 역시 이제 싹을 틔웠는데 콩나물로 자라지 않는다고 내 스스로를 답답해하고 있는 것이 다른 사람 눈에 보였나 봅니다. 조급해 하고, 여전히 불안한 나. 아이를 통해 다시 자라고 있습니다. 나이를 먹어 어른이 되었지만, 엄마라는 이름을 단지 이제 15년 입니다. 15살이면 아직 어린 엄마입니다. 나이는 50에 가까운 나이이지만 엄마로서는 아직 중학생인 것이지요. 그런데 어른이라고, 엄마라고 다 아는 것처럼 행동하고 나는 못하면서 아이에게는 잘하라고 재촉합니다. 엄마로써 이제 15살이면서 아이보고 엄마의 기대치만큼 못한다고 다그치는 것은 과한 욕심임을 알았습니다. 아이가 성장하듯 엄마도 성장합니다. 엄마역시 자신의 나이와는 상관없이 아이의 나이만큼의 엄마이고 그래서 우리는 같이 좌충우돌하며 하나하나 배워갑니다. 빨리 먹고 싶다고 해서 마음이 빨리 성숙 해지는 게 아닌데도 내 마음대로 안 되는 것에 조급해하니까 마음이 불편했나 봅니다.

아이가 이 세상에 나올 때 목숨 걸고 살고자 나온 것이라고 합니다. 그래서 아이들도 자신의 입장에서 최대한 열심히 살아가고 있습니다. 다만 어른의 눈으로 내려다보기 때문에 더디고 부족하다고 느끼게 되는 것 같습니다.

사람들 앞에 나선 시간이 오래되지 않았습니다. 그럼에도 마치 내 나이가 50이니까 다 안다며 착각하고 살기도 했지요. 저보다 먼저 나선들 사람들이 보면 부족한 것들이 많이 보일 것입니다. 그럴 때를 생각해 보니 아이가 얼마나 최선을 다하며 살아가고 있는지 조금은 알 것 같습니다. 부족한 저를 믿어주고 이끌어주기도 하는 많은 분들 때문에 넘어져도 일어설 수 있었습니다. 그래서 믿어준다는 것이 그 어떤 힘보다 위대함을 알지요. 아이들 역시 믿어주는 부모에게 더 노력합니다. 엄마아빠가 자신을 믿어주고 있음을 알게 되면 아이 역시 믿는 만큼 잘 성장하는 것 같습니다.

부모공부를 하기 전까지 아이를 다그치는 엄마였습니다. 학교도 들어가기 전부터 대입에 관련 정보를 들으며 어떻게 준비해야 하는지 들으러 다녔고, 그렇기 위해서는 어떻게 공부를 시켜야 하며 얼마나 책을 읽혀야 하는지 등등 아이를 숨 막히게 했던 엄마였습니다. 그럼에도 아이는 엄마가 하라고 하니까, 잘 따라 주었습니다. 잘 하면 할수록 해야 할 것들을 들이밀었고, 놀 여유를 주지 않았습니다. 왜냐하면 대학이라는 입시 앞에서 잘 키워본 엄마가 그렇게 해서 성공한 사례들만 들었으니까요. 그렇게 하는 과정에서 한 가지 간과했던 것이 있었습니다. 그건 그 아이니까 한 것이지 저의 아이는 그 아이와 똑같지 않다는 것을 그때는 몰랐습니다. 그래서 달리라고만 했지 중간에 쉬는 건 허용하지 않았습니다. 아직 초등학교 입학도 안했는데, 대입까지 14년이나 남았는데 말이에요. 그렇게 달리다 보니 조금씩 아이가 지쳐가고 있었겠지요. 그런데 엄마인 저는 그걸 몰랐습니다. 아이가 지쳐가는 동안 저는 더 높은 수

준의 실력을 요구했으니까요.

아무리 먼저 가려해도 그 만큼의 시간이 쌓여야 도착하게 되고, 그렇기에 우리는 그 시간에 충실하면서 기다림이 필요합니다. 지금은 더디 가고 있는 것 같지만 아이는 자신의 자리에서 나아가기 위해 준비하고 있는 시간으로 생각하며 믿어주고, 기다려 주는 게 엄마의 역할이라고 생각합니다. 아이가 내 마음대로 따라주지 않는 다며 힘들 때 만났던 『샘과 데이브가 땅을 팠어요』 "맥 버넷 글 / 존 클라센 그림 / 서남희 옮김 / 시공주니어" 책을 보며 돌아보게 되었습니다. 샘과 데이브는 원하는 무언가를 찾기 위해 계속해서 땅을 팝니다. 열심히 땅을 파 보다가 아닌 것 같다고 생각했는지 중간에 포기하고 다른 곳을 또 파기 시작합니다. 계속 땅을 파도 나오지 않기에 중간에 포기하고 말지요. 마치 제가 뚜렷한 목표도 없이 막연하게 무언가를 열심히 파고 있는 모습 같았습니다. 샘과 데이브는 없는 것 같다며 그만둡니다. 그런데 그 옆에 큰 보석이 보입니다. 샘과 데이브에겐 보이지 않았던 것이 독자인 저는 보이는데 말입니다. 보석처럼 보이는 것은 샘과 데이브가 그토록 찾고자 했던 '어마어마하게 멋진 것'입니다. 그것은 반짝이는 보석이었는지, 보물지도였는지, 몰래 숨겨 놓은 장난감이었는지 알 수 없습니다. 각자 자신이 바라는 그 무엇이라고 다양하게 해석할 수 있습니다. 이 책을 보며 제가 느낀 것은 그 ' 반짝이며 멋진 것' 안에는 한 사람의 욕망과 삶에 대한 가치라고 생각됩니다. '반짝이며 멋진 것'은 저마다 다 다르지만, 그것을 얻기 위한 경험과 과정은 스스로를 성장시키며, 성장의 순간이야말로 세상에서 가장 값진 보물이 될 것입니다.

부모가 먼저 모범을 보이면 아이들도 자연스레 부모가 가고자 하는 방향으로 갈 거라고 생각하며 오늘도 저를 다시 한 번 다독여 봅니다.

10분 동안 알람을 맞춰놓고 한참을 연필로 선의 강약을 표현하다가 파스텔

을 꺼내서 주목받고 싶은 나를 표현해 보았지만 이 그림을 그리고 나서 기분이 좋지 않았습니다. 겨우 용기내서 시도 했지만 오히려 질타를 받았던 기억이 떠올라 어지럽게 끼적이기도 했습니다. 그러다가 다시 마음을 잡고 색칠했지요. 내가 그린 그림인데 못 그렸다며 외면하고 싶은 마음엔 주목받고 싶고 칭찬받고 싶었고, 잘 그리고 싶은 욕구 때문에 짜증과 불만이 올라왔음을 알게 되었습니다. 그림을 그리고 한참을 가만히 있었습니다. 창문을 보며 열심히 달리는 자동차가 보이고, 날아가는 새가 보였습니다. 그들도 잘하기 위해 달리지만 누구나 앞에 설 수 있는 건 아니라는 것을 보면서 저를 위로해주었습니다.

안에 있는 걸 꺼내어 못해도 괜찮고, 실패하면 어때? 못한다며, 두렵다며 표현하지 않으면 아무도 모르죠. 내 안의 있는 내면아이도요. 있는 그대로의 나와 아이들을 받아들이기 쉽지 않겠지만, 내 안에 있는 걸 꺼내서 잘한다고 칭찬해주고 부족한 나를 토닥여 주어야겠습니다. 못해도 괜찮고, 실패해도 괜찮다며 저에게 용기도 주고 싶습니다. 그렇게 계속 저를 인정하다보면 내 안의 보석도 반짝거리겠지요? 주변사람들과 비교하지 않고, 그 자체로 받아들이기 위해 초연의 미덕을 깨우려고 합니다. 아이들을 내 욕심대로 하려고 했다는 것에도 반성 해야겠습니다. 감정의 소용돌이 속에서도 통제력을 잃지 않고 자신의 느낌을 관조하는 초연함을 유지하면 어떻게 행동할 것인지를 자유롭게 선택할 수 있을 것입니다. "초연의 미덕은 우리 안에 있습니다" 순간 일어나는 감정에 휩쓸리지 않도록 하면서 자신의 마음이 어떤지 한 발 뒤로 물러나 관찰해 보세요. 그런 다음 자신이 통제할 수 있는 일과 그렇지 않은 일을 명확히 구별한다면 평화로움의 미덕도 함께 반짝일 것입니다.

### 그림책을 보며 궁금했던 점을 질문해 보아요

- 샘과 데이브는 무엇을 찾고 싶었을까요?
- 나는 무엇을 찾고 싶은가요?
- 무엇을 찾기 위해 땅을 파본 경험이 있나요?
- 지금 내가 찾고 있는 것은 무엇인가요?
- 갖고 싶은 것을 위해 얼마나 노력하고 있나요?
- 지금 내가 그 토록 바라는 것은 무엇을 위해 갖고 싶은 걸까요?
- 왜 그것을 갖고 싶은가요?
- 열심히 팠는데 없다면 어떻게 할 건가요?

- 나오지 않는데도 열심히 판 샘과 데이브에게 어떤 미덕을 주면 좋을까요?
- 지금 이 순간 내게 필요한 미덕은 무엇일까요?
- 샘과 데이브에게 어떤 미덕이 필요할까요?
- 그 미덕을 주고 싶다고 생각한 이유는 무엇인가요?
- 샘과 데이브에게 어떤 미덕을 주면 행복해 할까요?
- 누군가 나에게 미덕카드를 건넨다면 어떤 미덕을 받고 싶은가요?

함께 보면 좋은 그림책

**『미움』, 『샘과 데이브가 땅을 팠어요』**

## 3. 느끼는 대로 마음 가는 대로

그림을 잘 그린다는 기준이 무엇일까요? 그 기준은 누가 정한 걸까요? 권위 있는 사람이 하는 평가가 언제나 옳은 걸까요? 『느끼는 대로』 "피터레이놀즈 글, 그림 / 문학동네" 레이먼은 자신이 그려놓은 그림을 형이 비웃자 어느 순간 그림그리기를 멈춰버립니다. 그런데 그 그림을 알아봐 주는 사람이 있었죠. 바로 동생 마리솔입니다. 동생은 오빠가 버린 그림을 잘 펴서 벽에 붙여놓습니다. 그걸 본 레이먼은 다시 그림을 그립니다. 느끼는 대로 마음 가는 대로 그리고 나서는 날아갈 듯 서 있습니다. 저도 "난 글을 못써!" 라며 글 잘 쓰는 사람, 그림 잘 그리는 사람을 부러워만 했습니다. 그러다 그림책 만들기에 도전하여 글을 썼고, 그 글이 주변에서 좋은 반응으로 다가오자 자신감이 생겨서 그때부터 글을 쓰게 되었습니다. 그림역시 못 그린다고 생각하며 안 그리니까 못 그리는 거지 그림을 못 그리는 게 아니었습니다. 시각적 표현이 어느 한 가지만 있는 것이 아닌 자신에게 맞는 표현방법이 있다는 것도 알게 된 것이지요. 저는 새로운 그림을 그려내는 것은 못하지만 어떤 것을 보고 그리는 것은 잘 하며 색으로 표현하는 것을 더 잘한다는 것도 알게 되었습니다.

나는 왜 내 그림을 남들과 비교해서 못한다고 생각했던 것일까요? 많은 화가들도 자신의 그림을 처음부터 맘에 들어 하지 않았다고 합니다. 그럼에도 포기하지 않고 하루에도 수십 번 수백 번 그렸다고 하는데 전 그렇게 노력해 보지도 않았으면서 못 그린다고 포기했다는 것을 그림을 그리고 단상을 써 내려가면서 알게 되었습니다.

그동안 평가에 눌려 살다보니 지나가는 말로 한마디 던졌을 뿐인데도 그 말을 지나가는 말로 듣지 않고 가슴에 새기는 성향을 가지고 있었죠. 그래서 늘 남이 어떻게 평가하는지에 신경 쓰다 보니 마음이 가는대로 못하고 살았습니다. 그런 모습은 가족 사이에서도 종종 나타났습니다. 신경 써서 했던 음식을 남편이 '맛이 왜이래?'라고 말하면 상처를 받았고, 맛있는 음식이 있을 땐 '이거 어디서 난거야? 누가 줬어?'라고 말하면 기분이 나빠졌습니다. 그러다 "오늘 정말 잘 먹었어!" 라고 말하면 다시 기분이 좋아집니다. 남편은 그냥 툭 던진 말인데도 그 말 한마디에 기분이 좌지우지 되어 버렸습니다. 인정욕구가 강한 사람은 자신이 하고 싶은 대로 하기보다 남이 인정해주는 것에서 자신감을 얻는 가 봅니다. 인정받고 싶고, 관심 받고 싶다 보니 제 마음이 가는대로가 아닌 다른 사람 마음에 맞추려고 포장을 하며 살아온 거죠. 그래서 제가 하는 것들의 모든 기준은 제가 아닌 남이 되어버렸습니다. 마치 착한사람 콤플렉스를 가진 양 사람들의 평가에 신경 쓰다 보니 어느 순간 내가 원하는 것이 무엇이고, 내가 무엇을 느끼고 싶은지 저도 헷갈리기 시작했습니다.

내면 깊숙한 곳에서 조그만 불씨가 올라옵니다. 이 불씨는 내가 꺼뜨릴 수도 키울 수도 있습니다. 저는 이 불씨를 꺼뜨리지 않으려고 합니다. 어떤 불씨인지는 잘 모르겠지만, 이젠 불씨를 살려보고 싶어졌습니다. 작은 불씨는 언제나 저에게 있었고, 그 불씨는 제가 살려내기를 오랫동안 기다리고 있었는지도 모릅니다. 그럼에도 몰라봤어요. 어떻게 살려야 하는지 가르쳐 주지 않아서도 몰랐고, 알려고도 하지 않았습니다. 그저 정해진 길을 가는 것이 맞는다고 생각하고 하라는 것만 했습니다. 그래야 착한사람이라고 배웠기 때문입니다. 나를 드러내기보다 감춰야 한다고, 그게 겸손이라고 생각하며 꾹꾹 누르기만 한 것입니다. 세상에서 나를 잘 이해하고, 내 마음을 가장 잘 아는 사람이 나인데 겸손의 미덕을 잘못 이해하고 저에게 귀를 기울이지 않으려고 했었음을 알게 되었던 거죠. 다른 사람이 어떻게 생각하는지 신경 쓰는 것이 배려라고 생각하며, 남들이 잘하는 것에는 아낌없는 칭찬을 보내고 부러워하기만 했어요. 나를 마주하고 인정하기가 두려웠나 봅니다. 부족하지만 있는 그대로 마주할 수 있어야 나를 제대로 아는데, 그것 역시 용기가 필요했나 봅니다. 그림책은 저에게 용기를 주었습니다. 그림을 잘 그려야 좋은 그림책이 아님을 알게 되었지요. 무엇을 이야기 하고 싶은지, 그 이야기를 잘 그려내기만 하면 된다고 말해줍니다.

이제는 남의 눈치를 보며 살지 않으려고 합니다. 그리고 부족한 나를 받아들이려고 합니다. 잠들어 있는 용기의 미덕을 꺼내기까지 많은 시간이 필요했지만 마음이 가는 대로, 느끼는 대로 해보려고 합니다. 순간 느껴지는 감정을 따라 그 마음을 느껴 보다보면 저의 색깔을 찾을 수 있게 되겠지요?

우리는 누구에게나 창의성이 있습니다. 평가보다는 자신의 색깔을 찾을 수

아침풍경을 보면서 느끼는 대로 표현했던 그림(화장품과 커피를 이용하여 표현한 그림)

있는 기회가 많았다면 지금처럼 남의 평가에 흔들리지 않았겠지요. 남들의 평가, 그리고 그들의 생각을 존중하느라 제 자신을 존중하지 못해서 마음 가는 대로 하기보다 남의 평가에 기댄 것 같습니다. 저를 더 존중하고자 존중의 미덕을 꺼내보려고 합니다.

"존중의 미덕은 우리 안에 있습니다"

당신 자신도 존중받을 것을 기대하면서 누구에게나 예의를 갖추어 이야기하세요. 다른 사람의 물건을 다룰 때는 각별히 조심해 주면 상대는 존중의 미덕과 함께 감사의 미덕을 깨울 것입니다. 내가 남들에게 예의를 갖추듯이 내 마음에도 예의를 갖추고 다른 사람의 물건을 다룰 때 각별히 조심하는 것처럼 내 마음과 내 물건에도 예의를 갖추도록 해야겠습니다.

나에게 필요한 색을 느끼는 대로
표현해 보았던 그림

**그림책을 보며 궁금했던 점을 질문해 보아요**

- 아이의 기분이 어떻게 느껴지시나요?
- 제목의 선을 따라가면 무엇이 있을 것 같나요?
- 그림책표지처럼 느끼는 대로 그림을 표현해 본적이 있나요?
- 그림 그리는 것을 좋아하나요?
- 자신이 그린 그림에 점수를 준다면 몇 점을 주고 싶은가요?
- 형이 놀렸을 때 레이먼의 기분은 어땠을까요?

- 형은 그림을 잘 그릴까요?
- 레이먼은 왜 똑같이 그려야 한다고 생각했을까요?
- 마리솔은 무엇 때문에 레이먼의 구겨진 그림을 벽에 붙였을까요?
- 레이먼은 안 보이는 것을 어떻게 그렸을까요?
- 어떻게 해야 느낌을 담은 그림을 그릴 수 있을까요?
- 그림을 잘 그린다는 것은 어떤 건가요?
- 내가 생각하는 잘 그린 그림은 어떤 그림인가요?
- 레이먼은 어떤 그림을 앞으로 그릴까요?
- 가장 인상적인 장면은 어디인가요? 어떤 점이 인상적인가요?
- 형이 놀렸을 때, 나라면 어떻게 했을까요?
- 느끼는 대로 그림을 그려본 적이 있나요?
- 느끼는 대로 그려진 그림을 볼 때 나는 어떤 느낌이 들까요?
- 레이먼에게 주고 싶은 미덕은 무엇일까요?
- 형에게 필요한 미덕은 무엇일까요?
- 마리솔이 보여준 미덕은 무엇인가요?

**함께 보면 좋은 그림책**

**『느끼는 대로』, 『느끼는 대로 마음 가는 대로』**

## 4. 한 걸음 한 걸음

『슈퍼거북』 "유설화 글 그림 / 책읽는 곰" 거북이 꾸물이는 경주에서 토끼를 이긴 뒤, '슈퍼 거북'이라는 별명을 얻게 됩니다. 거북이가 토끼를 이겼으니 그야말로 인간 승리, 아니 동물 승리라 할 만한 일이지요. 온 도시에 슈퍼 거북 열풍이 불기 시작합니다. 마치 TV음악프로그램 경연에서 1등한 가수가 TV채널을 돌릴 때 마다 여러 예능프로그램에 나오기도 하고, 제품 광고에서 계속 나오는 것처럼 너 나 할 것 없이 모든 동물들이 거북이 등딱지를 지고 다닙니다. 거북을 주인공으로 한 영화가 개봉되고, 가게마다 '거북'이 들어간 간판이 내걸리고, 심지어는 슈퍼 거북 동상까지 세워집니다. 그런데 거북이 꾸물이는 이 상황이 마냥 좋기만 할까요? 토끼가 상대를 만만히 보고 낮잠이나 잘 동안 한 발 또 한 발 성실하게 달려 승리를 거머쥔 그 꾸물이었습니다. 자신은 한 걸음 한 걸음 성실하게 달려서 오다보니 승리를 거둔 것인데 그 노력은 보지 않고 결과만 보고 부러워합니다. 꾸물이는 동물들의 관심이 부담스럽고 힘들어서 원래의 모습 꾸미지 않은 모습으로 천천히 가는데 동물들이 한마디 합니다.

"저기 느리게 걸어가는 거북이가 꾸물이 맞아?"

"아니야 그럴리가 없지. 꾸물이는 슈퍼 거북이잖아. 저렇게 느리게 갈 리 없어!"

꾸물이는 동물들이 말하는 소리를 듣고 자신에게 실망할까 봐 걱정이 됩니다. 이웃들의 기대를 저버리지 않으려고 진짜 슈퍼 거북이 되기로 마음먹게 되지요. 꾸물이는 착실한 거북이답게 가장 먼저 도서관으로 달려가 빨라지는 방법을 다룬 책을 모조리 찾아 읽고, 책에 실린 내용을 낱낱이 실천에 옮깁니다.

비가 오나 눈이 오나 바람이 부나 하루도 빠짐없이, 해가 뜰 때부터 달이 질 때까지……. 그 결과, 꾸물이는 누구보다도 빠른 거북으로 거듭나게 됩니다. 꾸물이가 쌩하고 지나가면 다들 "방금 뭐가 지나간 거야?" 할 정도로 말입니다. 슈퍼 거북이라는 이름에 걸맞은 실력을 다시 갖추게 되었습니다.

아이가 처음 걸음을 시작할 때도 한 걸음 한 걸음 천천히 발을 내딛다가 다리에 근육이 생기면 잘 걷게 된 것처럼 처음이 있고, 연습을 통해 잘 하게 됩니다. 그림에 있어서 저는 걷지도 못하는데 뛰려고 했던 것 같습니다. 그러니 마음이 조급할 수밖에요.

매일 하루 10분씩 시간을 투자해서 그림 그리기를 시도해보았습니다. 그렇게 조금씩 짧은 시간이라도 그리다 보니 점점 그림이 달라짐을 느낍니다. 처음 책을 썼을 때도 그랬습니다. 그림책 만들기에 도전해보면서 제 안에 있던 새로운 모습도 발견했지요. 상상하여 글을 만들어내는 건 잘 못하지만 생활하면서 보고 느낀 점들을 잘 표현할 수 있더라고요. 제가 경험한 것을 말로 잘 설명해준다는 것을 주변에서 듣곤 했었는데 그걸 글로 표현 해 보려는 노력을 하지 않았습니다. 글 쓰는 것도 방법이 있고, 배우면 되는데 그동안 글쓰기를 배워본 적이 없기에 저와는 거리가 멀다고 생각하고 시도조차 않았던 것입니다. 과정 없이 결과가 없는 것인데 결과만 보고 누군가를 부러워했던 저를 반성해 보며 끈기의 미덕을 깨워보려고 합니다. 꾸물이가 한 걸음 한 걸음 꾸준히 갈 수 있었던 것도 초지일관 꾸준히 나아가는 자세가 있었기에 가능했고, 저 역시 10분씩 그림그리기를 시도한 결과 그림이 나아졌습니다. 또 그림책도 만들 수 있었습니다. 우리 같이 조금씩, 천천히, 꾸준히 끈기의 미덕을 발휘해 보는 건 어떨까요? "끈기의 미덕은 우리 안에 있습니다" 목표를 정하고 서두르지 말고 한걸음씩 나아가면서 거기에 도달할 때까지 매진한다면 당신이 바

매일 조금씩 그려본 자화상

라는 목표에 도달할 것입니다. 끈기의 비넥과 더불어 복적의식과 이상품기의 미덕도 함께 하기를 바래봅니다.

**그림책을 보며 궁금했던 점을 질문해 보아요**

- 힘들지만 포기하지 않고 했던 경험이 있었나요?
- 슈퍼거북이 될 수 있었던 이유가 무엇일까요?
- 슈퍼거북은 무엇을 위해 빨리 달리고 싶었을까요?
- 슈퍼거북이 되어서 좋았던 것은 무엇일까요?
- 슈퍼거북이 지나가는데 사람들이 진짜 슈퍼거북이냐고 말하는 소리를 듣고 어떤 기분이었을까요?
- 슈퍼거북이 잠을 이루지 못한 까닭은 무엇이었을까?
- 슈퍼거북은 토끼에게 지고 맙니다. 그런데 슈퍼거북은 오랜만에 단잠에 빠져들게 됩니다. 단잠에 빠져들 수 있었던 이유는 무엇일까요?
- 꾸물이가 보여준 미덕은 무엇인가요?
- 토끼가 보여준 미덕은 무엇인가요?
- 꾸물이에게 주고 싶은 미덕이 있나요?

- 그 미덕을 주고 싶다고 생각한 이유는 무엇인가요?
- 누군가 나에게 미덕카드를 건넨다면 어떤 미덕을 받고 싶은가요?

**함께 보면 좋은 그림책**

**『슈퍼거북』**

## 5. 양파를 까고 있는 중입니다.

*낮춰야 할 때는 물러나야 할 때는 물러나야 오르고 오르면 끝이 있듯이*

*낮춰야 할 때는 낮춰야하고, 물러나야 할 때는 물러나야지*

*오르고 오르면 끝이 있듯이, 내려 올 때도 끝이 있다 네*

*막막한 하루하루 힘들다 면은, 하늘 한번 보고 힘껏 소리쳐*

*기회는 누구에게 다가오는 것.*

*내게도 그럴 때가 올 거야.*

*이왕이면 웃고 살면 행복해지고, 기왕이면 웃고 살면 즐거워지고, 영원히 힘 들것만 같았던*

*지난일 들도 돌아보면 추억 되겠지*

*지나간 다 지나간 다 지금 이 순간*

*때가되면 돌아보면 웃는 날 온다.*

*오늘도 힘차게 어깨를 펴고 가족사진보며 힘을 내야지*

*조항조 노래 – 때*

이태리타월을 연상케 하는 표지를 가지고 있는 『때』 "지우 글 그림/ 달그림" 그림책은 표지부터 예사롭지 않습니다. 표지를 넘기면 "누구나 때가 있다" 라고 말하며 문을 열고 들어가는 걸로 이야기는 시작됩니다. '때'에는 두 가지 뜻이 있으며 하나는 '피부의 분비물과 먼지 따위가 섞이어 생기는 것'이고, 다른 하나는 '시간'을 뜻한다고 친절하게 설명해 줍니다.

"때가 되었군, 깨끗해질 때," 문으로 들어간 아주머니가 누군가의 때를 벗깁니다. 타월을 통해 신나게 벗기고 타월은 물과 함께 신나게 춤을 추는 것 같습니다. 때를 벗겨내 주는 본연의 임무를 신나게 하고 있는 것으로 생각됩니다. "벅벅 버버벅, 보이지 않아도 다 때가 있어, 누구나 때가 있지" 마치 평생을 누군가를 위해 애쓰면서, 정작 나의 때를 꽃피우지 못하고 살아온 마음을 표현하는 것 같습니다. 작가는 목욕탕에서 묵묵히 그 일을 다 하는 이태리타월에 주목했다고 합니다. 어두운 목욕탕에서 축축한 채로 있어야 하는 타월이 가장 빛나는 때는 언제일까요? 바로 인간의 때를 벅벅 벗겨 낼 때가 아닐까 생각해 봅니다, 때론 피부가 빨개질 때까지 벗겨 내기도 하고 아프다며 거부하는 아이도 있지만 이태리타월은 자신에게 주어진 일을 신나게 해 냅니다. 쌓이고 쌓인 때를 벗겨 내고, 가벼운 몸과 마음으로 목욕탕을 나서는 사람들을 바라보는 그 순간이 바로 타월이 가장 빛나는 때라는 것을 말해 주고 있습니다.

누구나 때가 있습니다. 그리고 열심히 자기 몫의 일을 해내며 살다 보면 누구에게나 그 때가 선물처럼 찾아올 것입니다. 아직 자신의 때를 만나지 못했다면 이태리타월처럼 바쁘게, 신나게 살다 보면 그 때를 곧 만나게 될 것임을 목욕탕의 바쁜 한때를 통해 보여 주는 것 같습니다.

*내안에 수많은 나가 있습니다.*
*나는 한 가지 색으로 표현되기도 하고 여러 색이 섞여있기도 해요*
*어릴 땐 모든 것이 신나고 재미있고 행복했습니다.*
*그때는 느끼는 대로 마음 가는 대로 했으니까요*
*시간이 지나면서 색은 섞이고 예상할 수 없이 변해갑니다.*
*때로는 원하는 방향으로 ,때로는 전혀 다른 방향으로*

*예상하지 못한 방향으로 흘러갈 때는 불안하고 떨리고 무섭기까지 해요*

*어디로 가야할지 몰라 방황하기도 합니다.*

*세상의 이목과 욕심은 내가 느끼는 대로 마음 가는 대로 할 수 없도록 만듭니다.*

*마음은 불편해지고, 나만의 색과 빛도 조금씩 희미해지고 있습니다,*

*색과 빛을 다시 낼 용기를 잃어가고 그만두고 싶은 마음에  동굴 속으로 들어갔습니다.*

*두려웠습니다. 나를 마주하기가, 나를 드러내기가*

*다른 사람과 비교하다보니 보잘것없고 형편없어 보입니다. 남과 비교할수록, 욕심을 낼수록 나의 색은 빛을 잃어가고 엉망진창이 돼버립니다.*

*내 안의 나가 말합니다.*

*"너는 못하지 않아 다르게 보고, 다르게 표현하는 것뿐이야. 우리는 누구나 다 자기만의 색이 있어! 다른 사람이 느끼는 대로가 아닌 내가 느끼는 대로 자신의 색을 찾아가면 되는 거야" 라고 용기를 내어봅니다.*

*느끼는 대로 마음 가는 대로 나의 색은 다시 선명해지기 시작했습니다.*

*-느끼는 대로 마음 가는 대로 中에서-*

『내 동생 오똥예』, 『알고싶다』, 『우리아빠는 내 맘대로 대마왕』, 『나』, 『토마토는 토마토』, 『느끼는 대로 마음 가는 대로』 6권의 그림책을 써 보면서 내가 무엇을 잘 하는지 조금 알게 되었습니다. 마치 저에게 이 그림책을 쓸 때가 되었다는 듯이 그림책이 제 마음에 들어왔고, 그림책을 통해 제가 가고 싶은 길이 어디인지 알게 되었습니다. 누구의 딸, 누구의 아내, 누구의 엄마가 아닌 나의 양파는 어떤 모습인지 아직 잘 모르겠습니다. 『때』를 통해 그림책과 관련된 일을 하고 싶어졌고, 『빨간 풍선의 모험』 "옐라 마리 그림 / 시공사"을 통해 숨어있는 보석을 찾을 수 있었습니다. 『빨간 풍선의 모험』은 글이 없는 그림책이기도 하지만 여행을 하면서 자신의 모습은 어떤 모습인지 알아가게 하는 책입니다. 저 역시 양파를 까면서 내 안에 어떤 모습이 있는지 찾아가고 있습니다. 그림책을 열면 아이가 풍선껌을 불고 있는 모습이 나옵니다. 풍선껌은 점점 커지더니 빨간 풍선이 되어 하늘로 날아가 버립니다. 풍선은 나무 가지에 달린 사과가 되었다가 바닥에 떨어져 나비가 되기도 하고 날라 다니던 나비는 빨간 꽃이 됩니다. 누군가 꽃을 꺾고 있습니다. 하늘이 점점 흐려지고 꽃은 다시 우산이 됩니다. 비를 피하는 우산 속 얼굴이 아이와 닮아있습니다. 아이의 놀란 표정은 꽃이 우산으로 변해서일까요? 그 우산이 자신이 불었던 풍선 껌 이라는 걸 알아봐서 일까요? 아이는 우산을 쓰고 경쾌하게 달려갑니다. 저 역시 제가 어떻게 변해가는 지 알 수 없습니다. 그래서 내안에 어떤 내가 있는지 계속 알아가는 중입니다. 빨간 풍선이 여행을 떠나면서 예상하지 못한 모습으로 변해가듯 우리도 각자 어떤 양파의 모습이 있는지 함께 까 보는 건 어떨까요? 양파를 깔 때마다 다른 저의 모습을 보며 창의성의 미덕을 깨우고 있는 중임을 알아차렸습니다. 창의성은 새로운 것을 상상하고 고안하는 힘이며 당신이 가진 특별한 재능을 개발해 나가는 능력입니다. 저 역시 제가 가진 재능을 그림책을 통해 개발해 나가고 새로운 것을 상상하고 있는 모습을 보았습니다. 여러분도 여러분이 가지고 있는 재능을 개발해 보는 건 어떨까요? "창의성의 미덕은 우리 안에 있습니다" 당신의 타고난 재능을 찾아서 깨워보세요. 미래를 꿈꾸어 보면서 자신의 재능 개발을 위해 지식을 넓히고 기술을 익힌다면 창의성의 미덕은 빛을 낼 것입니다. 누구에게나 창의성이 미덕이 있으니까요. 평소 지나쳤던 모든 것들을 관심을 가지고 보고 느껴지는 것이 있다면 과감히 새로운 방식으로 보고, 도전해 보길 바랍니다. 잠들어 있던 창의성의 미덕이 깨어나 반짝거릴 것입니다.

### 그림책을 보며 궁금했던 점을 질문해 보아요

- 풍선을 좋아하나요?
- 풍선은 어떤 모험을 하게 될 것 같나요?
- 초록 바탕에 그려진 빨간 풍선을 보니, 어떤 느낌이 드나요?
- 풍선으로 재미있게 놀아 본 추억이 있나요?
- 여러분의 풍선은 어떤 모양으로 바뀌어 가고 있나요?
- 풍선이 만든 사과, 나비, 꽃, 우산 중에서 어느 것이 가장 마음에 드나요? 그 이유는요?
- 빨간 풍선은 세상을 날아다니다가 우산으로 변하네요. 그 손의 주인공은 누구인가요?
- 빨간 풍선은 무엇을 상징하는 것 같나요?
- 빨간 풍선을 이제 막 걸음마를 시작하는 아이의 '희망'으로 본다면, 희망은 어떻게 변해간 것일까요?
- 빨간 풍선이 마지막에 우산으로 변한 것은 무슨 의미일까요?
- 내게 있어서 나의 꿈이나 희망은 어떻게 변해 왔을까요?
- 나는 나의 꿈이나 희망을 가꾸기 위해 어떤 노력을 하고 있나요?
- 내가 꼭 이루고 싶은 꿈은 무엇인가요?
- 지금 이 순간 나에게 어떤 미덕을 주고 싶은가요?
- 그 미덕을 주고 싶다고 생각한 이유는 무엇인가요?
- 앞으로 어떤 미덕을 연마하고 싶은가요?

함께 보면 좋은 그림책

『빨간 풍선의 모험』

제6장

# 그림책에서 마음의 위안을 얻고 새로운 도전을 하다

## 1. 나만의 그림책을 만들게 된 배경

동생이 생기면 좋을 줄 알았지만 엄마에게 혼나는 이유가 대부분 동생 때문인 경우가 많아 싫다고 하는 첫째. 그러면서 벌어지는 남매간의 이야기. 『내

동생 오똥예』 "김태영 글/ 현택, 예린 그림" 어느 순간부터 불리게 된 나의 또 다른 이름 오똥예, 예쁜 이름도 많은데 하필 별명이 오똥예입니다. 어릴 적엔 그냥 불러주는 이름이라고 생각하며 좋아했지만 사사건건 나를 방해하고, 예쁜 이름 놔두고 부르는 오똥예라는 별명을 붙인 오빠가 싫어집니다.

"담비야~"

내가 부르는 소리를 듣고 달려온 담비, 함께 있던 린이는 자기에게 오는 줄 알고 담비를 안아주기 위해 손을 벌리고 서 있었는데, 담비가 달려온 곳은 린이가 아닌 나였다.

"담비 산책 나왔나 봐요?"

"네~"

"엄마, 빨리 가자."

"바쁘신가본데 빨리 가세요."

"네. 그럼 다음에 또 뵐게요. 담비 다음에 또 보자."

그렇게 린이와 나는 담비와 헤어져 가던 길을 재촉했다.

"린아. 너 담비 좋아했잖아. 그런데 왜 빨리 가자고 했어?"

"……."

"왜 그래? 린이 갑자기 기분이 안 좋아 보이네?"

"어? 린아. 왜그래?"

"으앙."

한참을 울고서야 린이의 눈물이 그쳐서 물어보았습니다.

"린아. 왜 갑자기 속상했어?"

"담비가…."

"담비가 왜?"

"담비가 엄마한테 갔잖아."

『알고싶다』 "김태영 글, 그림" 그림책은 지인의 강아지가 자기에게 오지 않고 엄마에게 먼저 가는 것을 보고 속이 상해서 우는 모습을 보면서 속상했던 린이의 마음과, 린이가 아닌 나에게 다가온 강아지 담비를 보고 쓰게 되었습니다. 보통 강아지는 아이들을 좋아하는데 담비는 특이하게도 아줌마들을 좋아합니다. 주인에게 물어보니 평소 아주머니들이 예쁘다며 간식을 여러 번 주었는데 담비는 그걸 기억한다고 합니다. 그 뒤로 아는 아주머니를 보면 꼬리를 흔들며 달려갔는데 그날도 내가 담비 이름을 부르자 담비는 딸아이에게 먼저 가지 않고 나에게 먼저 왔습니다. 그 모습에 딸아이는 상처를 받았고, 속상해 하는 모습을 보면서 저 또한 어린 시절의 기억이 떠올랐습니다.『알고싶다』는 책은 제 마음을 대변하는 이야기이기도 합니다. 관계가 어려웠기에 늘 왜 그렇지? 그리고 갑자기 왜 저렇게 행동하지? 라는 생각에 제 마음을 들여다보기 보단 상대의 마음이 어떤지 궁금해 하느라 많은 에너지를 쏟았던 시절을 되돌아보게 되었습니다. 그리고 이 책을 통해 질문하고 싶었습니다. 나에게 갑자기 왜 그러냐고? 그리고 그 질문을 나에게 다시 해 봅니다. 내가 질문을 하고 내가 답을 하지만 풀리지 않았던 마음들이 조금은 풀어지기도 하였습니다. 그림책은 그렇게 저의 마음을 위로해 주는 소중한 친구가 되어주었습니다.

그 뒤로 한동안 담비를 보면 속상한 기억이 떠오르는지 한동안 엄마가 가까이 가는 것도 싫어했지만 이 그림책을 만들고 아이에게 읽어주면서 많은 이야기를 나누었습니다.

"엄마! 담비 간식 사도 돼요?"

"너 담비 밉다며?"

"이제 괜찮아졌어요. 담비에게 간식 주면 담비가 저를 좋아할 수도 있잖아요."

속상했던 감정이 풀어졌는지 담비를 위한 간식을 준비하기도 하였습니다.

갑자기 화내는 엄마의 마음이, 갑자기 토라져버린 친구의 마음이, 놀리던 오빠의 마음이 궁금해지는 많은 아이들과 함께 읽고 싶습니다.

『우리아빠는 내 맘대로 대마왕』 "김태영 글, 그림" 집에만 오면 TV채널도 아빠 맘대로, 반찬투정도 아빠가 제일 많이, 간식도 아빠 맘대로 먹는 아빠와 아이들의 이야기. 때로는 친구처럼 지내다가, 어느 순간엔 아빠모드로 변하는 모습이 알쏭달쏭하기만 합니다. 아이들과 티격태격 하며 노는 모습은 아빠가 아

닌 형제 같아 보입니다.

어릴 적 자존감이 낮았던 사람은 성인이 되어서도 좀처럼 자존감이 회복되기 힘들다는 것을 누구보다 잘 알기에 나를 응원하는 마음으로 만들어 본『나』"김태영 글, 그림" 입니다. 이 세상에 나와 같은 사람은 없으며 그렇기 때문에 나는 특별하다는 걸 왜 예전에는 알지 못했을까요? 자신을 소중하게 생각하고, 내게 힘이 있음을 알고, 내 안에 있는 보석을 꺼낼 용기만 발휘한다면 나는 이미 반짝이고 있다고 말해주고 싶습니다. 힘들어 하는 모든 사람들에게 자신이 얼마나 소중한 사람이며, 자신이 가진 위대함을 알고 있다면 누구나 자신의 보석이 반짝일 수 있다는 말이 힘이 되어 용기를 내었으면 좋겠습니다.

『토마토는 토마토』"김태영 글, 그림" 누구나 한번쯤 자신이 누구인지 고민해보거나 고민해 본적이 있을 것입니다. 과일과 야채사이에서 고민한 토마토 역시 자신의 장점을 알아가고 찾는 과정에서 채소냐 과일이냐가 중요한 것이 아닌 있는 그 자체가 소중하다는 것을 알게 되는 이야기입니다. 나를 소중하게 생각하고 내가 잘하는 것을 찾다 보면 무엇이든 할 수 있고 무엇이든 될 수 있다는 것을 말하고 싶었습니다. 나는 나 자체로 소중하니까요. 이 책 역시 나

를 주제로 만든 책입니다. 앞으로 불러도 토마토, 뒤로 불러도 토마토여서 좋았습니다. 예전엔 나를 포장하고 싶은 마음이 있었지만 그럴 때마다 맞지 않는 옷을 입은 것 같아 편하지 않았지요. 있는 그대로의 나일 때 가장 편안하기에 나를 존중해 해 보고 싶은 마음에 토마토 책을 써 보았습니다.

그림을 잘 그리지 못해도 됩니다. 『느끼는 대로 마음 가는 대로』 "김태영 글, 그림"이 책은 강남구립 행복한도서관 프로그램 '잘 그리면 반칙'에서 컬러로 저를 표현한 책입니다. 그림을 잘 그리고 싶은 마음은 강했으나 언제나 그림

그리려고 하면 답답했던 마음을 컬러로 표현하니 한 장의 그림이 되고 컬러로 표현한 그림을 보면서 글로 쓰다 보니 저에게는 컬러로 표현하는 방법이 더 잘 맞았다고 생각되었습니다. 이렇듯 여러 표현을 하다보면 또 다른 자신의 모습을 발견할 수 있게 됩니다.

## 2. 나만의 그림책을 만드는 방법

어린이들이 보는 책이라고 생각했던 사람들도 그림책을 읽다보면 어느 순간 머리도, 마음도 따스해짐을 느끼게 됩니다. 그림책을 보는 것에서만 그치지 말고 내가 직접 그림책을 만들어 봄으로써 그림책에 대한 관심을 키워보았으면 합니다.

첫째, 그림책을 만들기 위해서는 내가 하고 싶은 이야기는 무엇이고, 그 책을 누구에게 읽히고 싶은지 대상을 정하면 쉬워집니다. 각자 자신에게 잘 맞는 이야기가 있거든요. 저는 평소에 자존감에 대해 관심이 많다보니 제 마음이 어떤지를 알고 싶어 "나"를 주제로 이야기를 썼습니다. 그리고 매일 생활하면서 아이들이 보는 아빠, 형제는 어떤 모습인지를 생각하며 가족에 대한 이야기를 썼지요. 생활 속 일들을 관찰하고 순간순간 에피소드를 적어놓다 보면 좋은 이야기가 될 수 있습니다. 일상생활의 이야기들은 각자의 집에서 있었던 일들이라 아이들에게 공감이 쉽게 이루어지기도 합니다. 글쓰기가 어렵다면, 자신이 가장 자신 있어 하는 내용에 대해 그림책이나 영상, 동화책을 참고해서 글을 써 봐도 좋습니다. 무엇보다 자신이 경험한 이야기를 그림책으로 풀어보거나 함께 나누었으면 좋은 내용을 만들어 보는 게 처음 그림책을 만들 때 조금 더 쉽게 접근 할 수 있답니다. 처음부터 잘하려고 하기 보단, 한 권 한 권 만들어 나가봄으로써 더 좋은 그림책을 만들 수 있어요. 저 역시 계속 관심을 갖고 관찰하고, 생각하다 보니 여러 권을 만들 수 있었던 것입니다. 처음부터 잘하려고 하지 말아요. 잘하면 반칙입니다^^; 내가 만들었다는 것이 중요합니다.

세상에 하나뿐인 나만의 그림책이니까요.

둘째, 주제를 정했다면 캐릭터를 선정하면 됩니다. 사람으로 할 것인지, 과일이나 동물을 의인화 할 것인지, 아니면 컬러로 표현해도 좋습니다. 『파랑이와 노랑이』 "레오 리오니 글, 그림 / 이경혜 역 / 물구나무" 책은 친구에 관한 이야기를 불규칙한 동그라미, 기하학적 선과 모양으로 그려서 이야기를 풀어가기도 했고, 『커다란 포옹』 "제롬 뤼예 글, 그림 / 달그림" 그림책 역시 동그라미와 컬러로만 캐릭터를 잡았습니다. 복잡한 가족 이야기를 가장 단순한 그림으로 그려내기도 하고, 몇 가지 색의 크레용을 이용하여 단순한 동그라미만으로도 표현해 볼 수 있습니다. 『나는 기다립니다』 "다비드 칼리 글/ 세르주 블로크 그림/ 안수연 옮김 / 문학동네" 역시 이야기를 빨간 털실을 이용하여 이야기를 풀어가기도 합니다. 기다림의 미학을 아름답게 보여주는 책으로 아이가 연인을 만나 사랑하고, 군대에 가고, 전쟁을 치르고, 결혼하고, 아이를 낳고, 직장을 다니고, 몇 차례의 봄을 맞으며 손자를 만나기까지 우리가 기다림으로 맞이하는 순간들을 보여주고 있습니다. 주인공이 만나 인연을 맺는 사람들에게는 빨간 끈으로 이어지게 함으로써 연결고리를 만들어줍니다.

각자 그림이나 글 중 본인이 더 잘하는 분야가 있습니다. 저 같은 경우엔 그림보다 글을 쓰는 것이 더 쉬웠습니다. 주제를 정할 때 생각나는 대로 글을 먼저 써 놓고 그것에 맞는 캐릭터를 찾기도 하고, 그림을 그리다 어려워질 경우 스토리를 변경하기도 했지요. 이런 시행착오 끝에 한 권의 그림책이 나오게 됩니다. 저작권 부분에 문제의 소지가 있어서 출판을 하게 되면 그림 작가를 따로 섭외해 보거나 조금 더 쉽게 접근할 수 있는 방법을 찾아보는 방법도 있습니다. 이처럼 나만의 그림책 만들기를 위해 글과 그림을 처음부터 완벽하게

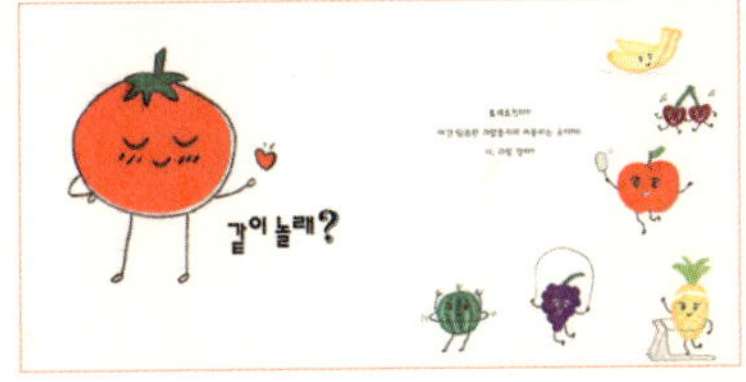

하지 못한다 해도 자녀를 위해, 가족을 위해, 본인의 치유를 위해, 전하고 싶은 이야기가 있고, 용기만 있다면 언제든 나만의 그림책을 만들 수 있습니다.

책을 만들기 위해선 어떤 글을 쓰고 싶은지 주제를 정했다면, 글을 먼저 적어서 그에 맞는 그림을 그려보아도 좋고 그림을 그리고 글을 수정하는 방법도 있습니다. 주제에 맞는 이야기를 스토리보드에 적어보고 나면 한눈에 들어와서 어떤 방향으로 가야 할지 알 수 있습니다. 그림책이라고 해서 꼭 그림으로만 그려야 하는 것은 아닙니다. 각자 편한 방법으로 어떻게 구상할지를 스토리보드에 작성을 하고 가제본 형식으로 책을 만들어 보면 그림책이 나오기 전에 책을 확인해 볼 수 있습니다.

▶**스토리보드** (한 장의 종이 위에 책의 모든 페이지를 크게 축소하는 것.) 작가:

TOMATO 토마토는 토마토

과일도 야채 사이에서 자신의 정체성을 찾아가는 토마토 이야기

뒤표지 앞표지 프로필 속표지

나는 예쁘고 맛있는 과일이고 싶었다

예쁘지는 않아도 통통하고 빨갛고 단단했다

설탕을 뿌리면 되지!

그렇게 나는 달지 않아도 과일이라고 생각했다

1 2 3 4

야!

우리는 달달한 과일들끼리만 놀꺼야

너 과일이냐?

5 6 7 8

속상한 토마토

나는 누구일까?

과일도 아니고 야채도 아니라며 다들 외면하네

내가 누구인지 알고 싶어졌다

9 10 11 12

좋아하는 것, 잘하는 것

잘 할 수 있는 것들을 찾아서 이것저것 해보았다

대추 방울 토마토

흑 토마토

이렇게 여러 종류 토마토가 되었다

13 14 15 16

## 3. 나만의 그림책을 통해 하고 싶은 이야기

처음 그림책을 만들고 보니 제가 몰랐던 저를 발견 할 수 있었습니다. 『내 동생 오똥예』는 그래서 큰 의미가 있습니다. 그 책을 만들고 나니 남편부터 저를 달리 보더라고요. 그리고 도전한 것이 다이어트였습니다. 평생 다이어트를 한다고 입에 달고는 살았지만 정말 제가 10kg감량에 성공할 줄은 몰랐던 것이죠. 그것도 시작한지 2개월 정도 만에요. 몸무게를 감량하고 보니 TV방송출연도 하게 되었고, 계속해서 그림책을 만들게 되었습니다. 물론 이 과정 중에는 하브루타를 통해 다름을 배우고 인정할 수 있었고, 버츄를 통해 숨어있는 보석들을 깨우는 연습들이 저를 키우는 자산들이 되었었기에 그림책의 가치를 알아보게 된 것입니다. 그리고 많은 것들을 가능하게 했습니다.

6권의 그림책을 만들다 보니 이제는 뭐든 할 수 있을 것 같습니다. 언제나 부족하다고 생각하여 하고 싶어도 용기를 내지 못했던 저를 일으켜 세웠고, 사람들 앞에 나설 수 있게 되었습니다. 기준이라는 것도 사람이 정한 것입니다. 우리는 그 기준이란 것을 맞추기 위해 많은 노력들을 하지요. 저 역시 더 일찍 용기를 내었으면 좋았겠지만 사람마다 각각 발달정도가 다르듯 자신의 재주를 발견하는 시기도 다르다고 생각합니다. 늦었다고 생각할 때가 가장 빠르다는 말처럼 저 역시 지금에라도 용기를 낸 것이 어디인가 싶습니다.

저는 주로 "나"에 관한 이야기들을 썼습니다. 그리고 가족에 대한 이야기를 썼지요. 그만큼 저는 저를 아끼지 못했던 지난 날들이 아쉬웠고, 그래서 더 제 마음을 다독이고 싶었던 것 같습니다. 그림책을 통해 저를 더 사랑해주고, 제 마음에 귀를 기울이게 되다 보니 당당해지는 저를 느낍니다.

글쓰기는 치유적인 부분이 많다고 하는데 정말 그런 것 같습니다. 글을 쓰면서 제가 하고 싶은 말, 제가 듣고 싶은 말, 제가 드러내고 싶은 것들을 표현해보니 답답한 마음이 조금 풀리는 것 같았지요. 아직도 제 안에 있는 것들을 꺼내고 비울 것들이 많겠지만 지금처럼 계속 그리고 쓰다보면 어느 순간 다른 것들에도 관심이 옮겨 갈 수 있을 것이라고 생각합니다. 몰라봐서 미안했던 내안의 여린 나에게 사랑한다고, 잘 하고 있다고, 너는 충분히 존중받아 마땅하다고, 멋있다고, 말해주고 싶습니다. '힘들었을 텐데 지금까지 잘 해왔어 태영아! 이제 남의 눈높이가 아닌 네가 생각하는 가치에 의미를 두고 살면 된단다.' 라고요.

### 그림책을 보며 궁금했던 점을 질문해 보아요

**내 동생 오똥예 그림책을 읽고**

- 새로운 이름으로 불리고 싶은 이름이 있나요??
- 별명 때문에 있었던 일중 기억에 남는 일들이 있나요?
- 아이들은 똥 얘기를 좋아하지요. 똥과 관련한 에피소드가 있나요?
- 오빠와의 추억 중 기억에 남는 것이 있다면 얘기해주세요
- 오빠가 동생의 별명을 붙여주었지요? 내가 오빠에게 별명을 지어 준다면 어떤 별명을 지어주고 싶은가요?
- 오빠에게 주고 싶은 미덕이 있나요? 왜 그 미덕을 주고 싶은가요?

**알고싶다 그림책을 읽고**

- 아이는 거울을 보며 무슨 생각을 할까요?
- 엄마는 왜 화를 냈을까요?

- 학교에서 즐겁게 놀았던 친구가 수업을 마치고 갑자기 가버렸습니다. 왜 그랬을까요?
- 오빠가 친절하지 않아서 속상해 합니다. 나에게도 이런 경험이 있나요?
- 지금 이 순간 알고 싶은 것이 있나요?
- 강아지는 어떤 종류의 강아지일까요?

**우리 아빠는 내 맘대로 대마왕 그림책을 읽고**

- 내가 왕이라면 나는 어떻게 하고 싶은가요?
- 내가 바라는 아빠는 어떤 아빠인가요?
- 우리 아빠를 동물로 표현한다면 어떤 동물이 생각나나요?
- 나의 아빠에게 어떤 미덕을 주고 싶은가요?

**나 그림책을 읽고**

- 나에게 말을 걸어본 적이 있나요?
- 나를 위해 해주고 싶은 선물은 무엇인가요?
- 오늘 하루 많은 돈과 시간이 주어진다면 나에게 무엇을 해주고 싶은가요?
- 나는 무엇을 할 때 행복한가요?
- 나를 위해 해주고 싶은 선물은 무엇인가요?
- 내가 가장 예쁘다고(혹은 매력적이라고) 생각할 때는 언제인가요?
- 나에게 주고 싶은 미덕은 무엇인요?

**토마토는 토마토 그림책을 읽고**

- 좋아하는 과일과 야채가 있나요?

- 나를 과일로 표현한다면 어떤 과일이라고 생각하나요 ?

- 토마토에게 옷을 선물한다면 어떤 옷을 선물하고 싶은가요??

- 고민하던 토마토가 이것저것 배워봅니다. 배워보고 싶은 것이 있나요?

- 친구들이 외면해서 토마토는 속상해 합니다. 속상할 때 어떻게 털어버리나요?

- 토마토에게 주고 싶은 미덕이 있나요? 어떤 미덕을 주면 행복해할까요?

- 토마토가 보여준 미덕은 무엇인가요?

## 4. 나만의 그림책 만들기를 통해 발견한 새로운 나 그리고 아트코치

사람마다 각자 자신이 가지고 있는 장점이 많습니다. 하브루타를 만나서 다름을 배우고, 질문을 통해 성장하였습니다. 버츄는 내 안에 잠들어 있는 보석을 깨워주었지요. 용기, 목적의식, 존중, 결의의 미덕을 꺼내 질문하고 내 안의 미덕을 연마하는 과정에서 그림책을 만났습니다. 질문이 어려웠던 저에게 그림책은 말을 걸어주고, 힘들 때 친구가 되어주었지요. 나와 가족에게 사랑을 표현하고 싶어서 그림책을 만들다보니 자신감은 덤으로 얻게 되고, 그림책으로 소통하는 아트코치로도 성장할 수 있었습니다. 아트코치는 그림책을 함께 읽고 그림책에서 마음이 가는 페이지, 글 한 구절을 자신과 연결해 보도록 도와줍니다. 같은 그림이나 글을 보더라도 각자의 경험에 따라 달리 보이기 때문입니다. 그렇게 그림책에서 위안을 받고 상처가 치유가 되어 본 경험이 있는 사람들에게 자신의 이야기를 담아 그림책을 만들게 해 봄으로써 또 다른 자신의 강점을 찾게 도와줍니다. 그림책을 통해 몰라봐서 미안했던 나의 강점을 같이 꺼내 보실래요? 그림책 아트코치 김태영이 함께 하겠습니다.

그림책 아트코치가 되면 다음과 같이 할 수 있습니다.

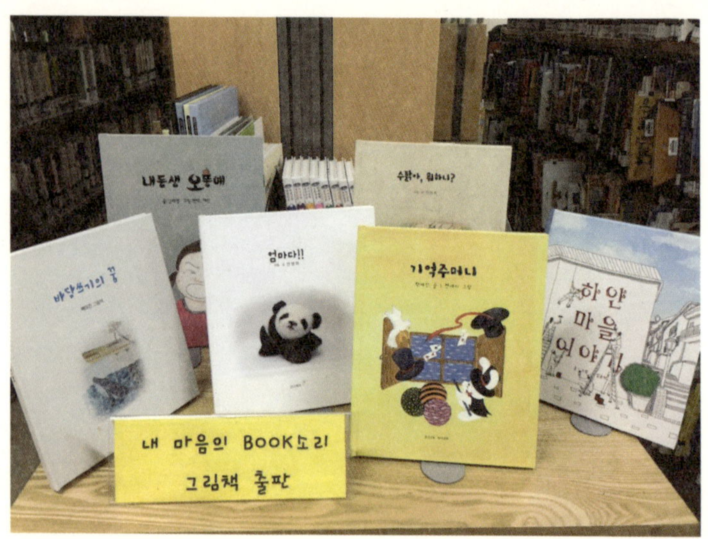


그림책으로 마음의 문을 열게 하고, 그림책에 있는 그림과 글을 보면서 마음이 머무는 그림이나 글을 찾아 자신의 감정을 표현하게 합니다.

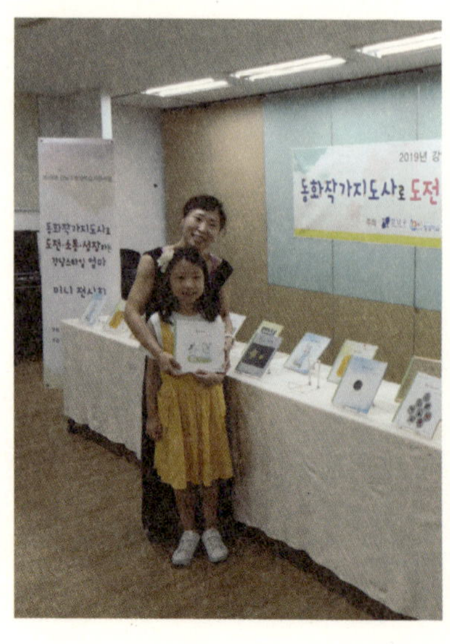

마음이 열리고 나면 자신이 표현하고 싶은 글과 그림을 그려보게 하거나 만들어 보기도 합니다. 마음은 보여줄 수 없기에 글 또는 그림으로 표현하다 보면 속상하거나 답답한 마음이 풀리기도 합니다.

그림책아트코치는 그림책으로 사람들의 마음을 공감해주고, 위로해주고, 글과 그림으로 하고 싶은 이야기를 표현하도록 도와줌으로써 자신의 소중함을 알게 하고 그 결과물로 그림책을 만들게 도와줍니다. 그림책을 만들고 나면 그림책작가가 될 수 있도록 도와주기도 합니다.

그림책을 만나고 나서 저에게 많은 변화가 있었습니다. 감정이 치유된 것은 물론이구요. 글을 쓸 수 있다는 자신감으로 책도 만들었습니다. 거기에 힘입어 다이어트 성공, 그림책 수업, 부모교육 강의까지……, 다이어트 성공하고 나니 TV에도 두 번이나 출연하게 되었답니다. 이처럼 그림책은 저에게 많은 것들을 가져다주었습니다. 그림책이 저에게 새로운 삶을 가져다 준 것이지요.

내 인생의 주인공이 되기 위해 끊임없이 자기계발을 해왔던 것들이 조금씩 빛을 보기 시작했습니다. 마흔이 넘어서 시작한 일들을 빨리 해보겠다고 욕심도 부려 보았습니다. 빨리 먹는다고 다 소화가 되지 못하듯 서둘러 하려다 보니 오히려 아무것도 안 되어 상처가 되기도 했습니다. 직업상담사, 보육교사, 점핑강사, 하브루타 부모교육 강사, 독서 논술지도사, 그림책 감정코칭 지도사까지 국가와 민간 자격증을 따고, 버츄FT과정을 수료하고 나면 강의도 하고,

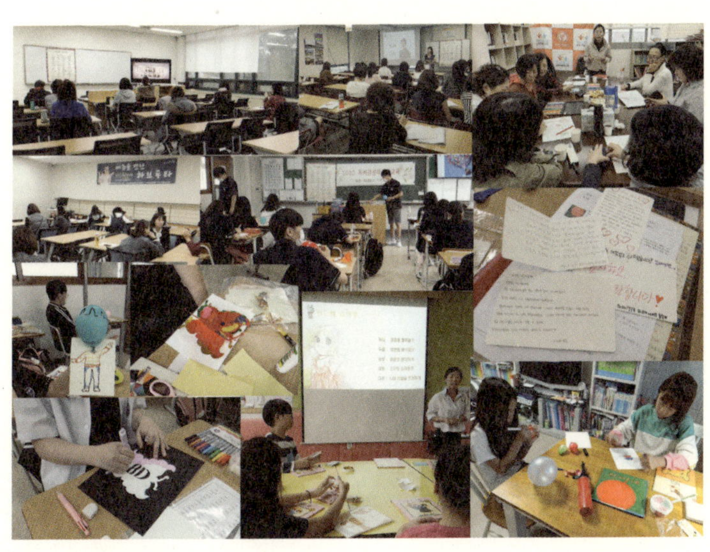

수업도 진행하게 될 거라고 생각했습니다. 그런데 자격증을 취득했다는 것은 그 일을 하기 위한 자격을 갖게 되는 것이지 일을 바로 할 수 있는 것이 아님을 알고 나니 의욕이 상실되었지요. 남편과 아이들에게 보란 듯이 멋지게 사람들 앞에 서고 싶었으나 준비되지 않은 나에게 쉽게 허락되지 않았습니다. 그렇게 실의에 빠져서 지내는 동안 살은 찌고 자존감이 떨어져 있어 생기 없는 모습이 거울에 비추어졌고, 실의에 빠져있는 내게 남편은 운동을 해 볼 것을 권했습니다. 남편역시 늦게 야구를 시작하면서 생활의 활력소를 찾고 있었기에 저에게도 운동을 권해본 것이지요. 나를 찾고자 운동센터를 찾아가 등록을 하고 운동을 시작했으나 살도 빼고 자존감을 살리려고 시작했던 운동은 5개월이 되어도 빠지지 않고, 재미도 없어졌습니다. 운동을 그만 해야겠다고 생각하고 있을 때 수련관에서 동화작가 지도사 자격과정이 열린다는 것을 보게 되었는데 이미 수업이 시작된 상태였지요. 이번에 기회를 놓치면 안 될 것 같은 생각이 들어 2년 전에 아이들의 생활을 관찰하면서 만들었던 그림책을 만들어본 경험이 있으니 꼭 참여하고 싶다는 메일을 보냈습니다. 마감이 되어서 안 되는 프로그램인데 나의 간절함이 전해져 기회를 주었다고 합니다. 뒤늦게 참여했지만 한번 해보았던 경험으로서 두 번째 나만의 그림책 『알고싶다』를 만들고 동화작가 지도사자격증도 함께 취득했습니다. 그림책을 다시 만들게 되면서 즐겁고, 행복했고, 무언가 다시 시도하면 할 수 있을 것 같았습니다. 흥미를 잃어가던 운동을 매일 꾸준히 나갔고, 다이어트도 다시 시작해 보고 싶어졌습니다. 이벤트에 걸려있던 지갑이 다시 마음속으로 들어오게 되더라고요. 그날부터 탄수화물을 줄이고, 물을 2L마시며 하루 두 시간 이상씩 운동을 시작했습니다, 3주가 지나도 감량효과가 크게 없자 힘들기도 했지만 다이어트를 시작한지 2개월 되었을 때는 내가 바라던 몸무게만큼 감량이 되었습니다. 내가

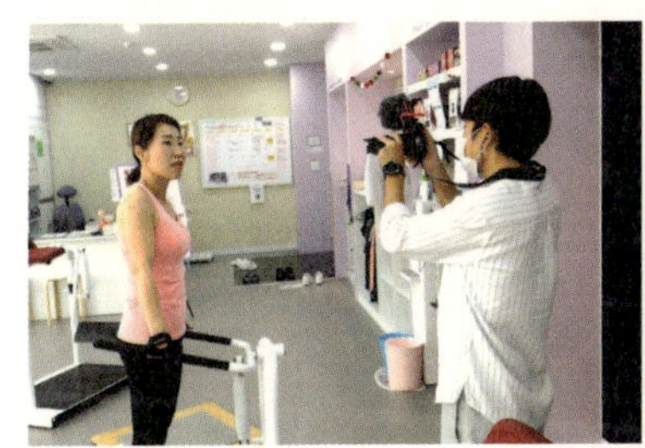

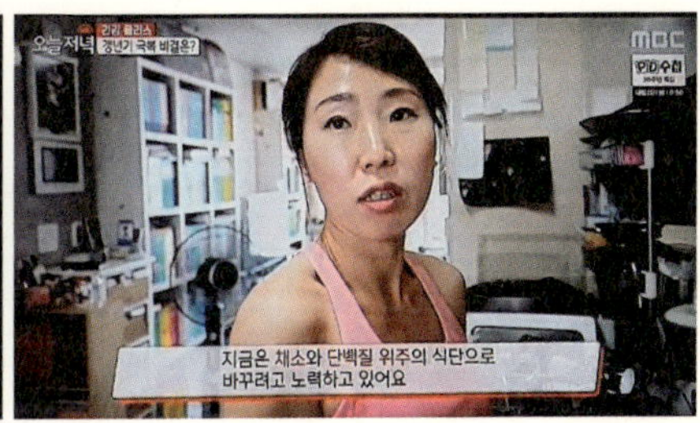


드디어 해낸 것이지요. 그 행운은 방송출연까지 이어졌습니다. 다이어트도 성공하고 자신이 원하는 일을 하며 살아가는 갱년기 여성에 관련된 이야기로, 동화작가 지도사로 활동하며 갱년기를 극복한다는 내용으로 방영되었습니다. '그림책과 다이어트'는 마음이 움직이면 많은 것들이 가능해 진다라는 걸 알게 해주었고 내안의 또 다른 양파가 있다는 것도 알게 되었습니다.

그림책은 상처받은 나에게 마음을 치유해주고, 자존감을 회복시켜주고, 길을 잃고 헤매고 있을 때 등불이 되어주어 주었습니다. 그림책으로 치유 받고 성장했으니 나 또한 내가 받은 것들을 다른 사람에게도 나누고 싶다는 마음까지 생겼습니다. 그림책을 함께 읽고, 마음을 치유 받는 것에 그치지 않고, 직접 그리고 쓰면서 나만의 그림책을 만들어 보게 된다면 많은 것들을 할 기회를 얻게 될 수 있다고 말해주고 싶었습니다.

잘 그리지 않아도, 잘 쓰지 않아도 조금씩, 천천히, 꾸준히 그림책을 만들다 보면 나만의 그림책이 아닌 세상의 많은 사람들을 치유해 줄 수 있는 그림책 작가가 될 수 도 있습니다. 작가로 등단하지 못해도 누군가에게 도움을 줄 수 있는 그림책 아트코치로서의 역할도 가능합니다.

상처를 받았던 순간에는 서운했고, 나는 왜 안 되는 거냐고 물어보고 싶었는데 이렇게 기다리다 보니 조금씩 이루게 되었네요. 하고 싶은 것이 있다면 도

전했으면 합니다. 자존감 낮았던 저도 해냈습니다. 그 시작은 우연히 시작되었습니다. 하고 싶은 마음만 있으면 가능합니다. 그리고 시도하면 됩니다. "하고 싶다." 라고 마음속에 되뇌었고, 입 밖으로 꺼냈습니다. 내가 확언하는 순간 하게 만들어지지요. 시작이 반이라는 말이 괜히 있는 게 아니더라고요. 머리로 하지 마시고 꼭 마음으로 하세요. 모든 건 마음이 합니다. 힘든 다이어트를 견딜 수 있었던 것도 마음이 움직이니까 이겨낼 수 있었어요. 마음이 움직이면 내가 생각했던 것보다 훨씬 많은 것들을 할 수 있게 됩니다.

## 5. 오늘도 나는 그림책을 읽고, 그림책을 통해 새로운 나를 발견하고 있습니다

그림을 잘 그려서 그린 것이 아닙니다. 그림을 그려보고 싶다는 마음이 그림을 그릴 수 있게 만들었습니다. 10분이란 시간은 짧은 시간이지만 생각보다 괜찮은 그림을 그릴 수 있는 시간입니다. 내안의 어둠은 아직 다 자라지 못한 어리석음이고 부족한 걸 인지하지만 적당히만 한다는 점입니다. 아래 그림 또한 배우가 취한 포즈에 최대한 나를 대입해서 그려보았습니다. 역시나 나보단 훨씬 아름답게 그려졌지만 저도 이렇게 아름다울 수 있을 거라는 자신감을 가져보려고 그려보았지요. 아름다운 사람은 그림자마저도 아름답습니다. 그림자가 내안의 어둠이 아닌 나의 아름다운 부분이고, 당당한 모습이고 싶은 모습을 표현해 보았습니다.

토마토는 제가 좋아하고 즐겨먹는 야채입니다. 앞으로 불러도 토마토 뒤에서 불러도 토마토 겉과 속이 같은 토마토가 저와 많이 닮아서 그려 보았지요. 양파 역시 까도까도 계속 나옵니다. 양파는 내 안의 무궁한 모습과 닮아서 그려보았습니다.

포도는 제게 의미가 있습니다. 특별히 좋아하는 과일이 있는 것은 아니지만 생일날 마다 포도를 사주신 아빠의 사랑을 생각하며 그려본 포도입니다. 신체 중 가장 마음에 드는 손과 처음으로 시도한 왼손으로 그려본 자화상까지 그림을 잘 그려서 그리는 게 아니라 제가 했던 그 모든 것들이 나를 표현하는 것들이라고 생각하기 때문입니다. 그리다보니 조금씩 성장하는 모습이 보이기도 합니다. 이렇게 그림을 그리고 단상을 써 보는 것들을 모아 그림책을 만들 수도 있습니다. 하루하루 일기를 쓰듯, 또는 생각날 때마다 느끼는 대로 마음 가는 대로 그리고 써 온 글들을 모아보아도 훌륭한 그림책이 나올 수 있습니다. 하고자 한다면, 하고 싶은 마음이 있다면, 해보자. 나만의 그림책은 지금까지와는 다른 새로운 나를 만나는 첫 걸음이 될 수도 있으니까요.

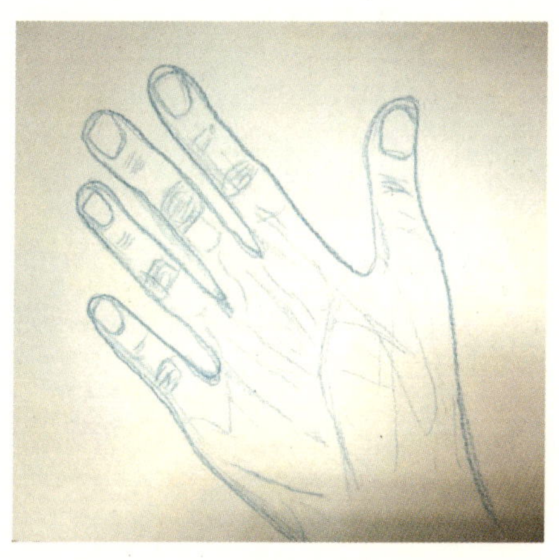

오늘저녁
건강 플러스
갱년기 극복 비결! 석류
MBC
앞으로 저의 중년을 가족과 함께
행복하게 즐기면서 보내겠습니다~

코로나로 아이들이 학교를 가지 않은지 1년이 넘었습니다. 작년에 중학생이 된 큰 아이는 졸업식과 입하식도 제대로 못하고 동복교복은 맞춰놓고 입어 보지 못한 채 여름교복을 맞추라고 연락이 왔습니다. 참 어이가 없었지요. 저만 그런 것은 아니니까 라며 위로도 해 보고 '금방 끝나겠지' 하는 마음으로 불편하지만 참고 견뎠습니다. 시간이 지나자 스트레스는 쌓여가고 아이들은 하루 종일 컴퓨터 앞에 앉아 있기만 합니다. 학교를 다닐 때는 알지 못했던 일들이 집에서 온라인으로 수업을 하는 걸 보니 아이들의 부족한 점이 보이고 참았던 인내심은 바닥을 드러내 보이기 일쑤였죠. 소리 질러 보기도 하고, 달래보기도 하고 하소연해보기도 했습니다. 답답해서 미쳐버릴 것만 같던 집안에서의 생활이 이제는 익숙해져서 오히려 나가는 것을 싫어할 정도가 되었고, 학습공백에 대한 두려움, 사회성에 대한 두려움, 관계에 대한 두려움, 생활에 대한 두려움들이 힘들게 했습니다.

누구를 원망해야 할까요? 코로나 발생 근원지를 원망할까요? 아니면 나라를 원망할까요? 그런다고 달라지는 게 무엇일지 생각해 보았습니다. 결국 이 상황을 받아들이고 변하는 것만이 살아남는 길입니다. 상황을 받아들이기 위해 아이들이 공부할 때 저도 함께 공부했습니다. 위기는 기회일 수 있다고 생각하며 조금씩, 천천히, 꾸준히 가는 방법을 선택했습니다. 그림책 만들기를 이어갔고, 다이어트 유지를 위해 운동도 계속했으며, 못 그리던 그림에도 도전했습니다. 아이들 가르치는 일들도 함께 했지요. 그림책을 보고 만들어보면서 내가 알지 못하는 감정들을 알게 되었고, 나만의 그림책이 한 권 한권 쌓여가는 것을 보면서 또 하나를 해냈다는 마음에 자존감도 같이 상승했습니다. 다이어트 유지를 위해 하는 운동은 숙제처럼 매일 꾸준히 했습니다. 하기 싫을 때가 많았지만 오늘 안하면 내일 더 힘들어지니까 했습니다. 나를 위해 선택한 운동도 이렇게 하기 싫은데 힘든 공부를 하는 아이들이 학원한번 안 빠지고 가고 온라인 수업역시 빠지지 않고 매일 참여하는 것을 보며 감사했습니다. 집중을 잘 하는 것은 그 다음 문제였지요. 무언가를 매일매일 꾸준히 한다는 것이 어른인 나도 이렇게 어려운데 아직 어린 우리 아이들이 해내고 있는 것을 보면서 나태해지면 안 되겠다는 생각도 하게 되었습니다. 이렇게 하다 보니 내 안에 수많은 양파가 있다는 것도 알게 되었답니다.

여러분은 양파를 까고 있나요? 힘들다고 할 때 앉아서 걱정만 하지 말고 내가 할 수 있는 상황에서 조금씩, 천천히, 꾸준히 해 보라고 말해주고 싶습니다. 제가 6권의 그림책을 만들고, 그림책 아트코치가 되어 제2의 인생을 살고, 다이어트에 성공할 수 있었던 것도 조금씩, 천천히, 꾸준히 실천 했기에 가능했고, 그림책으로 치유 받았기에 가능한 일이었습니다. 그림책을 쓰고 만들다 보면 내안에 어떤 양파가 숨어있는지 알 수 있습니다. 처음부터 잘하는 사람은 없어요. 못하니까 배우는 것이고, 처음인데 잘하면 반칙입니다. 저와 함께 조금씩, 천천히, 꾸준히 양파를 까면서 반칙 한번 해보지 않으실래요?

각 장마다 나온 미덕은 한국버츄프로젝트 미덕의 보석함 버츄카드의 52가지 미덕 중 일부를 발췌했음을 알려드리며, 제가 그린 나만의 그림책의 그림들은 기존 작가가 그린 것을 참조하며 그렸음을 밝힙니다. 『알고싶다』, 『우리 아빠는 내 맘대로 대마왕』, 『나』, 『토마토는 토마토』 핀터레스트에 나와 있는 그림을 참고하기도 하고, 일러스트 그리기 연습용 책을 보며 그리기도 하였습니다. 저의 그림책은 비매품임 또한 알려드립니다.

## 하브루타 그림책 치유법

초 판 1 쇄 2021년 6월 29일
지 은 이 김태영
펴 낸 곳 하모니북

출판등록 2018년 5월 2일 제 2018-0000-68호
이 메 일 harmony.book1@gmail.com
전화번호 02-2671-5663
팩 스 02-2671-5662

ISBN 979-11-6747-002-7 03810


값 18,800원

이 도서의 국립중앙도서관 출판예정도서목록(CIP)은 서지정보유통지원시스템 홈페이지(http://seoji.nl.go.kr)와 국가자료공동목록시스템(http://www.nl.go.kr/kolisnet)에서 이용하실 수 있습니다.